Dictionnaire raisonné et illustré d'expressions imagées du français

시각적인 프랑스어 표현 연구

요리의 세계

글 프랑크 말랭 · 권현정
그림 강다예 · 이승환

Dictionnaire raisonné et illustré d'expressions imagées du français

Tome 1
Autour du monde culinaire
(français - coréen)

Franck MALIN & Hyun-Jeong KWON
Illustrations Daye KANG & Seunghwan LEE

Sommaire

NB : Attention, certaines expressions peuvent choquer. Ce qui est acceptable, dicible dans une langue-culture ne l'est pas forcément dans une autre langue-culture. La langue française n'est pas neutre, objective, comme toutes les langues de l'humanité.

목차

주의: 언어문화권에 따라 통용 여부가 다르기 때문에, 문화적 충격을 느낄 수 있는 표현이 있을 수 있습니다. 프랑스 문화를 반영하는 프랑스어에는 당연히 주관적 색채가 있으니까요. 전 세계의 모든 언어처럼.

Avant-Propos

De l'usage de la langue…

La langue française, comme toutes les langues dans le monde (de 5 000 à 10 000 selon les sources et les critères pris en compte) est constituée d'un ensemble fini de *sons* permettant la formation de ce que l'on nomme couramment des *mots*, qui eux sont en très grand nombre (de 30 000 à plus de 100 000 entrées pour le *Littré* ou le *Grand Robert*). Ces divers *mots* permettent de créer une infinité de combinaisons (selon des règles propres à chaque langue) pour former des ensembles linguistiques qui servent à établir une communication entre êtres humains partageant la même langue dans son unité et ses variétés.

Cependant l'usage d'une langue se révèle problématique car les *mots* ont rarement une valeur fixe et précise, de nombreux facteurs viennent perturber tous les échanges linguistiques entre êtres humains. Dans toutes les langues, il y a du flou, de l'indécis, des valeurs sémantiques variables en fonction des unités morpho-lexicales combinées, mais aussi d'autres éléments extralinguistiques. Ainsi, une phrase, une parole, une sentence, une locution, une expression (notions toutes discutables et difficilement définissables clairement) ne peut pas se comprendre seulement par la sommation des éléments qui la constituent.

La valeur du tout est supérieure à l'addition de ses parties !

C'est cette qualité particulière commune à toutes les langues humaines qui est l'origine d'incompréhension et de malentendus entre personnes partageant la même langue, mais plus encore pour des personnes qui en font l'acquisition comme une langue étrangère.

Parmi ces difficultés, il existe des *groupes de mots* qui forment un ensemble indissociable pour avoir une valeur sémantique particulière et souvent impossible à déduire des éléments qui les composent. Ces *groupes de mots* sont souvent nommés comme : *expressions ou locutions idiomatiques, idiotismes, phrases figuratives, expressions populaires, expressions figées, expressions figurées, expressions imagées.* La langue française en compte plusieurs centaines, voire milliers selon certains auteurs (cf. la bibliographie). Ce travail suit les exemples d'autres ouvrages dont ceux de Claude Duneton, Alain Rey et aussi Georges Planelles dans une certaine mesure. Toutes ces manières de dire, d'écrire font partie intégrante de la langue-culture française/francophone. Et, contrairement aux idées reçues, ces ensembles linguistiques sont utilisés fréquemment, voire tous les jours dans les diverses couches sociales de l'ensemble des pays francophones.

Mise en images

Toutes les langues nécessitent des formes linguistiques pour exprimer des jugements de valeurs qui ne sont pas forcément acceptables ou agréables dans des propos ou des écrits explicites. Il faut, d'une certaine manière, protéger/favoriser l'entente cordiale entre les différents membres d'un groupe, d'une société.

À partir de ces contraintes, ces locutions se doivent de fonctionner selon des figures rhétoriques où les jeux sur les valeurs/noyaux sémantiques permettent de dire autre chose de façon indirecte (souvent ce qui est plus ou moins "tabou") : comparaison, métaphore, métonymie, paronomase, polysémie, syllepse, synecdoque...

Ce sont de véritables puzzles linguistiques et socioculturels ! Il faut aller au-delà d'une approche lexicologique et/ou lexicographique. Ainsi, il est difficile, voire impossible pour une personne étrangère de comprendre directement ces expressions qui reposent sur des connaissances étendues et qui font que toute langue est culture (notamment via les stéréotypes), est histoire, est sociale, est une vision du monde. Il s'agit toujours de re-présentation(s) dans le même sens qu'une image représente quelque chose qui n'est pas/plus là.

Dans cette perspective, traduire mot à mot ou tout simplement traduire ces locutions est une démarche très souvent impossible. Il nous a semblé plus aisé de faire accéder à leur(s) signification(s) en essayant d'établir *des définitions* accessibles pour un public non-spécialiste *et leur histoire ou leur origine* quand cela est possible. Pour guider la compréhension des lecteurs, ce livre se présente sous la forme d'un dictionnaire illustré. Le « miracle » des langues-cultures fait que parfois il existe des équivalences plus ou moins proches.

Les expressions comme « ça passe comme dans du beurre » et « manger du gâteau de riz au lait » (누워서 떡 먹기) montrent à la fois les différences culturelles mais aussi leurs similitudes : *le beurre et le riz* étaient des aliments importants dans les habitudes culturelles et alimentaires traditionnelles. Hélas, il est très difficile de trouver ce genre d'expressions équivalentes puisque l'authenticité d'une culture se reflète aussi dans sa langue. Langue et culture sont intimement liées !

Ici, nous avons choisi de faire découvrir un aspect de la culture francophone à travers un certain nombre d'expressions imagées choisies plus ou moins arbitrairement, mais aussi de façon raisonnée au vu de leurs emplois. Culture du quotidien, mais héritage de l'histoire, d'histoires. C'est pour toutes ces raisons que nous avons essayé de trouver des citations, des *exemples* d'usages extraits de tous les médias possibles : œuvres littéraires, chansons, bandes dessinées, presse, pages web… et d'époques diverses pour montrer que ces formes linguistiques sont vivantes, depuis plusieurs siècles pour certaines, faisant perdurer la langue-culture française.

En paraphrasant Protagoras, il serait possible d'écrire que « *la langue* est la mesure de toute chose ». C'est ce qui fait l'être humain, et ce qui le distingue dans l'ensemble du règne animal.

J'espère que ce livre (sous la forme d'un dictionnaire raisonné) d'expressions curieuses, drôles et surprenantes stimulera la curiosité des lectrices/lecteurs pour voir et comprendre autrement la langue française et les personnes qui l'utilisent sur tous les continents.

서문

언어 사용에 대해…

자료에 의하면, 지구상에 5,000개에서 10,000개의 언어가 있다. 언어에는 고정된 '음소'가 있고, 음소에서부터 흔히 말하는 '단어'가 생성된다. 《에밀 리트레 사전》, 《로베르 프랑스어 대사전》에 수록된 단어는 3만 개에서 10만 개 이상이다. 각 언어의 고유 법칙에 따라, 다양한 낱말이 결합하여 수많은 '통합체'(문장)가 만들어지고, 표준어에서 방언에 이르기까지 동일 언어 사용자 사이에서 소통이 이루어진다.

그런데 언어 사용은 모호함을 함축한다. 뜻이 정확하고 고정된 경우가 드물며 언어적 소통을 혼란스럽게 하는 요인이 많기 때문이다. 모든 언어에는 애매모호한 측면이 있고, 결합된 '어휘 형태소' 또는 언어 외적 요소에 따라 뜻이 달라진다.

따라서 문장·말·격언·숙어·관용어(모두 분명하게 정의할 수 없는, 논쟁의 여지가 있는 개념)의 의미를 각 단어의 '합'으로는 온전히 이해할 수 없다.

전체의 가치는 각 부분을 합한 것보다 낫다!

1+1=2가 아니라는 언어의 특성상, 동일 언어 사용자 사이에서 오해와 몰이해가 생기며, 이러한 현상은 외국어를 배우는 경우에 더욱 빈번하게 나타난다.

예를 들면, 서로 분리될 수 없는 낱말로 구성된 경우, 특별한 의미가 있기 때문에 각 요소에서 추론해서 그 뜻을 이해할 수 없다. 이러한 '단어 그룹'을 흔히 '관용어법'이나 '관용구', '은유적 문장', '대중적 표현', '관용어', '비유적 표현', '이미지가 연상되는 표현'이라고 한다. 프랑스어로 수백 개가 있고, 수천 개가 있다는 의견도 있다(참고문헌 참조). 본 연구는 클로드 뒤네통과 알랭 레의 연구를 주로 참고했고, 조르주 프라넬의 연구도 일부 참조했다. 비유적·시각적 표현은 프랑스 및 프랑코포니 언어문화의 한 양상으로, 통념과 달리 프랑코포니 국가의 여러 계층에서 매일 자주 사용된다.

이미지화

글이나 말로 가치판단을 명확하게 전하려면, 언어적 형태가 필요하다. 그런데 판단이 항상 유쾌한 것도 아니고, 수용하기 어려운 경우도 있어서, 조직이나 그룹·집단의 화합을 유도하고 사회적 관계를 보호하는 방편이 필요하다.

따라서 수사학(비교·은유·환유·유음중첩·다의성·실렙시스·제유…)을 이용한 언어적 유희로, 간접적으로 -대부분 '터부시'되는 것을- 표현해야 한다. 이러한 수사학적 표현은 사회문화적-언어 퍼즐이다! 당연히 외국인이 이해하기 어렵고 불가능한 경우도 많다. 어휘나 사전식 접근을 넘어서야 하고, 폭넓은 지식을 요구하기 때문이다. 모든 언어는 문화적 현상이자 (각 문화에는 민족의 습관, 고정관념을 반영하는 표현이 있고) 역사이며, 사회적 현상이자 세상에 대한 관점의 표현이다. 따라서 이미지가 실체를 그대로 표현하지 않듯, 항상 '다시 새롭게' 표현된다.

이러한 관점에서 보면, 관용적 표현을 단순 번역하는 것은 별 의미가 없고, 직역으로 그친다면 의미 전달이 되지 않는다. 따라서 어떤 뜻인지, 의미와 형태의 변화가 있었는지, 어떻게 유래했는지 자료 연구를 통해 가능한 경우 설명했다. 독자의 이해를 돕기 위해 삽화를 곁들이고, 찾기 쉽게 사전식으로 구성했다. 언어-문화적 '기적'으로, 비교적 근접한 표현이 한국어로 있는 경우, 명시했다. 그렇지만 쉽게 잘 되는 상태를 의미하는 '버터 속에 있는 듯'과 '누워서 떡 먹기'처럼, 흥미로운 문화 차이와 공통점(떡과 버터는 각각 한국과 프랑스 전통 요리문화를 상징한다)을 보여주는 표현은 드물다. 언어를 통해서도 엿볼 수 있는 문화의 고유성… 언어와 문화는 긴밀하게 연결되어 있다!

프랑코포니 문화의 재미있는 양상을 음미할 수 있도록, 다채로운 시각적 표현을 선택했다. 모든 선택에는 자의성이 있다. 그렇지만 일상에서 자주 쓰이는 표현을 심사숙고해서 선택했다. 가능한 모든 매체(문학작품, 노래, 문화, 신문, 웹 문서 등)에서 사용된 예와 인용구를 찾고자 노력했고, 시대적 다양성을 고려했기 때문에, 일상 문화이자 역사의 유산이며 개개인 삶의 흔적이 녹아있는 표현임을 느낄 수 있을 것이다. 오래 전부터 사용된 관용어법에서, 프랑스 언어문화의 지속성과 '살아있는' 언어 양상을 실감할 수 있을 것이다.

프로타고라스의 명제를 달리 표현하면, "언어는 만물의 척도다"라고 할 수 있다. 인간을 인간이게 하는 것, 다른 동물과 구별 짓게 하는 것은 언어다.

이 책에 수록된 재미있고 독특하며 신기한 표현이 독자들의 호기심을 자극하고, 프랑스어를 '다르게' 이해하며, 프랑스어를 쓰는 다양한 국적의 사람들을 '다르게' 이해하는 계기가 되었으면 한다.

Le monde culinaire et la langue

Depuis la nuit des temps, les êtres humains se nourrissent par nécessité, mais pas seulement. Chaque culture, chaque époque a ses propres façons de choisir ce qui est consommable ou non, mais aussi ses propres façons de préparer, de présenter les divers ingrédients alimentaires. Il n'est plus aujourd'hui possible de penser que l'alimentation n'est pas un fait culturel majeur.

Depuis que L'UNESCO reconnaît petit à petit diverses spécificités culinaires comme faisant partir du *patrimoine culturel immatériel de l'humanité,* le monde culinaire a pris une nouvelle dimension et n'est plus réservé aux chef(fe)s de cuisine amateur(e)s ou professionnel(le)s. Cependant, les études sur l'importance de l'alimentation comme un fait socioculturel sont bien antérieures.

L'ethnologue Claude LEVI-STRAUSS[1] montre l'importance d'un mode de cuisson et des catégories alimentaires sur les valeurs mythologiques, mais aussi celle du lexique d'une langue-culture dans le mode d'appréhension du monde et des rapports sociaux. Les interdits alimentaires et linguistiques allant souvent de pair. Même si les réflexions de cet auteur vont bien au-delà du monde de la cuisine, il met en évidence que chez les êtres humains tout, ou presque tout, entre dans un environnement culturel. Manger n'est pas que se nourrir, il y a de nombreuses valeurs symboliques qui traversent l'art culinaire au sein de chaque société.

Auparavant, Roland BARTHES avec *Mythologies*[2] avait mis en perspective que de nombreuses activités de la vie quotidienne portaient des valeurs symboliques structurantes pour l'ensemble de la société française de l'époque (et même encore aujourd'hui). Ces analyses, popularisant la sémiologie comme une nouvelle science des langages,

1 Claude LEVI-STRAUSS, *Mythologiques 1 - Le cru et le cuit,* Plon, 1964 ; *Mythologiques 2 - Du miel aux cendres,* Plon, 1967.

2 Roland BARTHES, *Mythologies*, Seuil, 1957.

ont fait prendre conscience que chez l'être humain toutes les pratiques, tous les objets sont des signes qui s'organisent pour construire un système de valeurs propres à chaque société et époque. Il suffit de prendre l'alcool (ou boisson) national(e) de chaque pays (société) et des valeurs symboliques qui lui sont adjointes pour voir que boire n'est pas seulement étancher sa soif ! Il y a toujours des vertus, des pouvoirs cachés dans chacune des boissons.

L'explicite est rare, les implicites sont bien plus fréquents. Aujourd'hui, cela semble évident pour le monde des objets, mais c'est encore plus valable pour les langues à travers les diverses disciplines dont elles sont l'objet de départ : l'énonciation, la pragmatique, l'analyse des discours, la sémiotique, la psychologie, l'anthropologie, la sociologie, la sociolinguistique, la lexicologie, la sémantique, etc.

Ainsi, le monde culinaire est au cœur de toutes les sociétés tant au plan interne, qu'au plan externe en tant que représentation et image d'une société. Une des premières choses qu'un voyageur fait dans un lieu qui n'est pas le sien, c'est de découvrir la cuisine locale de manière triviale, rarement d'un point de vue universitaire et/ou scientifique. Plus tard, lors d'échanges verbaux les noms des plats, des ingrédients permettent de s'intéresser à la culture du quotidien à travers les éléments linguistiques et non linguistiques d'une langue-culture. Beaucoup de personnes n'iront pas plus loin. Pourtant, à l'instar des deux auteurs cités plus haut[3], le monde culinaire et la langue traduisent des faits culturels plus profonds et parfois surprenants. En fonction de tous ces éléments, nous proposons dans ce volume d'aborder une sélection d'expressions françaises liées au monde de l'alimentation et de la cuisine pour découvrir un autre aspect de la langue-culture française, voire francophone, pour permettre à toutes les personnes curieuses de découvrir les richesses d'une autre langue que la sienne, tout en restant présente via les traductions et expressions équivalentes dans la propre langue-culture de chaque lecteur ou lectrice.

3 Mais aussi d'études plus récentes comme celle de Léa Szkaradek, « Représentations culturelles en mouvement au travers de l'art culinaire des chefs cuisiniers à la Réunion », *Études océan Indien*, n° 49-50, 2013, consulté le 19 février 2020 : http://journals.openedition.org/oceanindien/2025

요리의 세계와 언어

아득한 옛날부터 인간은 필요에 의해 영양을 섭취했지만, 먹기만 한 것은 아니다. 문화별·시대별로 식용가능 여부를 판단하고, 다양한 식재료를 준비해서 선보였다. 오늘날 요리는 명실상부한 문화현상이다.

유네스코가 특색 있는 요리를 인류 비물질문화유산으로 차츰 인정하면서, 요리의 세계는 애호가나 전문 셰프의 분야로 한정되지 않고 새로운 영역으로 거듭났다. 그런데 훨씬 이전부터 사회문화적 현상으로서 음식이 중요하다는 연구가 있었다.

민속학자 클로드 레비 스트로스는[1] 음식을 익히는 방법과 식품 유형에 중요한 상징적·종교적 의미가 있고, 사회적 관계와 세상을 그 나라의 언어문화(어휘)로 이해할 수 있다고 밝혔다. 금지 식품이 있으면, 관련 언어도 금지되기 마련이다. 요리의 영역을 넘어서는 레비 스트로스의 연구로, 인간의 거의 모든 행위가 문화적 환경 속에서 일어나고 있음이 명백해졌다. 먹는 행위는 영양만 섭취하는 것이 아니다. 사회문화적 산물, 요리에 스며있는 수많은 상징적 가치를 누리는 것이다.

레비 스트로스에 앞서 롤랑 바르트는《신화》에서[2] 당시 (그리고 오늘날) 프랑스 사회를 이루는 일상의 수많은 행위에 상징적 의미가 깃들여 있음을 밝혔다. 기호학을 새로운 언어과학으로 대중화시킨 바르트의 분석으로, 인간의 모든 행위 및 모든 사물은 하나의 기호로서, 각 시대·사회의 고유 가치체계를 만든다는 사실이 인식된다.

1 Claude Levi-Strauss, *Mythologiques 1 – Le cru et le cuit,* Plon, 1964 ; *Mythologiques 2 – Du miel aux cendres,* Plon, 1967.

2 Roland Barthes, *Mythologies,* Seuil, 1957.

마시는 행위는 단지 목마름을 해소하는 것이 아니다. 각 나라(사회)를 대표하는 상징적 술(음료)을 마셔보면, 감춰진 특성이나 장점을 발견할 수 있을 것이다!

그런데 의미가 분명하게 드러나는 경우는 드물고, 암묵적인 경우가 훨씬 많다. 이러한 사실은 오늘날 상징성을 내포하는 일상품에서 확인할 수 있고, 언어를 다루는 학문(발화행위, 화용론, 담화분석, 기호학, 심리학, 인류학, 사회학, 사회언어학, 어휘론, 의미론…)에서 명확하게 나타난다.

대내외적 관점에서 요리는 사회의 중심에 있다. 한 사회의 이미지로서, 그 사회를 표현하기 때문이다. 타지에서 여행객은 토속음식을 비전문적으로, 즉 평범하게 맛보는 것으로 시작한다. 과학적이거나 학문적 관점에서 음식을 분석하는 경우는 매우 드물다. 나중에 대화를 하면서 음식명이나 식재료를 떠올리고, 언어적, 비언어적 요소로 나타나는 그 지역 일상 문화에 관심을 갖게 된다. 많은 사람들은 그 이상 관심 없다. 그런데 레비 스트로스와 바르트가 언급한 것처럼[3], 요리 세계와 언어에는 보다 심오한, 때로는 놀라운 문화적 현상이 깃들여 있다. 이러한 모든 점을 고려해서, 시각적인 프랑스어 표현 제1권에서는 음식 및 식재료와 관련된 관용어를 다루었다. 프랑스 및 프랑코포니 언어문화의 색다른 양상을 발견하고, 자국어 문화에 비슷한 표현이 있는지 곱씹어 보면서 프랑스어의 풍부한 묘미를 맛볼 수 있을 것이다.

3 최근 연구로 레아 스카라덱(Léa SZKARADEK)의 논문 참조: « Représentations culturelles en mouvement au travers de l'art culinaire des chefs cuisiniers à la Réunion », *Études océan Indien*, n° 49-50, 2013, consulté le 19 février 2020 : http://journals.openedition.org/oceanindien/2025

I.

Fruits. Les douceurs fruitières réservent bien des surprises !

Souvent les analogies se font à partir de la valeur gustative du fruit ou encore de sa forme. Parfois en fonction de qualités nutritives particulières, réelles ou supposées.

부드러운 과일이 감추고 있는 놀라움!

과일의 맛이나 형태적 유사성에 의거한 비유법이 많다.
실제 (또는 가정된) 영양 성분에 따라 유추하기도 한다.

1 Avoir la banane

Valeur(s) sémantique(s)

a) Être heureux, plein d'énergie ;

b) *Membre viril actif* ;

c) Avoir une coiffure en forme de banane.

Fruit exotique mis à toutes les sauces à cause de ses aspects si divers.

Origine(s)

a) XXe siècle, en référence peut-être à la forme de la bouche lors d'un large sourire ;

b) Par analogie de forme entre le fruit et la forme de l'organe masculin en activité ;

c) Coiffure à la mode avec les premiers rockeurs dans années 1950 ; longues mèches de cheveux roulées et gominées sur le devant de la tête comme une vague ou une banane…

바나나가 있다.

의미

1) 행복하다, 에너지가 넘친다.

2) 발기되다.

3) 바나나 모양의 헤어스타일이다.

* 모든 소스에 활용되는 이국적 과일 바나나… 비유법 또한 다양하다.

유래

1) 20세기, 활짝 웃는 입 모양에서 비롯된 듯하다.

2) 바나나 형태로 발기된 상태를 비유한다.

3) 1950년대 유행한 제1세대 로커들의 헤어스타일. 물결처럼 또는 바나나처럼… 머리를 말라 올린 모양에서 유래한다.

Exemples

⇨ **Note**

- a) « Y'a des matins tu t'lèves, t'as des envies d'fou rires, des envies d'vivre, / Des envies d'courir, des envies d'dire au monde que t'as le sourire ma sœur, / T'as des galères, grave, mais *t'as la patate,* / Ouais, **t'as la banane,** grave, et pas question que tu ramasses, ma belle ! / *T'as trop la pêche,* tu vois qu'le monde court à sa perte / Alors t'es trop O.P, t'es trop pas prête à céder devant la merde, ben non ! », DIAM's, refrain *Big Up*, 2006.

- a) « Quand le grand Phil a morflé ses vingt piges de placard, cécolle **avait gardé la banane**... Y'a que son débarbot qui s'épongeait la frite !... », Pierre PERRET, *Le petit Perret,* Jean-Claude Lattès, 1982, p. 30.

- b) « Obscène, **la banane** », blog janvier 2017 de Philippe BRENOT (http://sexologie.blog.lemonde.fr/2017/01/11/a-qui-la-banane/, février 2019).

- c) « Hey les mecs, à moi, à l'aide, help me / **J'ai la banane** en panne / Mes cheveux me donnent du soucis / **J'ai la banane en panne** », CASTELHÉMIS, refrain *La banane en panne,* 1982 (https://youtu.be/8D36GxQ_oh8, février 2019).

- c) « Dick le Rocker passait deux plombes devant sa glace à **choucrouter sa banane** avec son crasseux et la laque de sa frelotte, avant d'aller retrouver ses potes, sa rape en bandoulière. », Pierre PERRET, *Le petit Perret,* Jean-Claude Lattès, 1982, p. 30.

2 Avoir/Me donner la pêche

Valeur(s) sémantique(s)

Être en pleine forme physique et/ou morale.

Fruit juteux qui donc donne de l'énergie comme le suggère l'expression "avoir du jus".

Origine(s)

Selon Claude DUNETON (*Le guide du français familier*, p. 543-544), l'expression proviendrait du domaine du sport (boxe et football) pour des coups de poing ou de pied énergiques dans les années 1950 pour s'étendre à une attitude psychologique positive à partir des années 1960.

복숭아가(를) 있다(주다)

의미

정신적 (또는) 신체적으로 컨디션이 매우 좋다.

* 즙이 많아서 기운을 북돋아 주는 과일이다. 그래서일까? 프랑스어로 '즙이 있다(avoir du jus)'는 '활기차다'라는 의미다.

유래

클로드 뒤네통에 의하면(*Le guide du français familier*, p. 543-544), 스포츠(권투, 축구)에서 비롯된 표현으로 1950년대에는 힘차게 주먹을 날리거나 발로 차는 것을 의미했는데, 1960년대부터 긍정적 심리상태를 일컫는 말로 확장된다.

Exemples

Note

- « Pour vous donner un exemple concret, je vous propose de vous expliquer la mienne, que j'effectue depuis maintenant 2 ans, et qui **m'a redonné la pêche** pour affronter mes journées ! », juillet 2017 (http://avoirlapêche.com/, février 2019).

- « Posez-vous ces 5 questions simples pour **avoir la pêche** immédiatement, facilement et sans effort. » (https://mesclesdubonheur.com/5-questions-pour-avoir-la-peche/, février 2019).

- « Qui peut m'arrêter ? / **J'ai la pêche** et des idées et j'dois avancer / Sans m'arrêter / Ça va changer / Après l'hiver c'est l'été, tout va s'arranger / Oh, j'dois avancer », Kayna SAMET, *Ça va aller*, 2016 (https://youtu.be/nPzv-fQdhE4, avril 2019).

- « Avec un g, j'écris ton nom / Avec un g, **j'ai... la pêche** ! / Avec toutes ces lettres, j'écris ton nom / Sur mon cartable ça fait HHTPKHJHGV... c'est suédois... », FATAL PICARD, *Avec un H*, 2003 (https://youtu.be/_3e43jjuBTw, avril 2019).

3 Avoir (choper/prendre) le melon

Valeur(s) sémantique(s)

Avoir la grosse tête. Une personne qui a la prétention d'être plus intelligente que les autres et qui le montre avec la volonté d'inférioriser ses interlocuteurs.
Point de vue narcissique qui n'a aucun rapport avec la douceur du fruit avec du porto, si ce n'est que l'alcool monte à la tête !

Origine(s)

Début XIXe siècle, analogie entre la forme du fruit et de la tête qui enfle de façon symbolique. Le fruit étant essentiellement composé d'eau, élément sans valeur… Peut-être aussi un rapprochement avec le chapeau melon ?

멜론이(을) 있다(훔치다, 붙잡다)

의미

우쭐대다, 도도하게 굴다, 기고만장하다.
'Il a la grosse tête'와 같은 의미인데, 직역하면 '그는 머리가 크다'로, 잘난 척하며 남을 업신여기는 사람을 일컫는다. 멜론처럼 큰 머리를 이고 우쭐대는 모습을 상상할 수 있다. 한국어 관용어로 '고개를 빳빳이 들다', '콧대가 높다'와 시각적 메타포가 유사하다.
* 가운데 씨를 없애고, 그 자리에 포르투 와인을 부어 먹는 멜론의 싱그러움과 전혀 상관없는 나르시스적 표현. 커다란 멜론을 가득 채운 술이 머리끝까지 차올라 우쭐대는 것일 수 있다!

유래

19세기 초, 상징적으로 '부푼' 머리를 멜론의 형태로 비유하면서 나타난 표현이다. 그렇지만 수분이 많은 멜론이 과연 머리와 비교될 수 있을까? 어쩌면 샤포 믈롱(중산모자)과 연관성이 있을 수 있다…
** 얼큰하게 취한 상태를 '술이 머리에 오른다(L'alcool monte à la tête)', '내 머리가 돈다(Ma tête tourne)'라고 한다.
*** Il a une grosse tête : 부정관사(une)를 쓰면, 똑똑하다는 의미다.

Exemples

Note

- « **Avoir le melon** », autour de l'expression avec l'émission : "L'humeur du matin" par Guillaume Erner, *France Culture,* (https://www.franceculture.fr/emissions/lhumeur-du-matin-par-guillaume-erner/lhumeur-du-matin-par-guillaume-erner-jeudi-23-novembre-2017, février 2019).

- « Depuis ce jour, le 7 janvier donc, alors que la question ne s'était pas posée auparavant, elle est maintenant de plus en plus fréquente : Karim Benzema **a-t-il chopé le melon** ? Est-il le nouveau Thierry Henry ? La France va-t-elle oser la paire à l'Euro ? », Blog Coup2Crampon, *Benzema a-t-il le melon,* 2008 (https://coup2crampon.wordpress.com/2008/04/06/benzema-a-t-il-le-melon/, février 2019).

- « Mélenchon **a pris le melon** ! Ce n'est pourtant pas un perdreau de l'année mais plutôt un vieux briscard de la politique, entré au PS en 1976, soit 40 années bien tassées, Rappelons-nous-en 1992, le défenseur éclairé du traité de Maastricht... Et que nous fait-il ? une méga **prise de melon.** », Dominique-Henri Berthé, *Blog Médiapart,* 13 mai 2017 (https://blogs.mediapart.fr/berthe-dominique-henri/blog/130517/melenchon-pris-le-melon, février 2019).

4 C’est pour des prunes – Compter pour des prunes

Valeur(s) sémantique(s)

Faire quelque chose pour rien, qui est inutile, sans contreparties financières ; une chose sans valeur.

Pauvres prunes qui n'en demandaient pas tant…

Origine(s)

Les premières traces de l'expression remontent au XIIIe siècle (dans le sens de *coup*, mais aussi de *chance*, ou encore de *malchance*). C'est au cours du XVIIe siècle qu'un glissement sémantique s'oriente vers “quelque chose de peu de valeur”.

자두를 위해서다 /자두의 가치가 있다

의미

대가도 받지 못하고 헛수고하다, 하찮은 일이다.

* 흔한 과일도 많은데, 왜 하필 자두일까…

유래

13세기에 치기/때리기 또는 행운이나 불행의 의미로 사용된 흔적이 있다. 17세기에 ‘가치 없는 것’으로 의미가 변한다.

** ‘자신의 자두를 갖다Avoir sa prune’는 ‘술에 얼큰하게 취해 있다’는 뜻. 자두 색깔에서 유추된 표현.

Exemples

Note

- « J'ai l'impression qu'ils confondent / Et la Joconde, à moins qu'on la tonde / C'est quand même bien une brune / Les brunes comptent pas **pour des prunes** », Lio, *Les Brunes ne comptent pas pour des prunes,* 1986 (https://youtu.be/hkHF0xvQOok, février 2019).

- « Je lui pardonne, je ne suis pas chrétien **pour des prunes** », Honoré de Balzac, *Correspondances,* 1819, p. 49 (TFLi en ligne, février 2019).

- « Une déclaration qui compte... **pour des prunes** », *Le Canard enchaîné,* 6 janvier 1999, oreilles, p. 1.

- « Je voudrais toucher la lune / Le bleu des lagunes / Je veux cueillir tous les fruits défendus / Pas travailler **pour des prunes** / Courir pieds nus sur les dunes / Jouer dans un rêve / Dont on ne reviendrait plus », Brigitte Boisjoli, *Fruits défendus,* 2011 (https://youtu.be/2whCkEwlqT0, février 2019).

5 C'est pour ma (ta, sa) pomme

Valeur(s) sémantique(s)

C'est pour moi, toi lui.

Comme les pommes ont diverses couleurs, tout le monde est concerné.

Origine(s)

Fin XIXe siècle, la pomme représente la tête de la personne par analogie et par extension la personne dans un sens positif. Ainsi, "*Être une bonne pomme*" (être une bonne personne, gentille, parfois naïve) fonctionne sur le même principe (métonymie, synecdoque). Maurice Chevalier a popularisé cette expression avec l'une de ses chansons en 1936.

내(네, 그 사람) 사과다.

의미

내(네, 그 사람) 거다.

* 사과 색깔이 다양하듯, 우리 모두와 연관된 표현.

유래

19세기 말 등장. 모양이 머리와 닮은 사과는 긍정적 의미로 사람을 일컫는다. 예를 들면, 선량한 (그리고 때로는 순진하기도 한) 사람을 의미하는 '좋은 사과다'라는 환유적·제유적 표현이 있다. 1936년 모리스 슈발리에의 노래 가사에 실려 대중화된 표현이다(아래 예문 참조).

Exemples

Note

- « **Ma pomme,** C'est moi… / J'suis plus heureux qu'un roi / Je n'me fais jamais d'mousse. / Sans s'cousse, / Je m'pousse. / Les hommes / Je l'crois, / S'font du souci, pourquoi ? / Car pour être heureux comme, / **Ma pomme,** / **Ma pomme,** / Il suffit d'être en somme / Aussi peinard que moi. », Maurice CHEVALIER, *Ma pomme,* 1936 (https://youtu.be/kJ1xJylBOvs, février 2019).

- « À la fin de l'histoire le mouflet dit à sa mamy : "Ce qui prouv' bien que le p'tit Poucet **était un' vraie pomme,** c'est qu'il a même pas pensé à faire du stop !" », Pierre PERRET, *Le petit Perret,* Jean-Claude Lattès, 1982, p. 257.

- Pourquoi pas le film « **Bonne pome** », 2017 (http://www.allocine.fr/film/fichefilm_gen_cfilm=249443.html, février 2019).

- « C'est encore **pour ma pomme** / C'est toujours moi qui prend / C'est moi le pe'tit bonhomme / qui répond tout le temps », OLDELAF, *Pour ma pomme,* 2017 (https://youtu.be/JLQtaRB12ro, août 2020).

6 Croquer/cueillir la pomme

Valeur(s) sémantique(s)

Succomber à tentation du sexe opposé la plupart du temps.

Il ne s'agit pas de bénéficier des qualités alimentaires de ce fruit qui traversent les continents.

Origine(s)

Hélas ou heureusement cela remonte au temps d'Adam et Ève et des traductions des textes bibliques qui avaient décidé de manger le fruit défendu de l'arbre de la connaissance.

사과를 깨물다(따다)

의미

이성의 유혹을 견디지 못하다.

* 세계 각지에 퍼져 있는 사과의 영양분을 얻는다는 의미가 아니다.

유래

인간의 추락이 불행일 수도 있고, 남녀의 사랑이 다행일 수도 있는, 아담과 이브의 시절로 거슬러 올라간다. 금단의 열매, 선악과를 사과로 번역한 성경에서 비롯된다.

Exemples

Note

- « Depuis des millénaires / Prisonnière d'un jardin / D'avoir **croqué la pomme** / A changé mon destin », Louise PORTAL, *Histoire infâme,* 1987.

- « Ok facile à dire mais j'ai des envies pressantes / Je veux **croquer la pomme** quand l'occase se présente / Vous vous avez des ailes donc une longueur d'avance / Je veux faire pencher la balance », ZAZ, *Appât de velours* (https://youtu.be/a4Yisrmqpu8, février 2019).

- « Séduite un beau matin par le Serpent fait homme, Aux rameaux du Plaisir, Jeanne **a cueilli la pomme** », Maurice ROLLINAT, Les *Névroses,* 1883, p. 171 (TFLi en ligne, février 2019).

- « Comme Adam je veux **croquer la pomme** / T'es mon fruit défendu j' suis ton homme / L'effet que tu me fais est énorme / Dis moi comment tu te prénommes », M. POKORA, *Cette fille,* 2006 (https://youtu.be/NzjQ4V_lETI, février 2019).

7 Être con comme un gland

Valeur(s) sémantique(s)

Insulte qui signifie être un gros imbécile, un très grand idiot.

Aucun lien avec le fruit du chêne qui peut être consommé en Corée ou ailleurs.

Origine(s)

XXe siècle, agrégation vulgaire à la fois d'un terme pour désigner le sexe féminin (con ; mais aussi associé à la bêtise depuis le XVIIIe) et d'un autre pour le sexe masculin (gland, depuis le XVIe). La réduction de l'intelligence à la vacuité d'organes sexuels renforce l'insulte par le manque de capacités de réflexions de ces parties anatomiques ! À noter que le terme "*gland*" seul désigne aussi un imbécile. Par contre le verbe "*glander*" est équivalent à : "être inactif, ne rien faire et laisser passer le temps".

도토리처럼 멍청하다

의미

머저리다, 돌대가리, 꼴통이다.
* 식용 가능한 떡갈나무 열매 도토리와는 무관한 표현.

유래

18세기 이후 '멍청하다'라는 뜻으로 사용된 형용사 '꽁con'은 음부를, 도토리를 뜻하는 '글랑'은 16세기 이후 음경을 의미한다. 따라서 성기를 일컫는 비속어 두 개가 20세기에 합쳐진 표현이다. 생각하지 않고 성적 충동으로 움직인다는 의미가 함축된 모욕적 언사다. '도토리' 단어만으로도 머저리를 의미한다(예: quel gland!). 반면, 동사 '도토리하다(glander)'는 '빈둥거리다, 아무것도 안 하다, 허송세월 보내다'라는 뜻이다.
* 융합하지 못해도 어리석은 것일까? '개밥에 도토리(밥알처럼 불지 못하는 도토리)'가 어리석은 것인지… 도토리 입장에서 보면 그렇지 않을 수도 있을 것 같다.

Exemples

Note

- « Ça ne sert à rien d'être fort comme un chêne, si c'est pour **être con comme un gland** », dicton populaire.

- « Mais elle n'est qu'une / Sans rancœur ni rancune / Je me souviens de leurs amants / **Sale tête de con, sale tête de gland.** », Benjamin BIOLAY, *Volver,* 2017 (https://youtu.be/PhlPLDAJ_ao, février 2019).

- « Et mon épitaphe, je la vois d'ici... "Il est mort comme il a vécu : **comme un gland** !" », Frédéric DARD, *Commissaire San Antonio : des clientes pour la morgue,* 1953 (http://www.papy-dulaut.com/article-34861454.html, février 2019).

8 Être/tomber dans les pommes

Valeur(s) sémantique(s)

Perdre conscience. Avoir un malaise et tomber.

Mais jamais au milieu de pommes ! Ni en raison de consommation excessive de cidre ou de calvados.

Origine(s)

Fin XIXe siècle, peut-être une diminution de la formule plus ancienne utilisée par George SAND : "*être dans les pommes cuites*" pour décrire un état de fatigue avancée (Le Robert, *Dictionnaire des expressions et locutions,* p. 957), en extension du syntagme "*être cuit*"...

Si l'on est cuit on a plus de jus et l'on se retrouve tout ratatiné comme une vieille pomme qui tombe de l'arbre !

사과 속에 있다(넘어지다)

의미

의식을 잃다, 기절하다.

* 그렇지만 쌓여 있는 사과 더미에서 의식을 잃지 않는다! 노르망디 전통 사과주 칼바도스나 시드르를 너무 많이 마셔서 기절하는 것도 아니다. 그렇다면 사과와 무슨 관계일까?

유래

조르주 상드의 서간문에 '익힌 사과 속에 있다(Être dans les pommes cuites)'라는 표현이 나온다. 피곤이 누적된 상태를 의미하는데, '궁지에 몰리다, 끝장나다, 만취하다'를 의미하는 관용어 '익다/삶아졌다(être cuit)'에 사과를 넣은 표현이다. 19세기 말, 형용사 'cuite'가 생략되면서, 기절한다는 의미로 확장된 것으로 보인다.

** 익다/삶아졌다(être cuit): 불에 익히면 즙이 증발하고, 나무에서 떨어진 오래된 사과처럼 쪼그라든다.

*** 익힌 사과 속에 있다(Être dans les pommes cuites): 사과가 익어서 쪼글쪼글해진 상태(피곤이 누적된 상태)는 어깨가 축 처지고 기운이 없는 모습을 묘사한 한국어 표현 '풀이 죽다'와 일맥상통하는 면이 있다.

Exemples

Note

- « [Gowan Stevens] se bourre d'alcool comme un régiment de gentlemen, démolit sa bagnole, se ressoûle à mort et **tombe dans les pommes.** », Albert CAMUS, *Requiem,* 1956, p. 840 (TLFi en ligne, février 2019).

- « Hervé Gardette, de France Culture : "Pour ma première expérience en radio, je suis **tombé dans les pommes**". », Julia VERGERY, *Télérama,* 14 octobre 2019 (https://www.telerama.fr/, octobre 2019).

- « Si j'me sens prêt à **tomber dans les pommes** / Dites moi, Newton, / C'est pas à cause de vous / C'est midi qui sonne / Au rendez vous / Qui m'a rendu fou », William SHELLER, *Mon Dieu que j'l'aime,* 1983 (https://youtu.be/8dSkUQ0t1JU, février 2019).

- « Y'a de quoi **tomber dans les pommes !** / Ça, c'est *la cerise sur le gâteau* : / Il a dessiné un bonhomme / Au Nutella sur mon manteau ! », ALDEBERT et Renan LUCE, *On ne peut rien faire quand on est petit,* 2008 (https://youtu.be/rSICl5uCtT0, février 2019).

9 Être une (bonne) poire

Valeur(s) sémantique(s)

Personne trop serviable, trop généreuse, parfois naïvement. Individu dont le caractère est faible et facile à tromper.

La forme de la poire (celles connues en France) laisse supposer que le meilleur se situe en bas, là où la chair est tendre… et facile à croquer !

Origine(s)

Fin XIXe siècle. Au départ la poire désigne le visage, sans doute en référence aux caricatures du roi Louis-Philippe par Charles PHILIPON, reprise par Honoré DAUMIER. Ce qui a donné aussi "*se fendre la poire*" pour rire franchement. Mais en même temps ces caricatures laissaient entendre que Louis-Philippe était quelqu'un sans personnalité et naïf. Peut-être prêt à tout pour rester au pouvoir ?

(맛있는) 배다

의미

너무 친절하다, 남을 잘 도와주고 인자해서 순진하기까지 하다, 연약하고 속기 쉽다.

* 한국산 배는 둥근 모양이지만, 프랑스산 배는 아랫부분이 둥글고 위로 갈수록 가늘어서, 가장 부드럽고… 식감이 좋은 부분이 하부에 있음이 드러난다.

유래

19세기 말에 등장. 배는 처음에 얼굴을 가리켰다. 샤를 필리퐁에 이어 오노레 도미에가 루이 필립왕을 풍자한 데서 비롯된 것 같다. 솔직하게 웃는 것을 의미하는 '배를 쪼개다(se fendre la poire)'라는 표현도 생긴다. 루이 필립을 먹는 배로 묘사해서 개성이 없는 순진한 왕으로 암시하는데, 권력을 쥐고 있기 위해 '물불을 가리지 않은' 그가 과연 순진한 캐릭터였을까?

Exemples

Note

- « Zoé conclut de là que Laure Gévenos **était une bonne poire,** de caractère assez faible, et qui ne résisterait pas à l'assaut qu'elle allait lui donner », Léon DAUDET, *Ariane,* 1936, p. 86 (TLFi en ligne, février 2019).

- « Et moi / Je ne veux plus **être la bonne poire** / Je ne veux plus gâcher ma vie avec des histoires / Qui finissent toujours en larmes ou en cauchemars / Je ne veux plus *broyer du noir* », LA FEMME, refrain *Où va le monde,* 2016 (https://youtu.be/fQDEUU1lyZQ, février 2019).

- « Il convient que le bougre ait une **bonne poire** / Sinon, me ravisant, je détale à grands pas, / Car je suis difficile et me refuse à boire / Dans le verre d'un monsieur qui ne me revient pas. », Georges BRASSENS, *À l'ombre des maris,* 1972 (https://youtu.be/nlgWfq_g6DI, février 2019).

10 Être une pomme pourrie

Valeur(s) sémantique(s)

Être un individu néfaste dans un groupe qui pousse ce dernier à faire de mauvaises choses. Ou une personne minable.

Origine(s)

XXe siècle, peut-être un changement de l'expression du XVIe "*être une planche pourrie*" (personne peu fiable) ; ou pour d'autres un proverbe anglais ou flamand, mais dont la source est indéterminée. En fait on assimile le processus réel d'une pomme pourrie dans un panier de pomme saine (qui change l'ensemble en accélérant la maturation) à une personne dans un groupe. Cet individu devient *pomme de discorde*. Le terme "pomme" valant pour un individu comme vu auparavant.

썩은 사과다

의미

그룹 내 해로운 인물 또는 보잘 것 없는 사람이다('미꾸라지 한 마리가 온 물을 흐려 놓는다', '어물전 망신은 꼴뚜기가 시킨다'와 유사한 표현).

유래

16세기 관용어 '부패한 판자'(믿을 수 없는 사람을 의미)가 20세기에 '부패한 사과'로 바뀐 것 같다. 플랑드르나 영국 속담(One bad apple spoils the barrel)에서 비롯되었다는 의견도 있다. 발생 출처는 명확하지 않다. 썩은 사과가 신선한 사과 바구니에 끼어 있으면 사과 완숙이 빨라지듯, 그룹의 일원 중 '부패한 사과'가 있으면 불화를 일으킨다는 의미다. 사과는 앞서 살펴보았듯이 사람을 일컫는다.

Exemples

Note

- « Il suffit d'une **pomme pourrie** pour gâter tout le tas. », Dicton, Michel DE NORTHGATE

- « Je voudrais revenir sur cette affaire en adoptant un tout autre point de vue, le point de vue du sociologue face à ce phénomène de réduction de complexité qui consiste à réduire l'affaire Kerviel à une simple affaire de fraudeur isolé mais astucieux, une ***"rotten apple"*** comme disent les Anglo-Saxons. Cette approche ***"pomme pourrie"*** peut paraître étrange pour un sociologue, mais elle se justifie à plusieurs titres. », *The Conversation,* "Affaire Kerviel : **la pomme pourrie** et le tonneau", 6 juillet 2016 (http://theconversation.com/affaire-kerviel-la-pomme-pourrie-et-le-tonneau-61938, février 2019).

- « Comme l'honneur du bacqueux / Et **j'suis la pomme pourrie** qui s'écarte du panier / J'nique ma solitude tant que les poches sont bien accompagnées », PNL, *Le monde ou rien,* 2015 (https://youtu.be/umF1kfVujhM, février 2019).

⑪ Faire/ne pas faire quelque chose pour des queues de cerises

Valeur(s) sémantique(s)

Faire quelque chose pour presque rien ou de faible valeur, parfois inutilement.

Origine(s)

Du XIe au XVIe siècle le syntagme : "*ne valoir une cerise*" signifiait *valoir très peu* (Le Robert, *Dictionnaire des expressions et locutions*, p. 203). De nos jours, il existe une tisane avec des queues de cerises dont la vertu serait de faire maigrir. Par ailleurs les cerises sont toujours vendues avec leur queue, qui nécessairement reste après leur consommation. Ces différents sens pourraient s'être agrégés et ainsi passer du domaine alimentaire à celui du travail au XXe siècle en faisant revivre l'expression des siècles d'antan.

Parfois les sens sont sans queue ni *tête et* partent en tête-à-queue !

체리 꼭지를 얻으려고 뭔가를 하다(하지 않다)

의미

거의 필요 없는, 별 가치가 없는 일을 하다(하지 않다), 쓸데없이 무언가를 하다(하지 않다).

유래

'체리 한 개에 해당할 뿐이다(ne valoir une cerise)'는 11-16세기에 '거의 가치가 없다'는 의미였다(《로베르 관용어구 사전》, p. 203). 체리 꼭지로 만든 허브차는 오늘날 다이어트 식품이다. 체리에는 꼭지가 붙어 있기 때문에, 다 먹은 후에는 꼭지가 남기 마련이다. 체리 꼭지가 허브차로 가치가 있다면, '체리 꼭지를 위해 뭔가를 하다'(20세기 등장한 표현)에는 '거의 가치가 없다'는 옛 의미가 녹아 있다.

* 간혹 의미는 머리도 꼬리도 없고(어디서 나타나고, 어디로 가는지 모르고), 갑자기 방향이 바뀐다(어떻게 변화되는지 알 수 없다)!

Exemples

Note

- « Si les gens qui travaillent **pour des queues de cerises** pouvaient prétendre à beaucoup *d'oseille*, ce serait *la fin des haricots.* », Benoît MARTIN, *Si la terre tournait dans l'autre sens, les journées commenceraient le soir,* p. 29, 2008 (Wiktionnaire, février 2019).

- « Vous n'avez pas honte, à votre âge, de vous disputer **pour des queues de cerise** ? ... Allons, c'est fini, n'est-ce pas ? », HERGÉ, *Les aventures de Tintin. Le trésor de Rackham le rouge,* Casterman, 1943-1944, case 11, p. 16.

- « C'est vraiment insupportable comme sentation, moi je peux avoir soit des colères extrèment violentes (et je SAIS que j'exagère, je le sais je m'en rends compte et pourtant je suis hors de moi **pour des queue de cerises**) et des coups de déprime tellement durs que je me mets à chialer pour des broutilles. », SONGI SONGI, *Forum madmoiZelle,* 26 juillet 2019 (https://forums.madmoizelle.com/sujets/ca-me-perturbe.81397/page-336, août 2020).

12 Glisser une peau de banane – Se (faire) bananer

Valeur(s) sémantique(s)

a) Action ou acte caché pour faire échouer quelqu'un, le faire tomber de son piédestal.

b) Se faire avoir, être trompé par quelqu'un ; avoir un échec, faire une erreur.

Origine(s)

XXe siècle, par métaphore avec une vraie peau de banane non visible sur laquelle on glisse et on tombe en marchant dessus. Dans les deux expressions le champ sémantique est la tromperie, la duperie qui mène à l'échec ou la perte de quelque chose.

Plus dur sera la chute si on se fait bananer car la perte ne sera pas que physique…

바나나 껍질을 밀어 넣다 (1)
바나나 당하다 (2)

의미

1) 은밀하게 행동해서 골탕(엿) 먹이다, 곤란에 빠트리다(물 먹이다), 상대방을 실추시키다.

2) 속다(뒤통수를 얻어맞다), 실패하다(쓴맛을 보다, 미역국 먹다), 실수하다.

유래

20세기에 등장. 미역처럼 미끌미끌한 바나나 껍질을 밟고 넘어지는 이미지가 연상되는 은유적 표현. '바나나 껍질을 밀어 넣다', '바나나 당하다'는 상대방을 속여 뭔가를 잃어버리게 하거나 실패하는 상황을 의미한다.

* 바나나 껍질에 몸만 미끄러지는 것이 아닐 테니, 추락은 더욱 고통스러울 것이다…

Exemples

Note

- « Ô carnaval / on rigole tout le temps / ô carnaval / on s'amuse vraiment / ô carnaval / on avale des feux de Bengale / ô carnaval / **on glisse sur des peaux de bananes** / ô carnaval / la vie n'est pas un *casse-gueule* », ARTHUR H, *Ô carnaval,* 2006 (https://dai.ly/x116mvc, février 2019).

- « Il y a trop d'embûches, trop de gens sur votre chemin qui ont intérêt à **glisser sous vos pas la peau de banane** », Paul VIALAR, *Carambouille,* 1949, p. 166 (TLFi en ligne, février 2019).

- « Effectivement, GDF SUEZ démarche porte à porte les clients pour les faire basculer contrat EDF vers GDF mais sans être clair. **Me suis fait bananer** cet après-midi et je ne suis pas du tout à la retraite… Ils ne le disent jamais au client. J'ai eu droit à 2 personnes dont une très force de vente. Alors, rétractation immédiate. » (https://www.jechange.fr/energie/electricite/guides/offre-electricite-edf-gdf-3385, février 2019).

- « De l'urinoir de Duchamp à la banane de Cattelan : le monde de l'art **s'est-il fait bananer** ? », Mathide SERRELL, *France Culture,* 11 décembre 2019 (https://www.franceculture.fr/, décembre 2019).

- « **J'me suis banané** sur le deuxième exo de c'matin ! » (*https://www.dictionnairedelazone.fr/, février* 2019).

13 Mi-figue, mi-raisin

Valeur(s) sémantique(s)

À la fois plaisant et désagréable. Entre deux impressions contradictoires (positives et négatives). Indécis et pouvant exprimer un doute.

Origine(s)

Fin XVe siècle, l'expression était plutôt : *moitié figue, moitié raisin,* avec un sens de "mélange de bon et de mauvais". La figue et le raisin (en fruits secs) étaient associés au Carême. *À noter : les figues conservent leurs pépins ou graines, même sèches, alors que le raisin de Corinthe sec en est dépourvu (distinction gustative).* Au XVIIe siècle, un glissement sémantique donne le sens proche d'aujourd'hui. Puis au XVIIIe siècle, *mi* remplace *moitié* (Le Robert, *Dictionnaire des expressions et locutions,* p. 538-539).
Par ailleurs, il semblerait que le terme *figue* soit associé aussi aux crottes de chien…

반은 무화과, 반은 포도

의미

좋기도 하고 싫기도 하다(긍정과 부정, 그 사이 느낌이어서 잘 모르겠다는 뜻).

유래

15세기 말, '절반은 무화과, 절반은 포도'라는 표현은 '좋은 것과 나쁜 것이 섞여 있음(반반이다)'을 의미했다. 사순절에 먹는 과일로, 무화과는 말려도 씨가 있지만, 코린트의 건포도는 씨가 없다(포도씨 유무에 따라 맛이 다르다). 따라서 씨가 있는 것(부정)과 씨가 없는 것(긍정)이 반씩 섞여 있다는 의미로 해석할 수 있다. 17세기에 긍정과 부정, 그 사이에서 어느 쪽인지 잘 모르겠다는 의미로 변한다. 18세기에 '절반(moitié)'이 '반(mi)'으로 대체된다(《로베르 관용어구 사전》, p. 538-539).
'무화과'는 또한 '개똥'을 지칭하는 것 같다…
* '씨가 있다(Avoir un pépin)'는 '곤란한 일을 당하다'는 의미다.

Exemples

Note

- « 1978 : apprécies-tu l'millésime ? / 10 ans plus tard vu d'ici c'était **mi-fugue, mi-résine** / Tu m'situes, plus d'issue, j'ai si vite bifurqué / À tituber sur l'bitume, à fuir les difficultés » Paco, *Mi-figue, mi-résine,* 2003 (https://youtu.be/vg4Fq1b4P1s, février 2019). Ici l'expression est transformée et mise au goût du jour par dérivation de l'expression première sous-entendue.

- « C'est un jugement **mi-figue mi-raisin.** Ils sont dispensés de peine, mais ils ont quand même été reconnus coupables. La direction de l'établissement va peut-être se servir de cette décision pour motiver leur révocation... » *Le Parisien,* 6 avril 2006 (http://www.leparisien.fr/, février 2019).

- Expression plutôt utilisée dans les titres d'articles dans la presse : « Formation en tourisme : un bilan **mi-figue mi-raisin** » *Le Matin,* 17 février 2019 (https://lematin.ma/, février 2019).

14 Prendre une prune

Valeur(s) sémantique(s)

a) Recevoir un coup de poing dans la figure. Parfois recevoir une balle, qui donne aussi "prendre un pruneau".

b) Recevoir une amende, une contravention dans le monde automobile.

Origine(s)

XIXe-XXe siècle, possible dérivation sémantique (sens *a* vers sens *b*) de recevoir un projectile (*balle ou coup*) qui impliquait de *se faire aligner* (i. e. se faire punir), à recevoir une amende pour un stationnement illicite dans une file, un alignement de voiture. Et ainsi rentrer dans le rang des payeurs…

자두 한 개 먹다

의미

1) 주먹으로 얼굴을 맞다(총알을 맞는다는 의미로도 쓰이는데, 같은 뜻으로 '말린 자두를 먹다'가 파생됨).

2) 교통 법규 위반으로 벌금을 내야 한다.

유래

19-20세기에 1)에서 2)로 의미가 변했을 것이다. 주먹질을 당하거나 총알을 맞는 것은 '한 줄로 서는 것(벌을 받는 것)'을 함축하는데, 한 줄, 즉 일렬로 주차된 차 옆에 부정 주차를 해서 벌금을 부과 받는 뜻으로 변했을 가능성이 있다. 이렇게 과세 영역으로 의미가 확장된다…

Exemples

Note

- a) « Le poulet, qui avait morflé **une prune** entre les deux yeux, était tombé raide pour le compte. », Pierre Perret, *Le petit Perret,* Jean-Claude Lattès, 1982, p. 262.

- a) « Ménélik, Soon E, Lar-s sont une sorte de Sciences Po / Au passage reste sage après le passage des Sages Po / Et **prend une prune** dans *ta poire,* si *tu tombe dans les pommes* c'est que *j'ai la pêche* / A l'orange tes rimes *banane et n'ramène pas ta fraise* / L'esquive, rotative paralyse l'entreprise des Mc's dont la prose frise la crise de Oufh ! / Souffle ! Don Diego de la Vega te pique avec le mic fleuret / L'NMIACCd'HTCK72KPDP », Mc Solaar, *L'NMIACCd'HTCK72KPDP,* 1994 (https://youtu.be/TXBHOywPSBY, février 2019).

- b) « Vraies et fausses **prunes** sur les parebrises [...] Une distribution en deux temps : d'abord un fac-similé de PV barré de la mention "**la prune** est de retour", puis un petit sachet contenant 4 variétés de vrais fruits. », *Le Parisien,* 1er septembre 2010 (http://www.leparisien.fr/, février 2019).

- « Résultat : un automobiliste qui a dépassé à l'horodateur peut **recevoir une prune** de 15 € alors que la voiture d'à côté, garée sur l'aire de livraison, passera à travers les mailles du filet. », *L'Est Républicain,* 5 novembre 2018 (https://www.estrepublicain.fr/, février 2019).

15 Presser quelqu'un comme un citron

Valeur(s) sémantique(s)

Utiliser quelqu'un jusqu'à son épuisement total. Récupérer toute l'énergie, les connaissances, les compétences d'une personne jusqu'au surmenage (son dernier jus). Parfois, certaines personnes en usent pour des revenus qu'elles estiment trop taxés...

Origine(s)

XXe siècle. Le citron, comme d'autres fruits, est pressé pour en tirer le jus soit comme boisson, soit comme ingrédient pour la cuisine. Comme le fruit est petit, il est nécessaire de l'assécher au maximum pour qu'il ne reste plus une goutte de liquide. L'expression combine alors *le citron* valant *pour la tête,* et *le jus* pour *l'énergie* physique ou intellectuelle.

레몬처럼 사람을 쥐어짜다

의미

완전히 지치도록 상대를 이용하다(마지막 한 방울을 짜내듯 혹사시켜서 그 사람의 기운과 지식, 능력을 빼낸다는 의미다. 한국어로 '단물을 빼먹다', '두고두고 우려먹다'와 시각적 메타포와 의미가 비슷하다. 소득세가 지나칠 경우 사용되는 표현이기도 하다…).

유래

20세기에 등장. 주스를 만들거나 식재료로 사용하려면, 레몬즙을 만들어야 한다. 레몬은 크기가 작아서, 한 방울도 남기지 않기 위해서는 최대한 짜야 한다. 레몬(머리)+즙(기력 또는 지적인 힘)에서 착안된 표현이다.

Exemples

Note

- « Les ressources ne se trouvent plus chez le contribuable, qui est déjà **pressé comme un citron,** mais bien dans les priorités des tâches de l'État. », *Radio Lac,* 18 février 2019 (https://www.radiolac.ch/, février 2019).

- « Ce métier peut être très déstabilisant parce que la carrière de mannequin est très courte. **On vous presse comme un citron,** et puis bye bye. Et après, que reste-t-il ? C'est très furtif. », *7sur7*, 8 août 2017 (https://www.7sur7.be, février 2019).

- « Lors des débats, Me Émilie Halbardier a demandé un total de 38 000 euros en réparation pour son client Patrick. "À leurs yeux mon client *était une bonne poire* **qu'on a pressée comme un citron.** Ils ont entretenu sa dépendance à la drogue pour exercer leur emprise et vider ses comptes. C'était une proie facile qui, aujourd'hui encore, craint les représailles." », *La Nouvelle République,* 20 juillet 2013 (https://www.lanouvellerepublique.fr/, février 2019).

16 Quelque chose à la noix (de coco)

Valeur(s) sémantique(s)

Quelque chose qui n'a pas de valeur, qui est sans intérêt.

Origine(s)

Fin XIXe-XXe siècle. Le syntagme de départ est : "*à la noix*" pour "*valoir rien du tout*", le fruit n'ayant que peu de valeur depuis le XVe siècle (Le Robert, *Dictionnaire des expressions et locutions*, p. 808). L'ajout de *coco* est relativement récent avec l'importation de la noix de coco en tant que fruit exotique. Cette nouvelle forme hyperbolique et satirique provient sans doute de la taille imposante de cette noix dont le centre est creux, rempli de liquide...

호두(코코넛 열매) 같은 것

의미

가치 없는 것, 빈 깡통 같은 것, 속빈 강정이다.

유래

19세기 말-20세기에 등장. 15세기 이후, 호두는 프랑스에서 저렴했기 때문에 '호두 같다'는 '가치가 전혀 없다'는 의미였다(《로베르 관용어구 사전》, p. 808). 이국적 과일인 코코넛 열매가 수입되면서 코코넛을 첨가하는 표현이 생겼다(프랑스어로 호두에 코코넛이 첨가 되면 코코넛 열매가 된다. 호두가 열매라는 뜻이 있기 때문이다). 색깔과 모양이 예쁘지만 속은 비어있는 강정처럼, 부피는 커 보이지만, 그 속에는 코코넛 워터만 있을 뿐이라는 풍자적 표현이다.

Exemples

Note

- « Ah ! alors, dit le jeune bachelier vaincu par cette argumentation. C'est pas à nous qu'il faut faire des boniments **à la noix de coco.** », Marcel Proust, *À la recherche du temps perdu,* tome 6, 1919, p. 169.

- « Françoise lui ayant dit que je venais de chez une princesse : "Ah ! sans doute une princesse **à la noix de coco.**" Voyant que j'attendais une visite, elle fit semblant de croire que je m'appelais Charles. », Marcel Proust, *À la recherche du temps perdu,* tome 9, Gallimard, 1919, p. 165.

- « Quand les copines parlent de mon p'tit homme, / Disent : "Ah ! C'qu'il est laid ! / Il est tatoué, ridé comme une vieille pomme. / Il n'a rien qui plaît." / C'que je me bidonne avec toutes leurs salades, / Bobards **à la noix.** », Édith Piaf, *J'suis mordue,* 1933.

« Ce supplice chinois / Qui jamais ne s'arrête / Carillon **à la noix** / Qui me trotte dans la tête / Ce petit rythme sournois / Têtu comme un tambour / Ce supplice chinois / C'est un chagrin d'amour », Elsa, *Supplice chinois,* 1992 (https://youtu.be/Ffhga5H14Is, février 2019).

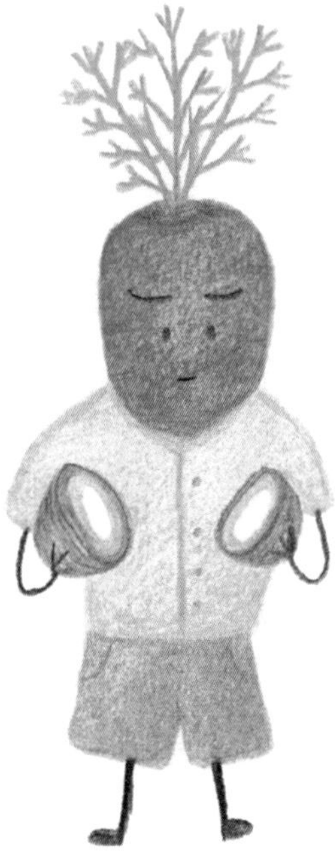

17 Ramener sa fraise

Valeur(s) sémantique(s)

a) Arriver, (re)venir sans être convié.

b) Râler, intervenir brutalement dans une conversation qui ne concerne pas le locuteur ; intervention hors de propos.

Origine(s)

XXe siècle (1921 pour Claude DUNETON), à partir du terme de *fraise* en équivalent à *visage* ou *tête* (comme d'autres fruits) pour désigner une personne. Par extension, le retour d'une personne non désirée, ou qui intervient bien souvent avec des paroles inappropriées pour se faire remarquer !

Que ce soit sa fraise, ma pomme, ta poire... il y a toujours quelqu'un derrière.

자신의 딸기를 가져오다

의미

1) 불청객이 (다시) 나타나다.

2) 대화에 불쑥 끼어들다, 화제 밖의 이야기를 하다, 개입하다.

유래

다른 과일처럼 딸기가 머리나 얼굴을 의미한 20세기(클로드 뒤네통에 의하면 1921년)에 등장. 원하지 않은 사람이 돌아왔거나, 주목받기 위해 부적절한 말을 하며 대화에 자주 끼어드는 의미로 확장됨.

* 딸기든, 사과든, 배든… 항상 그 뒤에는 사람이 있다.

Exemples

→ Note

- « Ah, l'imbécile ! Il a fallu qu'il **ramène sa fraise** au beau milieu de la conversation ! Pour dire une connerie ! », Claude DUNETON, *Le guide du français familier,* 1998, p. 77.

- « Bébert doit être devenu un de ces types puants, avec des cheveux gominés, qui parlent comme le Larousse et **ramènent leur fraise** parce qu'ils connaissent du latin. », Roger IKOR, *À travers nos déserts,* Albin Michel, 1950, p. 92.

- « Samer : Bruno BONNE **ramène sa fraise** jusque dans les restaurants parisiens. », *Delta FM,* 15 juin 2018 (https://www.deltafm.fr/, février 2019). Ici ce titre d'article active divers sens car M. BONNE est un producteur de fraises du Pas-de-Calais qui arrive à s'imposer comme fournisseur de restaurants de la capitale…

« Jugnot **ramène sa fraise** », *Le Journal du Dimanche,* 1er juin 2008 (https://www.lejdd.fr, février 2019).

18 Recevoir un coup sur le citron – Se presser/creuser le citron

Valeur(s) sémantique(s)

a) Recevoir un coup sur la tête.

b) Réfléchir profondément, avec beaucoup d'efforts pour comprendre quelque chose d'obscure (se creuser la tête).

Origine(s)

XXe siècle, encore une dérivation d'un fruit pour signifier la tête (depuis le XVIIIe désigne une personne exploitée). Par extension : "*en avoir dans le citron*" est signe d'intelligence… et inversement !

Le citron donne son meilleur jus après beaucoup d'efforts…

레몬에 한 방 얻어맞다 (1) /레몬을 짜다(비워내다) (2)

의미

1) 알밤을 맞다.

2) 심사숙고하다, 머리를 쥐어짜다(모호한 것을 이해하려는 노력을 전제하고 있음).

유래

20세기에 등장. 과일이 머리를 지칭하면서 파생된 또 다른 표현이다(18세기부터 레몬은 착취당하는 사람을 일컬음). '레몬 속에 뭔가가 있다(en avoir dans le citron)'는 '머리에 든 게 많다(지식이 많다)'는 의미다. '골빈 인간'과 정반대 이미지다. 그런데 레몬산이 위를 자극하듯, 레몬(머리)에 너무 많은 것이 있으면 귀찮거나 거북하다는 부정적 의미로도 쓰인다!

* 힘을 많이 들여야 레몬즙을 얻을 수 있다…

Exemples

Note

- « Il ne souhaitait plus que pioncer. Ne plus **se creuser le citron.** À chaque jour suffit sa peine. », Raymond GUÉRIN, *L'Apprenti,* 1946 dans Claude DUNETON, *Le Bouquet des expressions imagées,* 1990, p. 329.

- « Plus **un citron** est pressé, plus il se dépêche... », Pierre DAC, *Le club des loufoques,* Julliard, 1994 (https://dicocitations.lemonde.fr/citation.php, février 2019)

- Pendant un match de rugby rugueux, il **a reçu un coup sur le citron** grave avant de sortir. L'arbitre s'**est creusé le citron** pour trouver le responsable pendant la pause citron. FM

« Il [Hergé] personnalise chaque porte, portail, pièces, plafonds. Il va à la fois plus dans le détail, et moins dans le détail facile. Il **se creuse le citron** à chaque fois pour que ce qu'il dessine ne soit pas à chaque fois la version la plus évidente d'un objet ou d'un décor, la première image qui nous serait venue si on avait tapé le mot-clef dans Google Image. », Philippe ANFRÉ, *Le zouave interplanétaire,* 9 février 2017 (http://le-zouave-interplanetaire.blogspot.com/, février 2019).

19 Se faire péter la cerise

Valeur(s) sémantique(s)

a) Casser la figure, *péter la gueule* à quelqu'un dans la mesure où la cerise est le visage.

b) Faire perdre sa virginité à une femme (Canada, TLFi en ligne).

Origine(s)

a) XXe siècle ? La cerise, comme d'autres fruits qui représentent la tête d'une personne. Ainsi : "*se péter la cerise*", c'est tomber et en principe se blesser.

b) XXe siècle, source indéterminée. Peut-être en lien avec la couleur du fruit et/ou du jus de ce fruit.

체리를 터트리다

의미

1) 얼굴(낯짝)을 때리다(체리는 얼굴을 의미).

2) 처녀성을 잃게 하다(캐나다, 《온라인 프랑스어 보고사전》).

유래

1) 20세기? 체리는 다른 과일처럼 얼굴을 말한다. 따라서 '체리가 터지다'는 넘어져서 다친다는 의미다.

2) 20세기에 등장. 유래는 불분명하다. 체리나 체리즙 색깔에서 비롯된 것 같다.

Exemples | ⇨ *Note*

- Dans les manifs non déclarées de Gilets Jaunes on **se fait péter la cerise** facilement… FM

- « Et les Religieuses examinaient son vagin et le verdict tomba avec les paroles de l'Évêque : **Elle n'a pas perdu sa cerise** !!! Bonté Divine ! » (https://www.laparlure.com/terme/perdre-sa-cerise/, février 2019).

- « Je me vois déjà, d'une balle bien ajustée, **lui faire péter la cerise** », Gilbert PORTELETTE, *Tout P'ti s'en va en guerre,* RTL Édition, 1986, p. 66 (https://catalogue.bnf.fr/ark:/12148/cb349721805, février 2019).
« Imagine un seul instant que, derrière, il y ait eu un F.-M. ou une mitrailleuse, la porte s'ouvrait et **tu te faisais péter la cerise** comme qui rigole (...) », Gilbert PORTELETTE, *Tout P'ti s'en va en guerre,* RTL Édition, 1986, p. 107 (https://catalogue.bnf.fr/ark:/12148/cb349721805, février 2019).

20 Se faire secouer les prunes

Valeur(s) sémantique(s)

Se faire remettre à sa place, se faire rabrouer, recevoir de violents reproches.

Origine(s)

Fin XIXe-XXe siècle, "*Se faire secouer les prunes*" est une variante de "*secouer comme un prunier*" où depuis le XIVe siècle le terme *prune* est associé à *coups, blessures* (Le Robert, *Dictionnaire des expressions et locutions,* p. 992). Parfois désigne métonymiquement (parties pour le tout) un homme qui s'active enfin après une période de passivité.

자두가 흔들리게 하다

의미

맹비난을 받다(무례하거나 받아들일 수 없는 일을 했음을 함축하는 표현).

유래

19세기 말-20세기, '자두가 흔들리게 하다se faire secouer les prunes'는 '자두나무처럼 흔들다secouer comme un prunier'(쌀쌀하고 퉁명스럽게 대하다)의 변형이다. 14세기부터 자두는 타격이나 상처를 주는 의미와 관련 있다(《로베르 관용어구 사전》, p. 992). 자두는 또한 고환의 속어적 표현이기 때문에, '자신의 자두를 흔들다se secouer les prunes'는 환유적으로 무기력한 시간을 보낸 후, 마침내 활력을 되찾고 분발한다는 의미다.

Exemples

Note

- Il faut que je **me secoue les prunes** si je veux arriver à l'heure aux examens, sinon je vais **me faire secouer les prunes** par ma daronne si j'échoue. FM

- « Le sergent de ville ne comprend pas, il m'empoigne par un bras et **me secoue comme un prunier** ; il me secoue si fortement que ma perruque, une perruque à la Richepin, louée chez Dieudonné, le coiffeur de la rue Richelieu, fait un saut en l'air. », Louis Paulian, *Paris qui mendie : mal et remède,* Éd. P. Ollendorff, 1893, p. 106 (https://gallica.bnf.fr/ark:/12148/bpt6k2069707, février 2019).

- « • Que voulez-vous que je fasse ? murmura la pupille qui restait assise par terre, immobile.
• Frappez-le, giflez-le, insultez-le, crachez-lui dessus !
• À quoi cela servirait-il ?
• À vous soulager !
• Ça ne me soulagerait pas.
• Vous me décevez. M'autorisez-vous à vous remplacer ? J'aimerais bien, moi, le **secouer comme un prunier** en lui disant ses quatre vérités, à ce vieux salaud répugnant ! », Amélie Nothomb, *Mercure,* 1998, p. 182.

21 Se fendre la poire/la pêche

Valeur(s) sémantique(s)

Rire franchement et bruyamment, rire aux éclats.

Origine(s)

XXe siècle, *pêche* (1950) et *poire* (cf. expression n° 9) signifiant la tête ou le visage et où rire vivement ne peut se faire que la bouche grande ouverte (fendue).

Se fendre la gueule *et* se fendre la pipe se *sont* cassés la pipe *pour laisser la place à éléments plus sucrés !*

배를/복숭아를 쪼개다

의미

큰 소리로 웃다, 배꼽 잡다.

유래

복숭아(1950년)와 배(9번 표현 참조)가 머리나 얼굴을 의미한 20세기에 등장. 활짝 웃으려면 입을 크게 벌리고 (쪼개고) 웃을 수밖에 없다.

'아가리를 쪼개다(se fendre la gueule)', '파이프를 쪼개다(se fendre la pipe)'를 대체한 재미있는 표현!

Exemples

Note

- « En bref, impossible de ne pas **se fendre la poire.** Pour couronner le tout, Queneau utilise un langage qui lui est propre, fait d'emprunts à l'argot, d'expressions issues du langage familier et de transpositions phonétiques. », Adrielle BENEDETTO, *Ledélit,* 12 février 2019 (https://www.delitfrancais.com/2019/02/12/metro-en-panne-mon-cul/, février 2019).

- « Même si tu dois partir, mon pote, attends un peu / Viens, on se pose en terrasse, au calme, on boit un thé / J'ai envie de rire, j'ai envie de **me fendre la poire** / Même si on a des 'blèmes, en vrai, c'est pas la mer à boire », LEFA, *En terrasse,* 2016 (https://youtu.be/MoMcHbY9lyM, février 2019).

- « Le bonheur ne fait pas rire. Ce ne sera pas une thérapie. On va **se fendre la pêche**, se taper sur les cuisses, faire pipi dans sa culotte quoi. », propos de Muriel ROBIN dans *Closer mag,* 31 mai 2013 (https://www.closermag.fr, février 2019).

- « C'est un bulbe de cerfeuil, *haut comme trois pommes* qui venait de *le poignarder dans le dos.* Il était *soupe au lait,* il vit tous les autres **se fendre la pêche**, *son sang ne fit qu'un tour* et la discussion *tourna au vinaigre !* », C" NABUM, *Les pérégrinations d'un cœur d'artichaut,* 15 décembre 2012 (http://chroniques-ovales.over-blog.com/article-les-peregrinations-d-un-coeur-d-artichaut-113472512.html, février 2019).

22 Sucrer les fraises

Valeur(s) sémantique(s)

Être agité de tremblements incontrôlables par sénilité, ou alcoolisme. Souvent une façon indirecte pour désigner la maladie d'Alzheimer ou une sénilité avancée qui annonce une mort proche.

Origine(s)

Fin XIXe-XXe siècle, métaphore qui fait le lien entre mettre du sucre glace sur des fraises par des mouvements volontaires pour en améliorer le goût et ces mêmes gestes devenus involontaires avec le temps qui passe… l'esprit et le corps se dissociant…

딸기에 설탕을 뿌리다

의미

몸을 떨다, 노망나다(노화나 알코올 중독으로 자신의 의지와 상관없이 떨리는 현상을 말함. 급속한 노화로 죽음이 임박했거나, 치매에 걸렸음을 간접적으로 일컫는 표현).

유래

19세기 말-20세기에 등장. 맛있게 먹기 위해 딸기에 설탕을 뿌리는 경우가 많은데, 나중에는 무의식적으로 설탕을 뿌리게 된다. 여기에서 착안된 메타포로, 정신과 육체의 분리를 시사한다…

Exemples

Note

- « J'irai **sucrer les fraises,** là-haut sur la falaise, un jour / Mes kilos d'impatience trouveront l'innocence autour / D'un au-delà, un jour / J'irai / J'irai planter ma tente dans l'Éden ou chez Dante, un jour », LA GRANDE SOPHIE, refrain *Sucrer les fraises,* 2012 (https://youtu.be/lhpADhswi6s, février 2019).

- « Le vieux Gégène pouvait même plus tenir correctement son feu tellement il **sucrait les fraises.** », Pierre PERRET, *Le petit Perret,* Jean-Claude Lattès, 1982, p. 145.

- « **Sucrer les fraises** ou donner sa pipe à Martin. Espèces d'idiomes (5/6). Les soucis de santé physique ou mentale ont inspiré bien d'idiotismes. Qu'il nous manque une case ou non (que l'on "aille bananes" en anglais), nous finirons tous par passer l'arme à gauche ou "ôter nos sabots" à la danoise », Muriel GILBERT, 15 août 2014, *Le Monde* (https://www.lemonde.fr/, février 2019).

- « "Parkinson, c'est bien plus complexe que simplement **sucrer les fraises**", explique Jean-Louis Dufloux lors d'une conférence de presse de l'Institut du cerveau et de la moelle épinière (ICM) à l'occasion de la journée mondiale dédiée à cette maladie, ce mercredi. », *Sud Ouest,* 11 avril 2018 (https://www.sudouest.fr/, février 2019).

23 Tirer les marrons du feu

Valeur(s) sémantique(s)

Le premier sens était de faire des efforts pour une autre personne sans bénéfice pour soi. Au cours des siècles, la valeur s'est inversée pour signifier aujourd'hui la personne qui profite d'une situation.
L'usage est parfois surprenant dans la mesure où il est possible d'inverser la valeur d'une expression !

Origine(s)

XVIIe siècle, à partir de la fable de Jean de LA FONTAINE : *Le Singe et le chat.* Sa formulation met en évidence l'exploitation de l'un (Raton, le chat) par l'autre (Bertrand, le singe). L'inversion et l'ambiguïté proviennent sans doute du noyau sémantique "tirer profit de..."

화덕에서 밤을 꺼내다

의미

대가를 받지 않고 다른 사람을 위해 수고한다는 의미였지만, 세월이 흐르면서 상황을 이용한다는 의미로 바뀐다.
* 의미가 전복되는 놀라운 예!

유래

17세기 라퐁텐 우화 《원숭이와 고양이》에서 유래. 간사스런 베르트랑(원숭이)이 라통(고양이)을 착취하는 상황을 묘사하고 있다. 반대 의미는 모호한데, 동사 '꺼내다'의 숙어적 표현 '…을 이용하다(tirer profit de)'에서 비롯된 것 같다.

Exemples

Note

- « Bertrand dit à Raton : "Frère, il faut aujourd'hui / Que tu fasses un coup de maître. / Tire-moi ces marrons. Si Dieu m'avait fait naître / Propre à **tirer marrons du feu,** / Certes marrons verraient beau jeu." », Jean DE LA FONTAINE, *Le Singe et le chat,* 1678 (http://www.musee-jean-de-la-fontaine.fr/jean-de-la-fontaine-fable-fr-4.html, février 2019).

- « Les révolutions se font toujours de la même manière, par des niais qui s'imaginent travailler pour eux-mêmes et qui **tirent les marrons du feu** pour les autres », Prosper MÉRIMÉE, *Lettres à la comtesse de Montijo,* tome 2, 1869, p. 360 (TLFi en ligne, février 2019).

- « L'autre jour, au Monde, je suis tombée sur une phrase à base de marrons qui m'a posé un intéressant problème. Elle disait "Marine Le Pen n'aura plus qu'à tirer **les marrons du feu**". », Muriel GILBERT, § janvier 2019, *RTL* (https://www.rtl.fr/culture/arts-spectacles/faut-il-tirer-les-marrons-du-feu-7796140965, février 2019).

- « En voilà une qui a tout compris ! Les sondages montrent déjà qu'une liste qu'elle conduirait taillerait des croupières aux populistes qui comptaient bien **tirer les marrons du feu,** tout en aidant La République en marche à redresser la tête. », Jean GUISNEL, 26 janvier 2019, *La République des Pyrénées* (http://www.larepubliquedespyrenees.fr/, février 2019).

24 Être marron

Valeur(s) sémantique(s)

Tout simplement être perdant dans une affaire ; se faire avoir, dupé, attrapé.

Fruit, couleur... on ne sait jamais !

Origine(s)

XVIIe siècle, mais d'usage à partir du XIXe. Au départ s'applique aux esclaves fugitifs dans les Antilles, donc dans une situation illégale qui pouvait donner lieu à des sanctions et perdre la liberté retrouvée. Sans doute ne reste-il aujourd'hui que cette notion de pertes liées à un échec. On trouve aussi la formulation : *"être chocolat"*. Par ailleurs, *"prendre un marron ou une châtaigne"*, c'est prendre un coup de poing...

밤이다

의미

실패하다(죽 쑤다), 속다, 기만당하다.

* 밤은 프랑스어로 'marron' 또는 'châtaigne'라고 한다. 그런데 마롱은 먹을 수 없다. 갈색의 일종인 밤색을 프랑스어로 마롱색이라고 하는데, 마롱이 과일인지, 색깔인지… 모를 일!

유래

17세기에 나타나지만 19세기부터 사용된다. 처음에는 앙티이섬을 탈출하려던 노예가 처벌을 받거나 되찾은 자유를 '상실'하는 상황을 일컬었다. 아마도 '상실'이라는 개념이 오늘날 '실패'의 의미망과 연결되었을 것이다… '초콜릿이다'라는 표현도 같은 뜻이다. 한편, '밤을 먹다'는 주먹을 맞는다는 의미다.

Exemples

Note

- « Maintenant, les corbillards à tombeau grand ouvert / Emportent les trépassés jusqu'au diable vauvert, / Les malheureux n'ont même plus le plaisir enfantin / De **voir leurs héritiers marrons** marcher dans le crottin. », Georges BRASSENS, *Les funérailles d'antan,* 1960 (https://youtu.be/bwb5k-4k2EMc, février 2019).

- « Nous sommes cette marone, craintive mais résolue qui porte son enfant sur son dos et poursuit sans relâche sa course pour atteindre le camp maron. Nous sommes tous **ce marron** qui avance prudemment dans le silence du piton, qui trace sa route dans la ravine complice, qui tend l'oreille au vent dans les branles, mais qui s'avance lui aussi résolument vers la liberté. », Ramatoa Charlotte RABESAHALA, 19 décembre 2018 (https://www.clicanoo.re/clicazot/Article/2018/12/19/Sur-la-trace-de-nos-ancetres-marons-premiers-esclaves-libres-de-La, février 2019).

- « Les syndicats des petits et des grands patrons ne défendent que ceux qu'ils ont choisi de défendre et en priorité eux-mêmes d'abord ! Les syndicats salariés ; quif/quif. Les partis politiques c'est malheureusement du même acabit ! Je suis favorable aux jaunes en espérant **ne pas être marron !** [...] » commentaire de jhon6901 sous l'article : « Comment les syndicats et le patronat appréhendent le grand débat national », *Le Figaro économie,* 15 janvier 2019 (http://www.lefigaro.fr/economie/, février 2019).

- « Si Bérurier mord à l'hameçon, **je suis marron,** pris à mon propre piège comme une araignée qui se serait entortillé dans sa toile ! », Frédéric DARD, *San Antonio, Le fil à couper le beurre,* Fleuve Noir, 1955, p. 105.

II.

Végétaux – Légumes.
En voir des vertes et des pas mûres, du fond du trou à la tête dans les étoiles…

L'être humain mange tout ce qu'il trouve (avec ou sans outils), la faim le pousse aussi à creuser ou cultiver pour profiter de tous les trésors alimentaires et linguistiques qui s'associent à ces produits de la nature.

땅속에서, 나무에서 자라는 다양한 색깔의 모든 식물(채소)…

인간은 (도구를 사용하거나 두 손으로) 발견하는 모든 것을 먹는다. 배고프면 땅을 파거나 경작해서 자연의 보물인 먹거리를 즐기고, 음식과 관련된 언어 보물도 만든다.

① C'est un (vrai) légume – Vivre comme un légume

Valeur(s) sémantique(s)

Jugement porté sur une personne dans un état léthargique permanent (végétatif), voire de mort cérébrale. Par extension cela décrit une (autre) personne dans un état de grande fatigue et d'inertie.
Un légume étant un être vivant sans cervelle !

Origine(s)

XXe siècle, avec le développement médical il est possible de maintenir en vie une personne déclarée en mort cérébrale et sans aucune capacité de réactions volontaires. Le corps est maintenu en vie uniquement par des appareils médicaux et où le cerveau est inactif. Cette perte du système nerveux central fait perdre aussi la qualité d'être humain...

(완전) 식물이다/식물인간이다

의미

혼수상태에 빠지다, 뇌사 상태다(넓게는 피곤이 누적되었거나 무기력 상태에 있음을 의미함).
* 국적을 막론하고 표현이 낯설지 않은 이유는 식물은 두뇌가 없는 생명체이기 때문일 것이다!

유래

20세기에 등장. 의식이 없거나 뇌기능이 완전히 정지되었어도 의학의 발달로 연명치료가 가능하다. 뇌는 멈춰 있고, 몸은 기계에 의존하여 생명을 유지할 뿐이다. 중추신경계의 무너짐으로 인간다움이 상실되고 만다…

Exemples

Note

- « Myriam Cattoire est plus brutale : "De toute façon, à chaque fois qu'on reparle d'euthanasie à la télé, je m'en prends plein la tête. Je suis la dingue qui **laisse vivre** son mari **comme un légume.** Mais moi, je leur dis, à tous ceux qui me jugent : Allez-y, prenez un oreiller, appuyez. On verra si vous en êtes capables". », Dion Bui, *Le Nouvel Observateur,* 19 juin 2014 (https://www.nouvelobs.com, février 2019).

- « Euthanasie : "Il avait dit clairement qu'**il ne voulait pas vivre comme un légume**" explique le cousin de Vincent Lambert. », Anne Le Henaff, *RTL*, 13 janvier 2014 (https://www.rtl.fr, février 2019).

- « J'ai 17 ans, et depuis cinq (longs) mois, je me sens vide, **comme un légume.** J'ai l'impression que je me laisse porter par les jours, que tout se répète sans but, que rien n'est réel et que je vais finir par me réveiller d'un genre de rêve dans lequel je vis. », Nailram, 2 janvier 2015, *Forum Psychologie.com* (http://mon.psychologies.com/, février 2019).

- « Agitez-moi pour voir… / tout livide, plus lucide C'est vrai que j'suis pas un agrume / Moi **je suis plutôt légume** / Un fébrile pas Pampril / Dans mes gestes / Y'a plus de zeste / J'ai pas d'énergie / *J'ai pas de jus* », Claude Souchon (Ours), *Orange*, 2006 (https://youtu.be/c9qSU6Gv97c, février 2019).

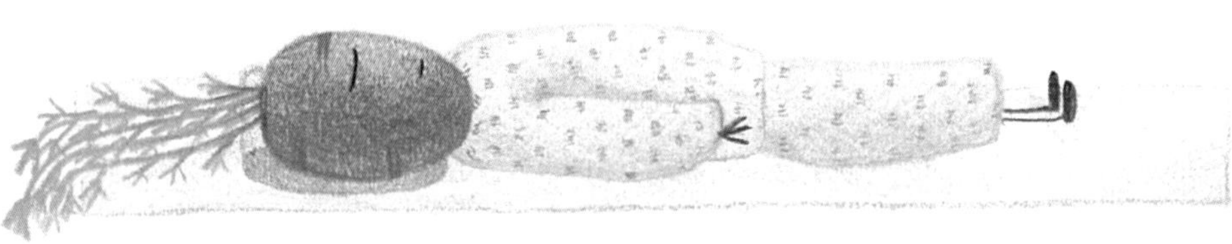

2 C'est une grosse légume

Valeur(s) sémantique(s)

Une personnalité qui a une fonction importante dans son domaine (politique, économique, gang…), qui influence les autres. Aujourd'hui, porte une valeur négative par le fait que cette personnalité tire parfois des avantages de sa position.

Origine(s)

XXe siècle, au départ l'expression servait à désigner les officiers supérieurs dans l'armée (Le Robert, *Dictionnaire des expressions et locutions,* p. 695). *"C'est une huile"* à la même signification.
À noter : jusqu'au XVIIIe siècle *légume* se trouvait aussi au féminin pour désigner toutes les plantes comestibles.

큼직한 채소다

의미

거물이다, 큰손이다(정치, 경제, 폭력집단 등 각 분야 중요 인물로, '칼자루를 쥐고 있는' 사람을 가리킨다. 오늘날에는 부정적 의미로 쓰이는데, 자신의 높은 위치를 활용하는 경우가 많기 때문이다).

유래

20세기에 등장. 처음에는 군대에서 고급장교를 지칭함(《로베르 관용어구 사전》, p. 695). '그 사람은 윤활유다(C'est une huile)'도 같은 의미다.
주의: 채소는 남성명사인데, 18세기까지 식용식물을 지칭한 여성명사이기도 했다. 'C'est une grosse légume'에 채소가 여성명사였던 흔적이 남아 있다.

Exemples

Note

- « I's s'ront ben vus par tout l'village / Pasqu'i's gangn'ront pas mal d'argent / A fér des p'tits tri-patrouillages / Au préjudic' des pauv'ers gens, / Ou ben à licher les darrières / **Des grouss's légum's,** des hauts placés. », Gaston Couté (1880-1911), *La chanson d'un gas qu'a mal tourné,* E. Rey, 1928, p. 31 (https://catalogue.bnf.fr/ark:/12148/cb317487890, février 2019).

- « Après quoi le maire de l'arrondissement qui s'était dérangé en personne, mon beau-père étant quelque chose dans les « **légumes** » de l'arrondissement conseiller cantonal, si je ne me trompe, procéda d'une voix bredouillante à renonciation des articles du Code appropriés à la circonstance, et, finalement, à la question double, but de tout ce remue-ménage. », Paul Verlaine, *Œuvres complètes,* tome 5, *Confessions,* 1895, p. 175 (TLFi en ligne, https://fr.wikisource.org/wiki/Confessions_(Verlaine), février 2019).

- « Un P.-D.G. très connu. C'était **une grosse légume** et nous ne le savions pas trop. Les flics ont mis le paquet. », Patrick Girard, *Voyage à l'intérieur des prisons. Témoignages,* Éd. Séguier, 1988 (http://www.languefrancaise.net/Bob/4772, février 2019).

- « Un juge d'instruction peut se montrer moins conciliant et exiger la détention provisoire... pas de panique, **la grosse légume** passe rarement par la case prison, en dernier recours elle crache une caution pour s'épargner les affres de la villégiature carcérale... », commentaire de Norman Bates, 17 février 2019, "Dettinger vs Benalla... et les autres !", *AgoraVox* (https://www.agoravox.tv/, février 2019).

A.

Sous terre (racines)

Depuis que l'être humain existe,
son régime omnivore l'oblige à trouver tout ce qui est comestible…
le monde souterrain ne fait pas exception !

가.

뿌리채소

먹을 수 있는 것은 다 찾고야 마는 잡식동물 인간…
지하 세계도 피해갈 수 없다!

1 Avoir la patate

Valeur(s) sémantique(s)

Être plein d'énergie physique et morale pour tout ce qui doit arriver. Être de bonne humeur.

Origine(s)

Fin XXe siècle, par double extension de : "*avoir la frite*" (voir plus loin) et "*patate*" pour le visage et l'énergie d'un coup de poing.
Patate sert à désigner un fort coup de poing, la tête, parfois le nez ou encore une quantité d'argent (10 000 francs ou euros), mais aussi une personne maladroite.
Métonymies à plus d'un titre.

감자가 있다

의미

정신적, 신체적으로 에너지가 충만하다, 컨디션이 좋다.

유래

'감자튀김이 있다'(뒷부분 참조)에서 '감자가 있다'로 20세기 말에 대체된다. 컨디션이 좋은 상태를 '감자가 있다(avoir la patate)'로 표현하는 점에서, 감자가 가슴을 지칭하는 것을 알 수 있다. 즉 심장에서 펌프질이 잘 된다는 의미다(감자를 활용한 반대 의미도 있다 : 'En avoir gros sur la patate' 참조). 감자는 또한 얼굴이나 머리, 센 주먹질, 때로는 코를 지칭한다. 한편 많은 돈(만 프랑/유로)이나 서투른 사람을 의미하기도 한다.
* 한국 언어문화에서 밥이 들어간 관용적 표현이 많듯이 (밥맛없다, 한솥밥을 먹다, 고생을 밥 먹듯 하다, 밥맛이 떨어지다…) 서양의 주식인 감자로 요리하는 환유적 표현도 다양하다.

Exemples

Note

- « Alors que sa fortune est placée sur un compte en banque helvétique. / Elle écoute Louise Attaque parce que sur scène **ils ont trop la "patate"** / Elle aimerait avoir des potes en banlieue mais la réalité la rattrape », TTC, *De pauvres riches,* 2002 (https://youtu.be/maObYlDIRcw, février 2019).

- « Si t'es en bas faut cravacher, t'as qu'à pas lâcher / T'as pas connu ça toi, l'envie **d'empocher les patates** / Être à gauche droite face à la mer loin des galères / T'as pas connu ça, l'envie de t'en sortir **distribuer des patates** / Des gauches droites avec un air patibulaire », PASSI & CALOGERO, *Face à la mer,* 2004 (https://youtu.be/MFhKnRLEihE, février 2019).

- « Tiens, mais qu'est-ce que j'ai ce matin, quel friton putain ! / Mais *j'ai une pêche d'enfer...* ça va le faire / C'est la vie qui éclate, **j'ai vraiment la patate** », LES GARÇONS BOUCHERS / PIGALLE, *La patate,* 1993 (https://youtu.be/m8D0gsU1e70, février 2019).

- « "Pas du tout, je vais la bouffer toute crue, la brocoli, ouh ouh ouh !", répond Laurent Ruquier, imitée par l'humoriste. "Vous êtes en forme..." souligne Mademoiselle Jade. "Et oui **j'ai la patate,** et les gens préfèrent les patates aux brocolis, ouh ouh ouh !" », Laurent GERRA et JADE, *RTL*, 28 août 2018 (https://www.rtl.fr/, février 2019).

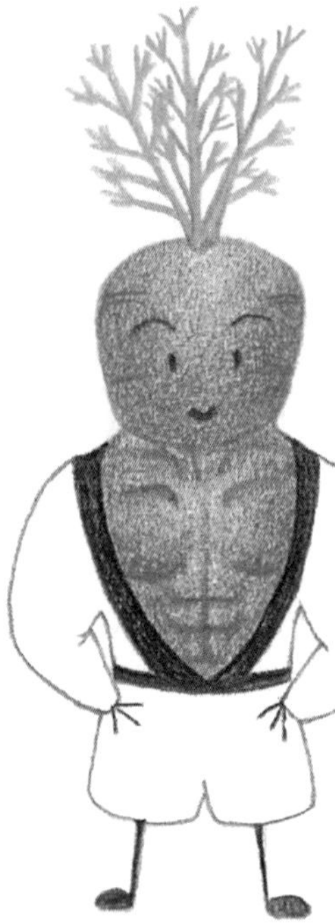

2 Ça (ne) vaut pas un radis – Travailler (ne pas) pour des radis

Valeur(s) sémantique(s)

Quelque chose que ne vaut rien ; *radis* étant équivalent ici à *argent* dans l'expression négative. Variantes : *pas un radis ; sans un radis, travailler pour des radis.*

Origine(s)

Milieu XIXe siècle en raison de la faible valeur des radis (souvent offert comme mise en bouche dans les bistrots) à cette époque et de leur forme ronde (du moins certaines variétés), proche des pièces de monnaies. À noter, dès 1842 un radis égale un sou, donc l'argent en cours ou une rémunération !
Pourtant en Corée, les radis sont aujourd'hui un produit presque de luxe… comme quoi l'histoire et la géographie peuvent surprendre…

방울무 한 개 가치도 없다 /방울무를 얻으려고 일하다(일하지 않다)

의미

무가치하다, 씨알머리가 없다(방울무는 돈을 지칭함. 부정적 표현으로 사용됨: pas un radis, 또는 sans un radis는 무일푼임을 의미함).

유래

방물무가 저렴했던 19세기 중엽에 유래한다(비스트로에서 식전 서비스로 제공되는 경우가 많았음). 모양도 대부분 동전처럼 둥글다. 1842년부터 방울무는 동전을 의미했기 때문에 돈이나 사례금을 지칭한다.
* 한국에서는 방울무가 비싸서 사치품에… 가깝다. 역사와 지리에 따라 뜻밖의 상황이 연출된다…

Exemples

Note

- « En sortant du trente et quarante / Je ne possédais **plus un radis** / De l'héritage de ma tante », Maurice CHEVALIER, *Dans la vie faut pas s'en faire,* 1921 (https://youtu.be/5ztw4UXCXew, février 2019).

- « Vu du ciel, l'Enfer est comme le Paradis / "Crève dans ta merde, **t'auras pas un radis**" / C'est à peu près c'que le daron m'a dit », DAMSO, *Mosaïque solitaire,* 2017 (https://youtu.be/q2c7Ie1Sz1Q, février 2019).

- « C'est encore moi, t'as l'air choqué, tape-m'en cinq, cher ami / Lamborghini, Pagani, étrier d'frein en céramique / Ton couplet sert à tchi, c'est dans la nuit qu'j'prends racine / J'lève la tête pour dunker comme Kev' Sérafin / J'oublie pas, j'sais qu'avant **j'avais pas un radis** », LEFA, *Reste branché,* 2016 (https://youtu.be/ZRaToQvSU20, février 2019).

- « Contre le mur, des pancartes fraîchement peintes. "Au champ plutôt qu'Auchan", ou "Mangez locale (sic) et non mondiale (sic)". "*Ah là là, la* big *faute*", s'exclame cette femme en reculant d'un pas. Un autre panneau : "Paradis pour les uns, **pas de radis** pour les autres." Sans faute, celui-là. », *Reporterre,* "Le peuple des Gilets jaunes occupe sa maison à Saint-Nazaire", 21 février 2019 (https://reporterre.net/, février 2019).

- « Je vous en supplie, sanglote le renégat. Je tentais de vous rejoindre, Je le jure sur la tête de ce que j'ai de plus cher au monde. / La seule chose précieuse qui te reste en ce monde est ta tête, et **elle ne vaut pas un radis.** », Yasmina KHADRA, *La dernière nuit du Raïs,* Julliard, 2015 (https://www.babelio.com, février 2019).

- Reportage de France 3 Alsace sur de nouvelles monnaies locales dont ***le radis*** (https://youtu.be/RcnUippmIQk, février 2019).

3 C'est un navet

Valeur(s) sémantique(s)

Œuvre de très mauvaise qualité et qui n'a aucune valeur. Le terme s'applique le plus souvent aujourd'hui à un film, mais peut aussi s'attribuer à un tableau ou un spectacle.

Origine(s)

XXe siècle, mais origine incertaine par divers glissements de sens liés aux qualités de manque de goût de cette racine en France. Selon Georges PLANELLES, une valeur figurée de nullité était déjà associée au XIIIe siècle au navet (http://www.expressio.fr/index.php, février 2019). Par ailleurs, avoir "*du sang de navet*" désigne une personne faible, anémique.

Pauvre navet qui semble manquer de saveurs, et qui pourtant en cuisine fait des miracles…

무다

의미

졸작이다(주로 영화를 말할 때 쓰임. 공연이나 그림을 지칭하기도 함).

유래

20세기에 등장. 유래는 분명하지 않지만, 프랑스에서 맛없는 뿌리채소로 여겼기 때문인 것 같다. 조르주 플라넬에 의하면, 13세기에 무가치한 것을 무로 비유했다고 한다(http://www.expressio.fr/index.php, février 2019).

한편 '무의 피다(피가 무처럼 하얗다)'는 약하고 빈혈 있는 사람을 비유하는 말이다.

* 풍미가 좀 약한 것 같은 불쌍한 무, 그렇지만 경이로운 맛을 낸다…

Exemples

- « Le fils : Si papa n'était pas aussi radin il payerait aussi un abonnement télé pour le chalet, on capte seulement TF1 c'est la louze. La sœur : Grave, c'est trop l'angoisse **ils passent que des navets !** », URBANDICO (http://www.urbandico.com/, février 2019).

- « "All inclusive" : **un navet** avec la finesse d'un brontosaure en tutu », titre d'un article d'Hélène MARZOLF, *Télérama,* 13 février 2019 (https://www.telerama.fr/, février 2019).

- « Je reconnus tout de suite la maison. Elle était haute sur pattes, étroite comme une cheminée. Je ne sais pas quel est l'architecte qui avait mis au monde **ce navet,** mais ça devait être encore un malin, celui-là. », André HÉLÉNA, *Rencontre dans la nuit,* Forent-Massot, 1952 (http://www.languefrancaise.net/Bob/12526, février 2019).

- « Il arrive que l'on projette de bons films, mais la plupart du temps **ce sont des navets** dont les curés ne voudraient même pas pour leur patronage. », Denis LANGLOIS, *Le cachot,* François Maspero, 1967 (http://www.languefrancaise.net/Bob/12526, février 2019).

- « Tais-toi donc ! reprit un camarade, un petit peintre blond très rageur, tu ne vas pas vouloir nous faire avaler **un pareil navet !** / Oui, oui, **un navet !** tous répétaient le nom avec conviction, ce mot qu'ils jetaient d'habitude aux dernières des croûtes, à la peinture pâle, froide et plate des barbouilleurs. », Émile ZOLA, *L'Œuvre. Les Rougon-Macquart,* G. Charpentier, 1886, p. 374. (https://fr.wikisource.org/wiki/L%E2%80%99%C5%92uvre_(Zola)/Texte_entier, février 2019).

4 C'est/re-filer une patate chaude

Valeur(s) sémantique(s)

Une affaire désagréable, ou susceptible d'apporter des problèmes. Donc, s'en débarrasser…

Origine(s)

XXe-XXIe siècle, qui est un calque de l'expression anglaise "*to drop like a hot potato*" via le Canada.
Les patates chaudes brûlent les doigts, sans doute faut-il les manipuler avec prudence.

뜨거운 감자다(뜨거운 감자를 슬쩍 떠넘기다)

의미

골치 아픈 복잡한 문제다. 논란을 일으킬 수 있는 예민한 문제여서 서둘러 처리해야 하는 일이다…

유래

20-21세기 등장. 캐나다에서 영어 관용어 'to drop ~ like a hot potato'를 프랑스어로 직역한 표현.
* 뜨거운 감자를 집다가 화상을 입을 수 있으니, 조심스럽게 다뤄야 한다. 한국어 관용어 '뜨거운 맛을 보다(큰 고통을 당하다)'처럼 형용사 '뜨겁다'와 결합된 부정적 이미지의 표현이다.

Exemples

Note

- « En faisant cette proposition, René Souchon **refile la patate chaude** du financement du contournement du Puy aux élus altiligériens sans distinction. Même s'il en est un qui est visé particulièrement, à savoir Laurent Wauquiez. », *Le Progrès,* article du 4 juin 2009 (http://www.expressio.fr/expressions/refiler-la-patate-chaude.php, mars 2019).

- « Bref, tout le monde est d'accord pour lutter contre la précarité et faire des économies à l'Unédic, endettée d'au moins 35 milliards. Pas sur la méthode. Il n'y a, comme d'habitude, que des mécontents. Grand débat ou pas, c'est plutôt d'une main tremblante que Macron **hérite de la patate chaude** de l'assurance chômage. », Henry LAURET, *Le Télégramme de Brest,* 26 février 2019 (https://www.letelegramme.fr/, mars 2019).

- « Le dossier des Jeux de la Francophonie est **comme une patate chaude,** affirme le politologue de l'École de politique appliquée de l'Université de Sherbrooke Emmanuel Choquette. », Jonathan CUSTEAU, *La Tribune* (Canada), 22 février 2019 (https://www.latribune.ca/, mars 2019).

- « Le ministre Alhassane Ag Ahmed Moussa souffle le chaud et le froid. En tout cas, **c'est une véritable patate chaude** que l'accord entre le gouvernement et l'UNTM vient de lui laisser entre les mains. Lui qui peine à stabiliser les prix des denrées sur le marché. », *Bamada.net* (Mali), 11 février 2019 (http://bamada.net/, mars 2019).

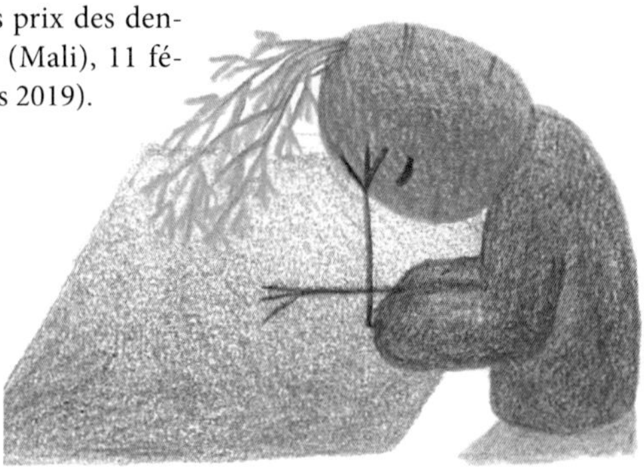

5 C'est (ce n'est pas) mes (tes) oignons – Se mêler (s'occuper) de ses oignons

Valeur(s) sémantique(s)

Mes oignons est à prendre comme l'équivalent *mes affaires personnelles*, tout ce qui me concerne. À la forme négative, cela revient à signifier à quelqu'un ne pas se mêler des affaires, de la vie des autres. Il n'y a pas si longtemps on trouvait "*s'occuper de ses fesses*".

Origine(s)

XXe siècle, mais à l'origine le terme argotique est au singulier et désigne le cul (dès 1890, Pierre MERLE, *Dico de l'argot de fin de siècle*, p. 269) et donc les fesses. L'usage du pluriel dans l'expression d'aujourd'hui cache cette naissance.

À l'armée, en rang d'oignons, la corvée d'oignons fait pleurer mais chacun doit s'occuper de ses oignons. Et si l'union fait la force, l'oignon fait la soupe...

내(네) 양파다(양파가 아니다)/그 사람 양파와(를) 섞다(신경쓰다)

의미

내 일이다(내 양파다), 네 일이나 걱정해(그 사람 양파와 섞지 마), 신경 끄셔(네 양파가 아니다). 이처럼 부정형으로 자신의 삶에 참견하지 말라는 의미다. 얼마 전까지만 해도 양파 대신에 볼기짝이라고 했는데, 예를 들면, '네 볼기짝이나 챙겨(occupe-toi de tes fesses)'라고 했다.

유래

20세기에 등장. 양파는 속어로 엉덩이를 의미한다. 처음에는 양파를 단수로 써서 1890년부터 엉덩이(le cul)를 의미했는데(피에르 메를의 《세기말 속어사전》, p. 269), 지금은 한 쌍의 볼기짝(les fesses)을 의미하는 복수로 표현된다.

* 군인들이 한 줄로 (즉 양파 서열로 en rang d'oignons) 양파를 벗기며 눈물을 흘리지만, 각자 맡은 양파를 벗겨야 한다. 함께 힘을 합치면, 양파 스프가 만들어진다…

Exemples

Note

- « Arrivé à son étage, le second, il avait d'ailleurs réussi à se persuader que la psychologie de Pradonet, **c'était pas ses oignons,** non plus que celle de son hôtesse. », Raymond QUENEAU, *Pierrot mon ami,* Gallimard, 1942, p. 147 (Le Robert, *Dictionnaire des expressions et locutions,* p. 829).

- « C'est très joli, le respect de la loi, mais il faudrait parfois que la loi soit plus respectueuse. Il y a des trucs, la loi **ça ne devrait pas être ses oignons** : la couleur des draps, la taille des gadgets, la cuisson du gigot, le temps qu'on arrive à économiser pour Internet. Les préliminaires, d'une façon générale. », Mathieu LINDON, *Libération,* 22 février 2019, (https://www.liberation.fr/, mars 2019).

- « On ne peut pas laisser passer ça. Quand j'ai su que le directeur régional de la SNCF prenait rendez-vous avec les maires un par un, je l'ai interpellé, *précise le vice-président transports à la région Hauts-de-France, Franck Dhersin (ex-Les Républicains).* Mais la SNCF m'a fait comprendre que **ce n'était pas mes oignons** ! », propos de Franck DHERSIN dans un article de Laurie MONIEZ et Éric BÉZIAT, *Le Monde,* 9 février 2019 (https://www.lemonde.fr/, mars 2019).

- « T'es le fils de Président / **C'est pas ça mes oignons** / Tu es le mouna for Kapo / Ça ne paye pas mes factures », COCO ARGENTÉE, *Mouiller maillot,* 2018 (https://youtu.be/C6irXV5hMsA, mars 2019).

6 En avoir gros sur la patate

Valeur(s) sémantique(s)

Être très triste après une déception sentimentale. Avoir de la peine, être déçu.

Origine(s)

Début XXe siècle, modification de la forme "*en avoir gros sur le cœur*" (Le Robert, *Dictionnaire des expressions et locutions,* p. 870).
Patate est un terme populaire du XVIIe siècle (Claude DUNETON, *Le guide du français familier,* p. 436) qui trouve son origine dans le terme espagnol *patata* lui-même dérivé du quechua *papa,* et de l'arawak *batata* (patate douce) en lien avec son importation suite aux colonisations du Pérou, de l'ancien empire inca et d'Haïti (*Le Grand Robert numérique* 4.1).
La patate a une symbolique forte depuis son arrivée en Europe. Aliment de pauvres, mais qui aujourd'hui se travaille en cuisine de façon si riche...

감자 위에 무거운 게 있다

의미

가슴이 미어지다, 회환으로 가슴이 저리다, 실망하다(김이 빠지다).

유래

'가슴 위에 뭔가 무거운 게 있다(en avoir gros sur le cœur)'의 변형으로 20세기 초에 등장(《로베르 관용어구 사전》, p. 870). 감자는 17세기 대중어로(Cl. Duneton, *Le guide du français familier,* p. 436), 스페인어 파타타(patata)에서 유래한다. 파타타는 잉카제국의 공용어인 케추아어 'papa'와 아라와크어 'batata(고구마)'의 결합에서 파생된 말이다. 감자가 스페인의 식민지였던 페루에서, 잉카제국과 아이티에서 전파되었음을 어원에서 확인할 수 있다(《디지털 로베르 대사전》 4.1. 참조).
유럽에 전파된 감자의 역사로 유럽 문화의 변천을 읽을 수 있다. 보리떡이 한국에서 가난의 상징이었듯이, 감자는 프랑스에서 가난한 자들의 양식이었지만, 오늘날 다양하게 요리되는 팔방미인이다…

Exemples

Note

- « Marco **en avait gros sur la patate** d'avoir été traité d'enviandé par le patron devant les potes sans pouvoir moufter ! », Pierre PERRET, *Le petit Perret,* Jean-Claude Lattès, 1982, p. 236.

- « La pauvre Anne, elle qui avait préparé son concours, quand elle a su qu'elle n'était pas reçue **elle en a eu gros sur la patate !** », Claude DUNETON, *Le guide du français familier,* p. 529.

- « Quand on enterre un imbécile / De ses amis s'il raille, s'il / À l'œil sec et ne manifeste / Aucun chagrin, t'y fie pas trop / **Sur la patate il en a gros,** / C'est un modeste. », Georges BRASSENS, *Le modeste,* 1976 (https://youtu.be/cwkCqOHHBBM, février 2019).

- *C'est la fin des haricots / J'ai les boules, j'ai les glandes* / Mais c'est du sel de Guérande ! / *C'est la fin des haricots* / **J'en ai gros sur la patate** / Achète un costard cravate », Les OGRES DE BARBACK, *Touche pas à mon école,* 2009 (https://youtu.be/5rO_wWs9oVM, février 2019).

- « [...] Les déclarations épouvantables du gouvernement sur les Gaulois réfractaires ont fait monter le ras-le-bol. Les retraités **en ont gros sur la patate**. Ce n'est pas un hasard s'ils sont présents dans les manifs et autour des ronds-points. », *La Nouvelle République,* 31 janvier 2019 (https://www.lanouvellerepublique.fr/, février 2019).

7 Être aux petits oignons

Valeur(s) sémantique(s)

"*Aux petits oignons*" désigne quelque chose exécuté de manière méticuleuse, presque parfaitement. "*Être aux petits oignons*" s'applique à une personne dont on a pris soin, qui est comblé de sa situation.

Origine(s)

XIXe siècle, En provenance directe du monde de la cuisine où couper des oignons finement est un signe de savoir-faire, mais aussi de goût raffiné.

L'oignon, couche après couche se révèle, s'effeuille pour ne laisser que le meilleur... de son être !

얇게 썬 양파로

의미

매우 세심하게, 거의 완벽하게(얇게 채를 썰듯, 섬세한 노력을 기울이는 것을 의미함. 지극 정성으로 보호를 받아 만족한 상태를 표현할 때 쓰임).

유래

양파를 얇게 채 써는 숙련된 기술이 세련된 맛의 조건이라고 생각한 19세기 요리 문화에서 비롯된 표현이다.

* 양파 껍질이 하나씩 벗겨지면 가장 부드럽고 식감이 좋은 부분이… 비로소 드러난다!

Exemples

Note

- « L'accoucheuse, là-dessus, lui a lâché une baffre, v'lan ! en plein museau. Voilà alors que ma sacrée gouine saute aux yeux de sa bourgeoise, et qu'elle la graffigne, et qu'elle la déplume, oh ! **mais aux petits ognons !** Il a fallu que le charcutier la lui retirât des pattes. », Émile ZOLA, *L'Assommoir*, Éd. Charpentier, 1877, p. 402 (epub, http://www.gutenberg.org/ebooks/6497, mars 2019).

- « J'ai des gardiens très sympathiques / On surveille avec attention / Mes réactions psychologiques / **On me soigne aux petits oignons** / Et quand je suis mélancolique / On est dans la consternation / On m'apporte un nouveau portique / Des trapèzes des pièjacons ! », Jean FERRAT, *Le singe*, 1975 (https://youtu.be/3WRxXDeX9oM, mars 2019).

- « Mmm, une loi **aux petits oignons** », titre d'un article de Mathieu LINDON, *Libération*, 22 février 2019 (https://www.liberation.fr/, mars 2019).

- « Cette fois c'est la der des ders / Avant la prochaine bien entendu / Les huiles ainsi s'en vont signant / Des traités **aux petits oignons** / Après avoir saigné à blanc / Se partagent terre et pognon / Trace des frontières / Bidons », LA TORDUE, *La guerre*, 1997 (https://youtu.be/O19zMx21LSY, mars 2019).

8 Faire le poireau (poireauter)

Valeur(s) sémantique(s)

(Faire) Attendre quelqu'un longtemps au même endroit jusqu'à l'insupportable. Attention, le poireau seul désigne le membre viril !

Origine(s)

XIXe siècle. Il suffit d'imaginer la plantation de jeunes poireaux alignés et bien droits au début de l'hiver et leur résistance aux aléas du temps pour se laisser consommer à l'arrivée du printemps lors du dégel.
Les poireaux restent droits dans leurs bottes et prennent racine, et Alain Juppé n'y est pour rien !

파를 만들다(파처럼 서 있다)

의미

한 장소에서 견디기 힘들 정도로 오랫동안 기다리다(기다리게 하다). 파는 남근을 의미하기도 한다!

유래

19세기에 등장. 초겨울 한 줄로 심어 놓은 어린 파가 연상되는 표현이다. 해빙이 되어 봄이 올 때까지 날씨의 변덕을 견디면 비로소 식탁에 오른다.
* 파는 다발지어 꼿꼿하게 땅속으로 뿌리를 내린다. 프랑스어로 'botte'는 다발의 의미도 있고, 장화 같은 신발을 의미하기도 하는데, 알랭 쥐페는 '꼿꼿이 서 있는 파'가 연상되는 다음과 같은 말을 남겼다 : "나는 내 장화를 신고 똑바로 서 있겠다. Je reste droit dans mes bottes."(내 의견을 고수하겠다)
** 서 있는 파가 끈기/인내를 함축한다면, 한국어로 '파김치 되다(소금에 절여 숨이 죽어 있다)'는 에너지가 고갈된 상태로 상반된 이미지다.

Exemples

Note

- « Botanique. **Après avoir fait le poireau** sous un tournesol merveilleusement épanoui je me greffai sur une citrouille en route vers le champ Perret. », Raymond QUENEAU, *Exercices de style,* Gallimard, 1947, p. 157 (TLFi en ligne, mars 2019 ; en musique : https://youtu.be/AUal74YADN8, mars 2019).

- « Mais sur moi tu peux compter, tu veux me quitter ? / Avion d'chasse de perdu, dix de pilotés / Trop d'touches noires et blanches à pianoter / Tu rêves d'contes de fée, j'suis en club, fuck Dorothée / Ta main diamantée pour **t'avoir fait poireauter** », ROHFF, *Bijou,* 2015 (https://youtu.be/v9BLaVzvD-VA, mars 2019).

- « **J'ai poireauté** j'ai pas lunché / J'ai fait la queue toute la journée / Vers les minuits je me suis aperçu / Que c'était une file pour les petites vues », Robert CHARLEBOIS, *Cauchemar,* 1973 (https://youtu.be/3x_b-2PCUCQ, mars 2019).

- « J'en veux à la vie et à Dieu / De nous avoir fermé les yeux / De m'avoir volé en beauté / **De nous avoir faits poireauter** », ART MENGO, *Le temps perdu,* 2003 (https://youtu.be/d43FvqhqfH8, mars 2019).

- « Vouit ma vieille, répondit l'interpellé, et depuis un bon moment déjà qu'**tu nous fais faire le poireau** », Louis FORTON, *Les Pieds Nickelés, Ribouldingue se marie,* 1909 (http://www.langue-francaise.net/Bob/3018, mars 2019).

9 Les carottes sont cuites

Valeur(s) sémantique(s)

Quand une activité est finie mais tout l'aboutissement est un échec.

Origine(s)

XIXe siècle, "*avoir ses carottes cuites*" (1878, *Le Grand Robert numérique* 4.1) annonçait que la mort s'approchait ! La mort étant la fin ultime de la vie, l'extension métaphorique permet que toutes les situations menant à un échec inévitable y soient associées.

Bien que les carottes soient associées aux lapins, cela ne les intéresse plus quand elles sont cuites...

당근이 익었다

의미

끝장났다, 파산했다(쪽박 차다). 결국 실패로 돌아간 일을 의미한다.

유래

19세기(《디지털 로베르 대사전》 4.1에 의하면 1878년), '삶은 당근이 있다'는 죽음이 다가옴을 의미했다. 그런데 삶의 마지막이 죽음이듯, 모든 상황은 결국 실패로 돌아간다는 의미로 확대 해석되었다.

* 당근하면 떠오르는 토끼, 그런데 토끼는 익힌 당근에는 관심이 없다…

Exemples

Note

- « **Les carottes sont cuites** pour Bonduelle, Vilmorin appuie sur le champignon en Bourse », *Les Échos investir,* 7 août 2018 (https://investir.lesechos.fr, mars 2019).

- « On peut se demander si le manque d'appétence des électeurs pour les urnes ne résulte pas de la publication des sondages annonçant que **les carottes sont cuites** plusieurs semaines avant qu'on passe à table. », Philippe Bouvard, *Mille et une pensées,* Le Cherche midi, 2005 (https://dicocitations.lemonde.fr/, mars 2019).

- « Ah **les carottes sont cuites, cuites, cuites** / J'suis dans la suite, suite, suite / Il voudrait que j'le suis, suis, suis / La police est venue pour m'kuic kuic kuic », KeBlack, *Ouais c'est ça, Appartement 105,* 2018 (https://youtu.be/3UQChjx1p-w, mars 2019).

- « Rongée de jalousie / Coco Bel œil se mite / Dans Central Park la nuit / **Les carottes sont cuites** / Ah ! là là ah là là, quel affront ! », Claude Nougaro, *Un écureuil à Central Park,* 1987 (https://youtu.be/odie4_DvF_8, mars 2019).

- « Le 5 juin 1944, à 21 heures, des messages codés (**les carottes sont cuites** ; ouvrez l'œil et le bon...) sont diffusés à la radio pour prévenir les Français que les Alliés vont débarquer. », extrait du message radio avant le débarquement de 1944 (http://augredesbalades.canalblog.com/archives/2014/06/06/30016833.html, mars 2019).

10 Se faire carotter (rotca ou rotka – en verlan)

Valeur(s) sémantique(s)

Se faire escroquer dans une affaire. Perdre dans un marché de dupes. Ou encore se faire voler. Depuis le XIXe siècle le verbe *carotter* porte le sens de : *prendre quelque chose à autrui de manière illicite.*

Origine(s)

Au XVIIIe siècle, "*tirer la carotte*" signifiait obtenir des aveux par tous les moyens notamment pour la police... Les "*bœufs-carottes*" désignent aujourd'hui la police des polices (IGS, instance de contrôle interne). Honoré de BALZAC utilise le verbe *carotter* dans plusieurs de ses ouvrages en reprenant de l'argot des rues parisiennes dans le sens de tromper quelqu'un...

L'âne qui court après sa carotte sans jamais l'obtenir se fait toujours avoir...

당근(근당)을 당하다

의미

속다, 사기당하다, 빼앗기다(19세기 이후, 동사 '당근하다'는 불법적으로 취득하는 것을 의미함).

유래

18세기 '당근을 꺼내다'는 경찰이 모든 방법을 동원해 자백을 받아내는 것을 의미했다… '소 당근(bœufs carottes)'은 오늘날 경찰내부감찰부(IGS)를 의미한다. 발자크의 여러 작품에서 파리 시민들의 속어로 '당근하다'(속이다)라는 표현이 나온다…

* 당근을 좇는 당나귀, 결국 아무것도 얻지 못하고 항상 속고 만다…

** 베르랑(verlan): 앞뒤 음절을 뒤집어 말하는 속어.

예 : 카로트carotte-로트카rotca, 메르시merci-시메르cimer.

Exemples

- « **Il lui a fait une grosse rotka** ce bâtard il lui a escroqué 92 000 euros au total ; » par Paname 92 (http://www.dico2rue.com/, mars 2019).

- « Le vendeur, il m'a dit nanani nanana, c'est de la super came, mais en fait, son queutru (truc), c'est en mousse (ça ne vaut pas un clou), **je me suis fait rotca.** », Vincent MONTGAILLARD, *Le petit livre de la tchatche,* First Éditions, 2013, p. 17.

- « Problème de société, les mêmes qui payent les frais / Classe moyenne défavorable, aucun pouvoir on est fait / Pierre, Paul ou Jacques man ne valent pas mieux qu'moi / Amine, Nacer, Osman valent autant que ceux du Sénat / Problème d'intégration tu parles **on s'fait carotter** / Marianne attribut des matricules aux minorités », VINCENZO (Psy4 de la rime), *La matrice,* 2012 (https://youtu.be/zB2nSzIc8-E, mars 2019).

- « Pour qui tu m'prends ? / Je ne suis pas une idiote / Une tête de linotte / Qui peut tout gober / Une gentille petite sotte / Qui va avaler / Tes jolie p'tit' carotte / **Pour se faire carotter** », Elsa ESNOULT, refrain de *Pour qui tu m'prends,* 2014 (https://youtu.be/enhHFHx9mhI, mars 2019).

- « La vieille habitude de **carotter** l'électeur » Georges BERNANOS, *La Grande peur des bien-pensants,* 1931, p. 443 (TLFi en ligne, mars 2019).

- « Souvent ses débiteurs ont oublié leurs dettes, souvent aussi **ils l'ont carotté** par des emprunts fréquents et variés », Antoine CAMUS, *Les bohèmes du drapeau. Types de l'armée d'Afrique,* P. Brunet, 1863 (http://www.languefrancaise.net/Bob/10693, mars 2019).

B.

Sur terre ou dans les airs (plantes)

Au cours de l'essor de l'humanité, l'être humain s'est redressé pour aller vers la station debout connue d'aujourd'hui. Cela, lui a permis d'utiliser son premier outil : la main, et ainsi de se saisir de tout ce qui est à sa portée…

나.

지상으로, 하늘로 힘차게 뻗어 나가는 식물

인류가 발전하면서 오늘날처럼 직립보행을 하게 된 인간은
손을 사용하게 되었고,
손으로 잡을 수 있는 모든 것을 움켜쥐었다…

1 Appuyer sur le champignon

Valeur(s) sémantique(s)

Appuyer très fort sur l'accélérateur pour aller plus vite dans une voiture. Par extension s'applique à tout ce que l'on veut faire plus vite.

Origine(s)

XXe siècle, par analogie entre la forme d'un accélérateur et un champignon type : une tige courbée surmontée d'un petit plateau lui aussi courbée !

Parfois les courbes peuvent être les chemins les plus rapides !

버섯을 누르다

의미

가속하다(빨리 가려고 가속 페달을 밟는다는 의미로, 넓게는 일처리를 서두르려는 상황에서 사용됨).

유래

20세기, 초기 차량의 가속 페달의 형태와 전형적인 버섯모양(갓을 쓴 둥근 줄기)의 유사성에서 비롯된다.

* 가끔 곡선이 가장 빠른 길일 수 있다!

Exemples

- « Les champignons les plus dangereux du marché, on les trouve dans les voitures, sur la pédale de droite. », COLUCHE (http://www.1001-citations.com/, mars 2019). L'ironie du sort veut que COLUCHE soit mort d'un accident de la route en **appuyant sur le champignon** de sa moto pour dépasser un camion !

- « Grand débat au Pays basque : le ministre de l'Agriculture sommé **d'appuyer sur le champignon** », titre d'article, Cyrille PITOIS, *La République des Pyrénées,* 15 février 2019 (http://www.larepubliquedespyrenees.fr/, mars 2019).

- « Charly fit le trajet qui le séparait du "Moulin de Montmartre" à la Villa des Ternes, **appuyant à fond sur le champignon** de son Aronde, pestant contre les feux rouges », Gaston MONTHO, *Pas de pitié pour les caves (film)*, éditions S.E.G, 1955 (http://www.languefrancaise.net/Bob/19394, mars 2019).

- « Ce soir-là j'avoue qu'on avait un peu bu, qu'on avait un peu cru que la rue était à nous / Le pied **sur le champignon** en sortant d'une boîte de nuit, mort de rire, mais cet arrêt de bus je l'avais pas vu / À ce moment précis, j'ai vu défiler ma vie, ces moments avec vous que je ne pourrais plus vivre », SOPRANO, *Le poids d'un amour,* 2007 (https://youtu.be/1REQ-jWQDr0, mars 2019).

- « La rue s'étant vidée, j'en profitai pour **appuyer sur le champignon,** sortir de la ville dans la pétarade de mon échappement libre et franchir en trombe le vieux pont de bois branlant, puis, au bout de sept cents mètres, m'engager rive droite dans un ravin profond, [...] », Blaise CENDRARS, *Le Lotissement du ciel,* Denoël, 1949, p. 200 (TLFi en ligne, mars 2019).

2 Avoir de l'oseille

Valeur(s) sémantique(s)

L'oseille équivaut à l'argent, plutôt sous forme de gros billets, et par conséquent à la richesse.

Origine(s)

XXe siècle (mais 1876 selon Claude DUNETON, *Le guide du français familier*, p. 69). En argot et en français familier, l'image provient du fait que l'oseille, toujours en paquet, symbolise les billets en nombre (pas toujours verts) qui apportent bien évidemment la richesse.
La soupe à l'oseille provoque des grimaces à cause de son acidité, et non parce qu'elle apporte la joie de la richesse.

참소리쟁이가 있다

의미

돈방석에 앉다(참소리쟁이는 돈, 고액권, 따라서 부를 의미함).

유래

20세기에 등장 (그렇지만 뒤네통의 《프랑스어 구어 안내서》에는 1876년으로 확인됨. - 69쪽 참조) 참소래쟁이는 다발로 있기 때문에 초록색 고액권은 아닐지라도 뭉칫돈을 상징했다. 따라서 물질적 풍요로움이 연상되는 구어적 표현이다.
* 참소래쟁이 스프를 먹으면 표정이 바뀐다. 떼돈을 벌어 좋아서가 아니라 신맛이 강해서다.

Exemples

- « C'est moi qui **fais rentrer l'oseille**... Ma mère chez Monsieur Bizonde, le bandagiste en renom, elle gagne pas beaucoup... ça ne suffirait pas... C'est dur à son âge de se défendre à la commission. », Ferdinand Céline, *Mort à crédit,* Denoël, 1936, p. 46 (TLFi en ligne, mars 2019).

- « "La chute de l'empire américain", **prends l'oseille** et tire-toi », titre d'un article de Jean-Claude Raspiengeas, *La Croix,* 19 juillet 2019 (https://www.la-croix.com/, mars 2019).

- « Je ne fais du cinéma que pour la délicieuse **odeur de l'oseille.** », Jean Yanne (https://dicocitations.lemonde.fr/, mars 2019).

- « Salut mon pote, comment ça va ? **Tu m'dois d'l'oseille !** / Moi ça va et ça va pas : **tu m'dois d'l'oseille !** / Vas-y viens, on en parle ensemble : **tu m'dois d'l'oseille !** / J'précise parce que tu dois pas bien entendre : **tu m'dois d'l'oseille !** », Casseurs Flowters, *Tu m'dois de l'oseille,* 2013 (https://youtu.be/LoOtd3qK62M, mars 2019).

- « Je sais que mes rêves m'ont éloigné / Mais pour toucher les étoiles faut savoir s'envoler ! - oh oh / Ça me fait d'la peine / Quand tu penses que **j'ai changé pour de l'oseille** / Un vrai frère ne doute pas du cœur d'un frère surtout quand il se bat pour s'en sortir /Avec tout ce qu'on a traversé j'espère que la vie a prévu de nous réunir », Black M, *Mon frérot,* 2016 (https://youtu.be/wmG2Ea_tYIE, mars 2019).

- Le dicton : V*entre affamé n'a pas d'oreilles...* devient de nos jours avec Jacques Pater (artiste interprète) : « Ventre affamé **n'a pas d'oseille !** » (https://citations.ouest-france.fr/citations-jacques-pater-639.html, mars 2019).

③ Avoir la tête comme une citrouille

Valeur(s) sémantique(s)

La citrouille désigne parfois la tête dans d'autres expressions. Ici, la redondance marque que la tête va exploser soit en raison de douleurs (mal de tête, coups), soit en raison d'un excès de réflexion, voire de prétention.

Origine(s)

XXe siècle, dans la mesure où la tête peut être comparée à tous les fruits et végétaux ayant une similitude de forme. Parfois, il est possible de trouver : "*avoir la tête comme une pastèque*". Cependant, comme la valeur comporte toujours un aspect négatif, il est nécessaire que le végétal choisi comporte des défauts (creux, mou, aqueux…).

머리가 늙은 호박 같다

의미

머리가 터질 것 같다(호박이 머리를 가리키는 표현이 간혹 있다. '머리가 늙은 호박 같다'에서는 머리가 이중으로 강조되는데, 지나친 생각과 자만으로 머리가 부푼 상태 또는 구타를 당했거나 두통으로 머리가 터질 것 같은 상태를 지칭한다).

유래

머리를 형태적으로 유사한 과일이나 채소로 비유하면서 20세기에 나타난 표현이다. '머리가 수박 같다'와 같은 의미다. 그런데 부정적 의미로 쓰이기 때문에, 비교되는 채소에 결점이 있기 마련이다. 예를 들면, 속이 비었거나, 물렁하거나, 수분이 많거나 등…

* 한국어와 프랑스어로 '머리가 무겁다(avoir la tête lourde)'라는 표현이 있는데, 무거운 것을 호박이나 수박 같은 부피로 표현해서, 견딜 수 없는 상황을 시각화하는 점이 흥미롭다.

Exemples

- « Un ignare bouffi dans l'obscurité, **comme la citrouille** ou le melon par excès d'humidité, ou la pomme que gonflent les lourdes averses. », LEONARD DE VINCI, Carnets (https:// dicocitations.lemonde.fr, mars 2019).

- « J'ai beaucoup travaillé aujourd'hui, **j'ai la tête comme une citrouille !** », GNIS, *Jardinons à l'école* (https://www.jardinons-alecole.org/, mars 2019).

- « Probablement adepte du « panic management » très en vogue dans les grandes entreprises cotées en Bourse, ou sur le second marché, Ghosn s'assoie en tailleur sur son futon gris clair, une couleur identique à celle de sa tunique, du coup il rapetisse, on ne voit plus que **sa tête grosse comme une énorme citrouille,** une citrouille avec deux toutes petites mains en guise d'oreille qui s'agitent frénétiquement. », Blog de Bruno PAINVIN, 10 décembre 2018, *Médiapart* (https://blogs.mediapart.fr/bruno-painvin/, mars 2019).

- « Mon voisin de droite, **une épaisse citrouille** qui sourit du haut de son ventre aux choses, aux gens, à la vie », André GIDE, *Souvenirs de la Cour d'assises,* NRF, 1913, p. 671 (TLFi en ligne, mars 2019).

- « Quand je me réveille, **j'ai la tête comme une pastèque,** j'ai l'impression qu'elle va exploser. J'ai la vue encore floue. J'ai des difficultés à me mettre assise comme si un rouleau compresseur m'avait roulé sur le corps. », Cécilia DUPONT, *Gardienne des créatures mystiques : acceptation (vol. 1),* Éd. Lulu, 2017, chap. 14.

- « Voilà pour les notes de Coustal. J'ai écouté toutes les bandes. **J'ai la tête comme une citrouille.** C'est amusant la comparaison du texte avec la bande, la manière dont Coustal remet en forme en enjolivant. », Joël PERINO, *Ophélie a du chien,* Le Manuscrit, 2005, p. 49 (http://www.manuscrit.com/, mars 2019).

4 Avoir/être un cœur d'artichaut

Valeur(s) sémantique(s)

Tomber facilement amoureux ; avoir le cœur tendre. Parfois désigne une personne trop généreuse, trop sentimentale. Par extension, personne facilement amoureuse et donc qui change souvent de partenaire.

Origine(s)

1869 (P. Larousse) dans le sens d'avoir un cœur volage (*Le Grand Robert numérique* 4.1). L'artichaut présente cette particularité de devoir s'effeuiller pour arriver à son cœur tendre. On consomme un peu du bout de chaque feuille (relativement dure) pour arriver, petit à petit à son "fond" qu'il faut encore nettoyer de son foin (petits poils) non comestible. Cette pratique culinaire sert de modèle pour décrire des amours multiples et passagères en attendant l'ultime !

마음이 아티초크다

의미

금사빠다, 마음이 여리다(너무 인자하고 지나치게 감상적인 사람을 지칭하기도 한다. 넓은 의미로, 쉽게 사랑에 빠지는 만큼 상대가 자주 바뀌는 사람을 일컬음).

유래

1869년 (P. Larousse) 바람기가 있는 사람을 가리켰다(《디지털 로베르 대사전》 4.1 참조). 아티초크는 겹겹이 쌓여있는 잎을 벗겨내야 중앙의 부드러운 부분을 먹을 수 있다. 각 잎의 끄트머리를 먹으면 (인내심이 필요한 과정!) 안에 있는 알짜배기가 조금씩 드러나는데, 그것도 섬모(작은 털)를 없애야 먹을 수 있다. 스치는 사랑을 여러 번 겪은 후, 비로소 최후의 상대를 만날 수 있음을 아티초크를 예로 들어 설명한다!

Exemples

Note

- « On était sans foi ni loi / Mais tendres comme **deux cœurs d'artichaut** / Notre été fut froid / On s'est juré que l'hiver serait plus chaud », MADAME MONSIEUR, *Mort ou vif*, 2016 (https://youtu.be/4NvhipYpjLo, mars 2019).

- « Allongés, toi et moi, tu as le regard mouillé / Je n'crois pas avoir fait de toi un enfant gâté / Tu rêves de chamallows, je trouve que tu en fais trop / Il pleut donc à nouveau dans **nos cœurs d'artichauts** », POLO ET PAN, *Cœur d'artichaut*, 2014 (https://youtu.be/2QsRNxl72xM, mars 2019).

- « Je suis **un vrai cœur d'artichaut** », titre d'un blog de Rica ÉTIENNE dans le site *Pourquoi Docteur*, 16 mai 2016 (https://www.pourquoidocteur.fr/, mars 2019).

- « Tout d'abord pour re-situer l'opposé du **cœur d'artichaut** c'est le *cœur de pierre*, lui ne ressent jamais rien, n'éprouve pas de sentiment, le cœur de pierre est un peu l'expression douce pour symboliser les cas de donjuanisme dont on vous parlait il y a quelques mois. », *Les Bridgets*, 9 février 2019, (https://www.lesbridgets.com/, mars 2019).

- « **Artichaut** : végétal qui fait du strip-tease **avec son cœur** », Georges-Armand MASSON, *L'amour de ah ! jusqu'à zut !*, Stock, 1960, p. 27 (https://dicocitations.lemonde.fr/ et https://gallica.bnf.fr/, mars 2019).

- « On dit : Il ou Elle **a un cœur d'artichaut,** il y en a une feuille pour tout le monde. », Alfred DELVAU, *Dictionnaire de la langue verte : argots parisiens comparés,* Éd. E. Dentu, 1866, p. 104 (https://gallica.bnf.fr/ark:/12148/bpt6k6424079b, mars 2019).

5 Ça vaut des cacahuètes/peanuts

Valeur(s) sémantique(s)

Quelque chose de peu de valeurs (minable), qui ne vaut rien. "*Travailler pour des cacahuètes*" est une variante que l'on retrouve plus haut avec *travailler pour des radis...*

Origine(s)

XXe siècle, "*Valoir son pesant de cacahuètes*" est une phrase construite par antonymie sur l'expression : "*valoir son pesant d'or*". L'usage a simplifié l'expression en supprimant un terme jugé archaïque... cependant, il reste parfois une valeur positive dans certains contextes.
Peut-être une source espagnole : *pagar/ trabajar para los cacahuetes,* transcrit littéralement en français... pour de très faibles salaires. En anglais "*earn peanuts*" signifie la même chose et donne la francisation "*ça vaut peanuts*" !

땅콩 값이다

의미

거의 가치 없다, 실속 없다, 개떡 같다('땅콩을 얻으려고 일하다'는 앞서 살펴본 '방울무를 얻으려고 일하다'와 같은 의미임).

유래

20세기에 등장. '금 무게 값이다'(매우 귀중하다, 많은 가치가 있다)의 반의어법 '땅콩 무게 값이다'를 단순화한 (즉 고어 '무게'를 생략한) 표현이다. 맥락에 따라 아무것도 아닌 것보다는 낫다는 뜻으로도 쓰인다.
쥐꼬리 월급을 받는다는 의미인 스페인어 표현 'pagar/trabajar para los cacahuetes'을 프랑스어식으로 옮긴 것일 수 있다… 영어로는 'earn peanuts'인데 프랑스어화 하면 'ça vaut peanuts'이다!

Exemples

Note

- « Une journée **qui vaut des cacahuètes** », titre d'un récit, blog de Yasmine KSAT, Streetpress (https ://www.streetpress.com/, mars 2019).

- « Ce sont des moments de la vie, des rencontres. J'ai été marquée par l'histoire de cette infirmière qui, atteignant en parfaite santé l'âge de 74 ans, a décidé d'aller en Suisse demander à être euthanasiée, tout simplement parce qu'elle ne voulait pas se voir vieillir. Ceci fait l'objet de mon prochain livre. Je pense que **la vie vaut son pesant de cacahuètes.** » *La Nouvelle République,* 22 octobre 2016 (www.lanouvellerepublique.fr/, mars 2019).

- « Sommes-nous de quelque espèce de singe pour **travailler pour des peanuts ?** », Wiktionnaire - www.ajiq.qc.ca (https://fr.wiktionary.org/wiki/peanuts, mars 2019).

- « Ses efforts ne sont pas récompensés, il ne rechigne pourtant pas à la tâche, à tel point qu'aujourd'hui il est en première ligne dans un mélo qui hier ne le concernait pas. Mais à l'autre bout du fil, Eastland n'en a rien à foutre, c'est tout juste s'il ne lui rétorque pas que son tuyau **vaut peanuts.** », Jean-Claude LANOIZELEZ, *J'ai oublie de te dire,* Mon Petit Éditeur, 2014, p. 366 (https://books.google.co.kr/, mars 2019.

- Personne dans le monde ne **travaille pour des cacahuètes** depuis la fin de l'esclavage, même si parfois certains *sont payés au lance-pierres...* FM

6 C'est la fin des haricots

Valeur(s) sémantique(s)

Lorsqu'on arrive à un point où tout est fini, qu'il n'y a plus aucune chance d'avoir un résultat positif, ou de trouver une issue favorable pour se sortir d'une situation difficile.

Origine(s)

Plusieurs origines entrent en concurrence. Pour certains, cette expression remonterait au XVIIIe siècle dans le monde de la marine où les haricots étaient le dernier produit alimentaire à manger puisqu'ils pouvaient se conserver sec très longtemps. Pour d'autres (Le Robert, PLANELLES), ce serait plutôt au début du XXe siècle où les haricots (ainsi que d'autres fèves) étaient le plat le moins cher. Mais aussi, le fait que dans certains jeux de société, on remplaçait l'argent par des haricots pour ne pas avoir d'enjeux monétaires et avoir seulement le plaisir du jeu…

마지막 콩이다

의미

만사 끝이다(모든 것이 끝나게 될 때, 긍정적 결과를 얻을 수 없거나, '막다른 골목'에서 돌파구를 찾지 못할 때 쓰임).

유래

다양한 기원설이 있다. 항해할 때 오래 보관 가능한 콩을 최후의 양식으로 비축했던 18세기에 유해한다는 의견이 있고, 콩(잠두콩을 비롯한 콩) 요리가 저렴했던 20세기 초에 유래한다는 의견도 있다(로베르 사전과 조르주 프랄넬 참조). 돈 대신 콩을 걸고, 놀이의 즐거움을 살린 실내게임에서 비롯되었다는 주장도 있다…

Exemples

Note

- « **La fin des haricots** pour certains députés et autres bambins de ministres et chefs de partis politiques. », BELKACEM, 11 septembre 2018, Réflexion (https://www.reflexiondz.net/, mars 2019).

- « C'est la fin du monde, **la fin des haricots,** le début de la fin. Le matraquage fiscal, le matraquage tout court. Tout le temps. On en a marre. Marre, vous comprenez cela ? Les impôts par-ci, les radars par-là, les taxes tout au long de l'année. Ras-le-bol. On veut notre mort, c'est pas possible autrement. », Laurent SAGALOVITSCH, 16 novembre 2018, *Slate* (http://www.slate.fr/, mars 2019).

- « Il veut m'emmener à Puerto Rico / Il sait pas qu'j'ai changé de bigot / Pour lui, **c'est la fin des haricots** / J'vais disparaître dans le noir / Encore du pipeau », SHY'M, *Puerto Rico,* 2019 (https://youtu.be/vWuk-eyCKnc, mars 2019).

- « 10 nm 2019, 5 nm 2025/26 ensuite le marketing ne pourra pas inventer ce qui n'est physiquement pas possible avec le silicium et comme il n'y a rien d'autre (de rentable industriellement) **ce sera la fin des haricots** pour Intel et du gavage de beaux dollars pour les actionnaires que l'on pourra passer à la guillotine pour manger leur foie gras. », commentaire de ZAK, 12 janvier 2019 à "CES 2019 – Intel présente ses processeurs gravés en 10 nm", *Les Numériques* (https://www.lesnumeriques.com/, mars 2019).

7 C'est une feuille de chou

Valeur(s) sémantique(s)

Désigne un journal dont le contenu présente peu d'intérêt (voire un mauvais journal).

Origine(s)

Milieu du XIXe siècle en utilisant les valeurs dépréciatives liées aux feuilles de chou dans les pratiques culinaires d'antan. Le chou était et est souvent associé à la bêtise, à la médiocrité car cela faisait partie de la nourriture ordinaire du monde paysan (le film *La soupe aux choux* de Jean Girault – 1981, permet d'en avoir un aperçu).

NB : *se faire traiter de paysan est plus une insulte qu'une qualité de nos jours.*

양배춧잎이다.

의미

삼류, 저질 신문이다.

유래

과거 요리에 사용된 양배춧잎에 담긴 경멸적 의미를 엿볼 수 있는 표현으로 19세기 중엽에 나타난다. 양배추는 어리석음, 초라함, 보잘 것 없음, 조잡스러움을 의미하는 경우가 많은데, 농부의 평범한 식사에 자주 오른 채소였기 때문이다(장 지로의 영화, 〈양배추 스프〉(1981) 참조).

* 오늘날 '농부로 취급받는 것'은 교양이 없는 촌놈으로 홀대받는다는 모욕적 의미다.

Exemples

Note

- « Partir loin, putain d'routine meurtrière / Moi j'bois mon café noir / **J'lis ma feuille de chou** ses faits divers / J'pars, il fait noir, j'rentre, il fait noir, putain c'est déjà l'hiver », LA RUMEUR, *Ma routine,* 2015 (https://youtu.be/0KZMi5aC0fI, mars 2019).

- « Du jour où je me mis avec / Elle je perdis à peu près tout / Mon job **à la feuille de chou** / À scandales qui m'donnait le bifteck / J'étais fini, foutu, échec /Et mat aux yeux d'Marilou », Serge GAINSBOURG, *L'homme à la tête de chou,* 1976 (https://youtu.be/6EBbGGykwug, mars 2019).

- Un journal en ligne qui a choisi d'utiliser l'expression pour se désigner sous la forme d'une mise en abîme : **La Feuille de Chou** (https://la-feuille-de-chou.fr/, mars 2019).

- « Pas comme Daudet et Zola bien sûr. Pas comme Vallès non plus. Mais j'ai écrit quelquefois, jadis, dans **des feuilles de chou.** C'était suffisant, pas trop mal. », Léon DAUDET, *La vie orageuse de Georges Clémenceau,* A. Michel, 1938, p. 25 (https://gallica.bnf.fr/ark:/12148/bpt6k6727m, mars 2019).

- « Quand au "canard", il s'agit, du XVIIe au XVIIIe siècle, d'une "**feuille de chou**" (journal d'une seule feuille), puis d'une "fausse nouvelle" avant de devenir en 1915, un certain hebdomadaire satirique et pacifiste. », LE CANARD ENCHAÎNÉ, mercredi 6 mars 2019, Rubrique *La voie aux chapitres,* p. 6.

8 Courir sur le haricot

Valeur(s) sémantique(s)

Importuner, exaspérer, énerver une personne pas une répétition de demandes.

Origine(s)

Fin XIXe siècle pour la forme dans son entier. Cependant, dès le XVIe siècle "courir quelqu'un" a déjà le sens *d'importuner.* De plus, "haricot" désigne en argot depuis le XIXe *le gros orteil* ; et "haricoter" pour *ergoter* (Le Robert, *Dictionnaire des expressions et locutions,* p. 635). Tous ces éléments réunis rappellent indirectement l'expression "se faire marcher sur les pieds" lorsque l'on est maltraité…

Courir sur le haricot, l'explosion menace !

콩에 달려들다

의미

귀찮게 하다, 달달 들볶다.

유래

19세기 말 등장. 그런데 16세기부터 '누군가를 뒤쫓다'는 귀찮게 한다는 의미였다. 게다가 콩(haricot)은 19세기 이후 은어로 '엄지발가락'을 의미하고, '콩하다(haricoter)'는 트집을 잡아 귀찮게 한다는 뜻이다(《로베르 관용어구 사전》, p. 635). 권리를 짓밟히는 부당한 상황에 있거나 괴롭힘에 시달리게 될 때, '발을 밟히다(se faire marcher sur les pieds)'라고 하는데, 콩의 의미와 간접적으로 유사한 표현이다.

* 콩에 달려들면(콩을 많이 먹으면), 폭발의 위험이 있다(계속 나오는 방귀를 어찌할꼬)!

Exemples

Note

- « [...] "Ça va barder !... T'as pas les foies !" et qui déclarait tout uniment que "Ferdinand **commençait à lui courir sur le haricot** et qu'il n'avait jamais pu encaisser ce menton là". », André SALMON, dans *Gil Blas, Contes : L'Étoile d'amour,* 12 janvier 1914, p. 3 (https://gallica.bnf.fr/ark:/12148/bpt6k7537247q, mars 2019).

- « Ils entretiennent également leurs potagers / Les sénateurs, les députés / Ceux-là même pour qui vous avez votés / Vous savez les potes âgés / Ils vous racontent des salades / Ils vous carottent / Ils vous baisent l'oignon / Ils vous volent votre oseille / Moi çà **commence à me courir sur le haricot** », Zoufris MARACAS, *Poulet,* 2015 (https://youtu.be/amPukyQCtFc, mars 2019).

- « Eh ben, tu sais, toi, je t'aime bien / Mais tu sais, ton père, il commence à **me courir sur le haricot** / Ah la la alors... », Henri SALVADOR, *Oh ! Si y avait pas ton père,* 1956 (https://youtu.be/2dIhxrpcZNg, mars 2019).

- « J'veux être libre de prendre de l'agrément quand ça m'chante et de gazouiller kif-kif les petits oiseaux sans que des margoulins **viennent me courir sur l'haricot** », Louis FORTON, "Les Pieds Nickelés ministres" dans *La bande des Pieds Nickelés,* 1908-1912 (http://www.languefrancaise.net/Bob/18815, mars 2019).

- « Ce mardi matin, mademoiselle Jade reçoit Alain Juppé, en proie aux débordements des "gilets jaunes" bordelais, ces "gonzes en jaune" qui commencent à lui "**courir sur le haricot**". Le maire de Bordeaux est sérieusement remonté, "impossible d'acheter une chocolatine après la messe sans se prendre un pavé dans la gueule.„, rumine-t-il. », *La chronique de Laurent* GERRA du 5 février 2019, RTL (https://www.rtl.fr/emission/laurent-gerra, mars 2019.

9 Être bête comme chou

Valeur(s) sémantique(s)

Aujourd'hui quelque chose de (trop) facile et simple à comprendre. Auparavant (début du XIXe siècle), désignait quelqu'un de stupide, de niais ("bête comme *un* chou"). La présence ou l'absence de l'article donne deux valeurs différentes, même si la simplicité est le trait commun.

Origine(s)

Fin XIXe, XXe siècle le chou représente souvent la tête ou les fesses pour la simplicité d'esprit. Le chou était/est un produit alimentaire peu valorisant (voir plus haut). Ces deux traits sémantiques : simplicité et peu de valeurs, permettent de comprendre la signification d'aujourd'hui.

양배추처럼 멍청하다

의미

이해하기 너무 쉽고 단순하다(19세기 초, 양배추는 '띨띨이'를 가리켰다. 소금에 대충 절여진 채소(배추)를 일컫는 '얼간이'(모자라는 사람)와 비슷한 표현이다. 부정관사를 넣어 '양배추 한 포기처럼 멍청하다'라고 했는데, 관사를 빼서 오늘날의 의미로 변했다. '단순성'이라는 공통점이 있지만, 관사의 유무에 따라 의미가 달라진다).

유래

19세기 말에서 20세기 초 등장. 예전부터 저렴한 식재료인 양배추는 단순하게 사고하는 사람의 머리나 엉덩이를 상징하는 경우가 많다('양배춧잎이다' 참조). 현재 의미는 두 가지 특징(단순함+가치가 거의 없음)에서 비롯된다.

Exemples

- « Je faire les yeux comme un hibou / Quand je voir bouger vous belle madame / **Je devenir bête comme chou** / Mon cœur faire la musique du tam tam / Mon cœur faire la musique du tam tam », Richard GOTAINER, *Primitif*, 1981 (https://youtu.be/tcdZBm-l28E, mars 2019).

- « **Ça a l'air bête comme chou,** mais rendre nettement plus visible un passage piéton pour signaler sa présence aux usagers de la route ne semble n'avoir jamais été pris en compte jusqu'alors. Résultat, des piétons et deux-roues sont régulièrement fauchés par des véhicules, parfois à cause de l'actuelle signalisation souvent peu visible des passages piétons, en particulier la nuit. », Julien MARON, *Autonews,* 18 mars 2019 (http://www.autonews.fr/, mars 2019).

- « Le succès, le temps, l'argent et l'imprimerie sont relégués au fond de ma pensée dans des horizons très vagues et parfaitement indifférents. Tout cela **me semble bête comme chou** et indigne (je répète le mot *indigne*) de vous émouvoir la cervelle. », Gustave FLAUBERT, *Œuvres complètes de Gustave Flaubert, Correspondance (1850-1859)*, Club de l'Honnête homme, 1974, p. 665 (http://catalogue.bnf.fr/ark:/12148/cb34294076b, mars 2019).

- « Tout ça alors que la demande a fait un bond de 20 % l'an dernier, les consommateurs en ayant acheté pour 7 milliards d'euros. Et, **c'est bête comme chou,** faute d'avoir suffisamment d'agriculteurs bio, la France ne produit que la moitié de ce qu'elle consomme. », LE CANARD ENCHAÎNÉ, *Les carottes sont cuites pour le bio,* 9 août 2017, p. 5.

10 Être dans les choux

Valeur(s) sémantique(s)

Être dans une situation d'échec, d'embarras ; parfois s'évanouir, ou encore être hors-sujet et ne rien comprendre à ce qui se passe.
Même s'il est possible de "naître dans les choux" *pour la gent masculine,* être dans les choux *ne fait pas de distinction...*

Origine(s)

XIXe siècle avec quelques antécédents au XVIe ("mettre le dîner dans les choux" lorsqu'on l'oublie). Cependant, cette tournure proviendrait d'une paronymie en "les choux" et "é-chou-er" (Le Robert, *Dictionnaire des expressions et locutions,* p. 255).

양배추 안에 있다

의미

계획이 뒤틀리다, 죽 쑤다, 당황스러운 상황에 놓이다(간혹 실신하다, 주제 밖이다, 무슨 일인지 이해 못한다는 뜻으로 사용됨).
* 남자가 양배추에서 태어나는 것이 가능하다고 해도, 남자든, 여자든 양배추 안에 있을 (궁지에 몰릴) 수 있다…

유래

16세기에 사용된 선례(저녁 준비를 잊었을 때, '저녁을 양배추에 차렸어'라고 함)와 더불어 19세기에 나타나는데, 뜻은 다르지만 '레 슈les choux'(양배추)와 '에수에é-chouer'(실패하다)의 발음의 유사성에서 비롯된 표현일 것이다(《로베르 관용어구 사전》, p. 255).

Exemples

- « Pense à tous les jaloux / Qui seront heureux comme tout / Si t'as la rame ou si **t'es dans les choux** / Pense à ta poule / Qu'est dans la foule », Albert Préjean, *Pense à ta mère,* 1932 (https://youtu.be/XmMxlqfMJg8, mars 2019).

- « Bonduelle **encore dans les choux** en Bourse », titre d'article dans *Les Échos Investir,* 1er mars 2019 (https://investir.lesechos.fr/, mars 2019).

- « Facebook et Instagram **toujours dans les choux** depuis plusieurs heures : "Nous pouvons confirmer que le problème n'est pas lié à une attaque DDoS". », titre d'article dans *SudInfo.be,* 13 mars 2019 (https://www.sudinfo.be/, mars 2019).

- « M'oublie pas quand je vais retomber dans l'anonymat / J'démissionne parce que j'en ai eu marre / Et dire que toutes ces années, **j'étais dans les choux** / J'fais confiance à la mif' : Darcy, Bedjik, Dadju / Tous les moyens sont bons pour revenir à vous », Maître Gims, *Marabout,* 2017 (https://youtu.be/kTYV1jXPf4U, mars 2019).

- « Tourne tout ce que tu voudras, mon bonze, [...] **tu seras dans les choux** avant longtemps », Louis Forton, "China Town" dans *Les Pieds-Nickelés en Amérique,* 1927 (http://www.languefrancaise.net/Bob/23587, mars 2019).

11 Faire chou blanc

Valeur(s) sémantique(s)

Subir un échec complet malgré ses envies de réussir… et donc ne rien gagner après de nombreux ou quelques efforts !

Origine(s)

XVIe siècle, lors d'une partie de jeu de quilles (ancêtre de ce que l'on nomme aujourd'hui le *bowling*), ne faire aucun point, ne faire tomber aucune quille permettait de dire que la personne ou l'équipe était chou blanc, donc en échec total.
Être fanny dans le sud de la France (en provenance de Lyon pour les parties de boules lyonnaises) a la même valeur sémantique et cela est peu glorieux dans le domaine sportif !

하얀 양배추를 만들다

의미

완전 실패하다, 말짱 도루묵이다(노력을 많이 했지만 성공하지 못하는 것을 의미함).

유래

15세기, 볼링의 전신 끼이의(quilles) 게임에서, 공 한 개도 쓰러트리지 못한 팀이나 사람을 하얀 양배추(완전 실패)라고 했다.
* 같은 의미로, 남프랑스 게임(리옹 볼링공 놀이)에서 한 점도 득점 없이 게임에서 질 때, '파니다 Être fanny'라고 한다. 스포츠에서 명예롭지 못한 일!

Exemples

- « Je vois pourtant dans cet ouvrage bien des longueurs, et de petites corrections à faire, mais je ne m'en donnerai pas la peine ; c'est un coup de boule où j'ai **fait chou blanc** et perdu la partie : tout est dit. », Charles COLLÉ, journal de 1760, dans *Journal et mémoires de Charles Collé,* Firmin-Didot, Vol. 2, 1868 (Slatkine, 1967), p. 264-265 (https://catalogue.bnf.fr/ark:/12148/cb374126084 et https://fr.wiktionary.org, mars 2019).

- « Ce soir au bar de la gare, Igor hagard est noir / Il n'arrête guère de boire / Car sa Katia, sa jolie Katia / Vient de le quitter / Sa Katie l'a quitté / **Il a fait chou blanc** / Ce grand duc avec ses trucs, ses astuces, ses ruses de Russe blanc… », Boby LAPOINTE, *Ta Katie t'as quitté,* 1963 (https://youtu.be/a7P8dcPsfyE, mars 2019).

- « Mais depuis presque 10 ans, les anciens hommes de Guy Novès **ont fait chou blanc** en Champions Cup. », *Rugbyrama,* 27 mars 2019 (https://www.rugbyrama.fr/, mars 2019).

- « Un paradoxe parce que, si la fibre contestataire des profs s'est subitement réveillée ce mardi 19 mars, c'est à l'occasion d'une journée d'action interprofessionnelle aux mots d'ordre extrêmement larges (augmentation des salaires, des pensions, égalité hommes-femmes…). Alors que les précédentes mobilisations, centrées sur la politique éducative du gouvernement, **avaient fait chou blanc.** », Gurvan LE GUELLEC, *L'Obs,* 20 mars 2019 (https://www.nouvelobs.com/, mars 2019).

- « J'ai fait un pacte avec les loups pour pénétrer dans la bergerie / Les louveteaux, lève-tôt, tuent le veto, son cadeau : un caveau dans la porcherie / L'ennemi, l'homo sapiens, boit du houblon c'est troublant / Il ouvre la chasse en flippant tirant mais **faisant trop souvent chou blanc** / La vie ou la mort du berger, qui est là placé comme le clergé / Ne vaut pas la vie de l'agneau, son silence infini, quand on vient pour le manger », MC SOLAAR, *Avec les loups,* 2007 (https://youtu.be/WIdCJN_v45M, mars 2019).

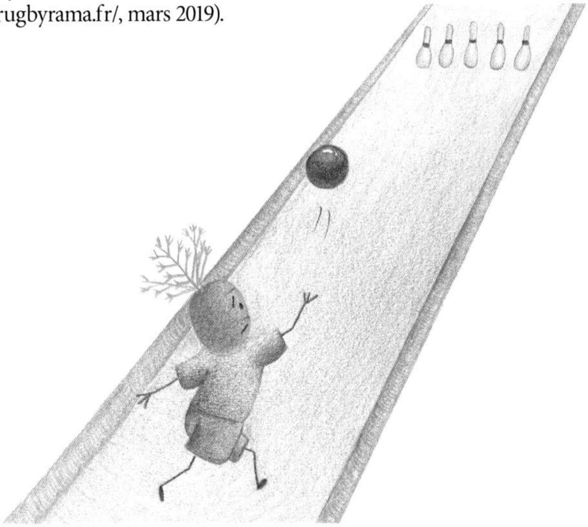

12 Ne rien faire pour des haricots – Travailler pour des haricots

Valeur(s) sémantique(s)

Faire quelque chose ou travailler pour rien, sans compensation financière suffisante, ou encore inutilement. Les verbes *faire, jouer* et *travailler* ne sont nécessaire que pour orienter la valeur sémantique de ce syntagme.

Haricots, prunes, radis, cacahuètes, peanuts… sont toujours des produits alimentaires considérés en France comme ayant peu de valeurs monétaires et/ou nutritives. Alimentation pour les pauvres.

Origine(s)

XIXe-XXe siècle, sans doute la même origine que "la fin des haricots", dans la mesure où les haricots représentent une monnaie fictive et sans aucune valeur…

콩을 얻으려고 아무것도 안 하다 /콩을 얻으려고 일하다

의미

충분한 보수 없이, 쓸데없이 일하다(연주/연기/게임하다, -를 하다).
* 콩, 자두, 무, 땅콩은… 프랑스에서 저렴하고, 한국과는 달리 영양가도 별로 없는 가난한 자들의 양식으로 여긴다.

유래

19-20세기 등장. 콩이 아무 가치 없는… 가짜 돈을 의미해서, '마지막 콩이다'와 유래가 같을 것이다.

Exemples

- « Après le cinoche, on avait besoin de se remettre les esprits en place rapport à toutes les péripéties qu'avaient vécues ces malheureux poètes, alors, on est venus ici directement pour boire le petit verre d'anisette qui chasse la tristesse et taper le carton à la papa. Je venais juste de distribuer les cartes… un petit poker **pour des haricots,** histoire de tuer le temps en attendant nos dames qui étaient pointer aux A.S.S.E.D.I.C. », Richard BALDUCCI, *Le café des veuves,* Filipacchi, 1991, p. 20 (https://catalogue.bnf.fr/ark:/12148/cb35485935r, avril 2019).

- « Il dit aussi "Juré, craché ! / **J'boss'rai pas pour des haricots** / Et si ça arrange leurs affaires / Demain pour la classe ouvrière / J' port'rai des godasses en croco" / Sacré coco », Alain LEPREST, *Sacré Coco,* 2009 (https://youtu.be/wXgTBy9a0R8, avril 2019).

- « *P*uisque vous êtes des gens intéressés, et que **vous ne travaillez pas pour des haricots,** vous recevrez satisfaction. », Louis FORTON, "China Town" dans *Les Pieds-Nickelés en Amérique,* 1927 (http://www.languefrancaise.net/Bob/14478, avril 2019).

- « Mr. Bean **ne travaille pas pour des haricots.** L'acteur britannique Rowan Atkinson, l'interprète du rôle de Mr Bean, touche des revenus annuels estimés à plus de 11,2 millions de livres (18 millions de dollars), selon le "Sunday Times" », *L'Orient Le Jour/AFP,* 19 janvier 1998 (https://www.lorientlejour.com/, avril 2019).

13 Raconter (ne pas) des salades – Vendre sa salade

Valeur(s) sémantique(s)

a) Paroles, histoires dont l'auditeur doute de la vérité. Propos, qui mélangent souvent vrai et faux, dans le but de tromper et/ou d'influencer autrui mais où le récepteur remet en cause la pertinence.
b) Chercher à convaincre quelqu'un.

Origine(s)

XXe siècle, l'expression "*vendre sa salade*" provient du monde du spectacle quand les artistes qui essayent de convaincre leur auditoire par leur(s) performance(s). Mais dans le domaine du jeu, cela a pris un sens péjoratif tout en étant lié au mensonge, à la tricherie, ce qui a permis la naissance de "*raconter des salades*" ! Liens logiques et sémantiques, à partir du moment où assister à un spectacle c'est accepter une représentation d'un univers fictif.

샐러드를 이야기하다(하지 않다)/자신의 샐러드를 팔다

의미

1) 거짓말하다(뻥치다), 진실인지 의심되는 말을 하다(상대를 속이거나, 상대방이 믿도록, 거짓에 진실을 섞는 경우가 많아서 잘 판단해야 함).
2) 남을 설득하려고 노력하다, 구워삶다.

유래

'자신의 샐러드를 팔다'는 뛰어난 연기로 관객에게 어필하는 공연에서 비롯된 20세기 표현이다. 그렇지만 연기란 거짓과 속임수와 관련 있기 때문에 경멸적 의미도 있다. 참과 거짓이 뒤죽박죽 섞여 있는 '샐러드를 이야기하다'는 여기에서 파생된 표현이다! 실제로 펼쳐지는 허구의 세계, 공연에 진실과 거짓의 이중성이 공존하는 것은 당연하다.
* 진실게임: 무엇이 참인지 이것저것 섞여 있는 '샐러드'에서 거짓을 가려내고, 공갈빵(뻥튀기)에서 바람을 빼야 한다.

Exemples

- « C'est elle qui attire la candeur / Dans les filets d'une promenade / Mais c'est par elle que l'amour en fleurs / Souvent se meurt d**ans les salades** / La parlote, la parlote », Jacques Brel, *La parlote,* 1963 (https://youtu.be/GG2X34lrNaY, avril 2019).

- « J'aurais pu t'écrire une ballade / Ça t'aurait rendu malade mais t'aurais chialé encore / J'ai préféré te dire "C'est pas grave" / **Te raconter des salades** du genre "Les copains d'abord" », Bigflo & Oli, refrain *Raccroche,* 2015 (https://youtu.be/ntAFKrXWWtc, avril 2019).

- « Je suis fâchée parce **qu'on nous raconte des salades** sur l'entrepreneuriat. Je suis fâchée parce que les gens rêvent de quelque chose qui n'existe pas et passent leur temps à le projeter sur toi quand tu entreprends. », Blog de Marie R., *HuffingtonPost,* 21 novembre 2018 (https://www.huffingtonpost.fr/marie-r/, avril 2019).

- « Tu rembarres Paulo qui veut t'accompagner et tu files chez Charlier. Maintenant, tu viens **nous sortir ces salades** (...). Comment est-ce que tu veux qu'on te croie ? », Jean-Paul Sartre, *Les Jeux sont faits,* 1947, p. 155 (TLFi en ligne, avril 2019).

- « Dans *le Pigalle* s'enchaînent les lieux mythiques, le New Moon et le rock, le Trafalgar et ses fusillades, ses rues, ses bars, avec le sexe, consommé ou effleuré, jamais bien loin. Une ancienne stripteaseuse raconte dans une archive exhumée pour l'occasion : "*C'est un vrai travail, parce que c'est quand même artistique. Il n'y a pas besoin d'être très jolie, ce qu'il faut savoir faire, c'est un terme de métier, **c'est vendre sa salade.***" », Damien Dole, *Libération*, 27 mars 2019 (https://next.liberation.fr/, avril 2019).

- Bourgeois Guy, ***Comment vendre sa salade,*** Quebecor, 2009 (https://youtu.be/cEdjQ1vUqKM, avril 2019).

- « "**Vendre sa salade**", c'est ce que considère faire un acteur lorsqu'il s'apprête à jouer une scène ou dire un monologue », Hubert Génin, *Le Langage des planches,* Comœdia, 1911, p. 74 (TFLi en ligne).

- « Aura-t-il peur de la guerre / Sera-t-il souvent malade / Aimera-t-il beaucoup sa mère ? / **Est-ce qu'il laissera sa salade** ? / Dans mon jeu d'cartes / Ma destinée / Qui vais-je tirer ? / Qui vais-je tirer ? / L'as des as, un roi ? Un valet ? / Qui vais-je tirer ? Qui vais-je tirer ? », Clarika, *Joker,* 2005 (https://www.youtube.com/watch?v=tBOEvaOO09g, avril 2019).

III.

Ingrédients et condiments.
Mélanges en tout genre.

Le monde de la cuisine c'est utiliser, transformer, embellir pour le plaisir des sens gustatifs. L'art culinaire est d'ajouter le savoir-faire de l'humain à la nature… pour aller au-delà du comestible ! La langue, organe sensible… se joue des sens.

다양한 식재료 및 양념

재료를 손질하고 변형하여 아름답게 만드는 요리는 오감으로 즐기는 세계다.
자연의 선물에 인간의 노력이 곁들여진 요리 예술은…
먹는 즐거움으로 안주하지 않는다!
프랑스어로 '랑그langue'가 혀와 언어를 말하듯,
예민한 기관 혀는… 감각을 느끼며 언어적 의미를 만든다.

1 Avoir la gueule enfarinée

Valeur(s) sémantique(s)

a) Être attiré par la possibilité d'avoir un bon repas, un amour plein de promesses, ou quelque chose de désiré (interprétation disparue).

b) Venir avec une confiance excessive en soi en étant sûr d'obtenir un résultat favorable ; parfois équivalent à une personne naïve et trop sûre d'elle.

c) Être mal réveillé.

Origine(s)

a) XVIIe siècle dans deux entrées du *Bouquet des expressions imagées* de Claude DUNETON (p. 326, p. 789).

b) XVIIe, trois autres entrées de ce même ouvrage (p. 228, p. 287, p. 301). Certains auteurs attribuent à Jean de LA FONTAINE la source de cette expression avec la fable « le Chat et un vieux rat » (livre III, fable 18, 1668) où le chat s'enfarine pour tromper souris et rats, mais sans succès avec un vieux rat — XXe siècle, par analogie avec la face blanche des clowns stupides, naïfs et plein d'espérance.

c) XXe siècle, par extension de l'origine précédente, au réveil, tout le monde est encore naïf… *blanc comme neige !*

얼굴에 밀가루가 묻어 있다

의미

1) 순진하게 - 하러 오다(좋은 음식이나 달콤한 사랑의 약속 또는 원하는 뭔가에 이끌리는 것으로, 지금은 사라진 의미임).

2) 지나친 자신감을 갖고 나타나다(결과가 좋을 것이라고 낙관하는 의미가 함축됨. 간혹 스스로를 너무 믿는 순진한 사람을 지칭함).

3) 잠이 덜 깨다.

유래

1) 17세기, 클로드 뒤네통의 《이미지가 연상되는 표현집》에 두 차례 나온다(p. 326, p. 789).

2) 17세기, 위의 책에 세 번 기재된다(p. 228, p. 287, p. 301). 라퐁텐의 우화 〈고양이와 늙은 쥐〉에서 비롯된다는 견해도 있다(제3편, 18번째 이야기, 1668). 고양이가 쥐를 속이기 위해 밀가루를 바르지만, 나이든 쥐는 속지 않는다. 희망으로 가득 찬 순진하고 어리석은 어릿광대의 하얀 얼굴에서 비롯된 20세기 표현으로 보기도 한다.

3) '2'의 유래에서부터 20세기에 '잠이 덜 깨다'라는 의미로 확장됨. 잠에서 깨어나는 모든 사람은 아직 순진한 상태… '눈처럼 하얀' 상태다!

Exemples

- « Il prophétisait vrai : notre maître Mitis, Pour la seconde fois, les trompe et les affine, **Blanchit** sa robe et s'**enfarine**, Et, de la sorte déguisé, Se niche et se blottit dans une huche ouverte. […] Ce bloc enfariné ne me dit rien qui vaille […] Car, quand tu serais sac, je n'approcherais pas. », Jean de La FONTAINE, "Le Chat et le vieux rat", *livre III, fable* 18, 1668 (http://www.lesfables.fr/livre-3/le-chat-et-un-vieux-rat, avril 2019).

- « Montgobert m'a fait rire du respect qu'elle a eu pour M. de Grignan. Elle avait mis qu'il vint à ce bal ***la gueule enfarinée*** ; tout d'un coup elle s'est reprise, elle a effacé *la gueule,* et elle a mis *la bouche,* tellement que c'est *la bouche enfarinée* », Mme DE SÉVIGNÉ, 1680 (Claude DUNETON, *Le Bouquet des expressions imagées,* Seuil, 1990, p. 287).

- « Garder le contact avec un ex, c'est aussi parfois garder sous les yeux son échec. Et surtout là, le mec ne se remet pas en question et défile devant toi **la gueule enfarinée,** heureux avec son amante devenue sa copine, et toi, brisée… Et continue de mentir… Pas bon pour le moral ça ni l'amour propre… », commentaire de SAMSAYONARA à *Carnet de Rupture* # 10, UNE MADEMOISELLE, 11 février 2019 (http://www.madmoizelle.com/couper-ponts-ex-983351, avril 2019).

- « Vous me croirez, si vous voulez / Ils sont rev'nus dès le lendemain / **Avec la gueule enfarinée** / Et une brochette d'autres clampins », JULIETTE, *Rhum pomme,* 2010 (https://youtu.be/5oei50UsSW4, avril 2019).

- « Qui relie aux mensonges / Du premier temps / Des histoires pour enfant / Qu'on veut foutre en l'air / Parce **qu'on veut avoir l'air / La gueule enfarinée** / De ces nuits à errer / À boire, à rêver / À ne pas jeter l'éponge », JAVA, *Danser,* 2001 (https://youtu.be/CRs3Lc1v8d0, avril 2019).

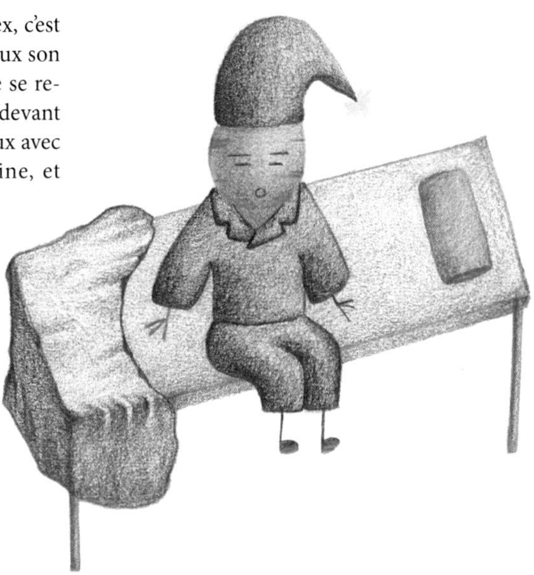

2 Avoir l'air d'un cornichon

Valeur(s) sémantique(s)

Être un idiot, quelqu'un de stupide, de naïf. Variantes : *prendre pour un* cornichon, *faire le* cornichon !

Origine(s)

XIXe siècle, sans doute par affinités (forme et phonétique) avec le terme de *corne*, qui au pluriel désigne une personne stupide : le mari ou la femme trompée sans qu'il ou elle le sache – être cocu. Cela a aussi donné le terme de *conard(e)* ! *Conart* existe depuis le XIIIe siècle pour nommer un imbécile (Le Robert, *Dictionnaire des expressions et locutions,* p. 319). Finalement le diminutif cornichon pourrait presque paraître sympathique...

코르니숑 같은 얼굴이다.

의미

바보다, 얼빵하다, 순진하다 [변형된 표현: '바보로 취급하다(prendre pour un cornichon)', '바보짓 하다(faire le cornichon)'].

유래

19세기에 등장. 코르니숑(cornichon)의 '코르니corni'와 '코른corne'(뿔)의 유사성(철자와 발음)에서 비롯된 것 같다. 뿔은 복수로 어리석은 자를 지칭하는데, 관용어 '뿔을 갖다avoir des cornes'는 자신은 알지 못한 채, 배우자에게 배신당하는 것을 뜻한다. '코른'에서 '코나르'(여성형은 '코나르드')라는 욕이 파생한다! '코나르'는 13세기부터 머저리, 등신을 지칭했다(《로베르 관용어구 사전》, p. 319). 코르니숑(작은 오이를 뜻하는 '프티 콩콩브르petit concombre'를 줄인 말)은 오히려 아무것도 아닌, 유쾌한 욕처럼 들린다…

Exemples

- « Après la grand-mère de Macron, l'épouse de Fillon : on va encore pleurer dans les chaumières… et surtout, dans les beaux quartiers ! Qu'on cesse de nous **prendre pour des cornichons,** svp ! » commentaire de Pilouwebcam dans "François Fillon raconte le calvaire de son épouse", *Actualités Orange,* 6 avril 2017 (https://actu.orange.fr/, avril 2019).

- « En disant, d'un petit jeune homme ridicule qui paie à dîner à une cocotte : « **A-t-il l'air cornichon,** ce petit bonhomme ! », Edmond et Jules de Goncourt, *Journal,* 1883, p. 246 (TLFi en ligne, avril 2019).

- « M. *Le Président.* Parlez plus convenablement ! / *Le prévenu.* Si vous aviez vu comme **il avait l'air cornichon** en donnant ses miettes de sucre à l'ours, qu'il appelait p'tit fi, p'tit mignon, ni plus ni moins qu'un chardonneret ! », Gavarni, *La correctionnelle, petites causes célèbres : études de mœurs populaires au dix-neuvième siècle,* 1840, p. 20 (https://catalogue.bnf.fr/ark:/12148/cb333282664, avril 2019).

- « Tous les regards s'étaient tournés vers lui et le public se mit à rire gaiement, du reste sans hostilité. **On le trouvait simplement cornichon,** cucul la rainette, ratapoil et rantanplan. Patriote, quoi. Et c'est vrai qu'il avait l'air bête, le pauvre garçon, et tellement vieillot et de si loin venu qu'on avait quand même un peu compassion. », Marcel Aymé, *Travelingue,* Gallimard, 1941, p. 369 (https://www.ebooksgratuits.com/pdf/ayme-travelingue.pdf, avril 2019).

- « Comme je penche pour la deuxième option, je vais vous donner 5 bonnes raisons de ne plus **vous faire prendre pour un cornichon** et faire du 14 février un jour comme les autres. », Shoko dans *Leral.net,* 14 février 2019 (https://www.leral.net/, avril 2019).

3 Avoir le beurre et l'argent du beurre (et la crémière avec)

Valeur(s) sémantique(s)

Vouloir ou tenter d'avoir une accumulation d'avantages sans les inconvénients, ou encore plusieurs avantages incompatibles en même temps.

La formule longue (*...avec la crémière, avec le sourire de la crémière, avec le cul de la crémière*) met l'accent à la fois sur l'impossibilité d'accumuler des avantages et sur la prétention de la personne qui les réclame.

Origine(s)

XIXe-XXe siècle, expression qui utilise sans doute les valeurs de richesses associées au beurre depuis que l'on reconnaît à cet ingrédient la capacité d'améliorer les qualités gustatives d'un produit, d'un plat. *Faire son beurre* (gagner beaucoup d'argent) est issu de la transformation *faire du beurre net* au XVIIe (Le Robert, *Dictionnaire des expressions et locutions,* p. 104).

버터와 버터를 산 돈 (그리고 판매한 여자를) 갖다

의미

무한정 많은 이익을 취하려 하다, 꿩 먹고 알 먹고 할 수 없음에도 불구하고, 굿도 보고 떡도 먹으려고 하다.

'판매한 여자도', '판매인 미소도, 판매인 엉덩이도' 자신의 것이라고 계속 열거할 수 있는데, 이렇게 긴 문장으로 많은 이익을 취하려는 오만한 태도와 불가능함을 강조한다.

유래

19-20세기 등장. 버터를 요리나 가공품에 넣으면 맛이 좋아진다는 사실에서 비롯된 표현일 것이다. '자신의 버터를 만들다'(돈을 많이 벌다)는 17세기 관용어 '버터를 많이 만들다(Faire son beurre net)'에서 유래한다(《로베르 관용어구 사전》, p. 104).

Exemples

- « Des machins bizarres et des œuvres d'art / J'prendrai sans remord leurs bagouses aux morts / Et bien entendu leur corde aux pendus / En volant **le beurre et l'argent du beurre** / Je ferai mon profit du bien mal acquis », Olivia Ruiz, *La petite voleuse,* 2005 (https://youtu.be/D7j_5GuM75w, avril 2019).

- « Si tu as mal là où t'as peur / Tu n'as pas mal là où je pense ! / Qu'est-ce qu'elle veut cette conasse ? / **Le beurre ou l'argent du beurre ?** / Que tu vives ou que tu meures ? / Faut qu'elle crève de bonheur / Ou qu'elle change de godasses / Faut qu'elle croule sous les fleurs / Change de couleur... », Camille, *Ta douleur,* 2005 (https://youtu.be/OPGNWFQy_gg, avril 2019).

- « Elle détourne toujours les expressions : Qui vole un œuf, vole une vache - **Vouloir le beurre et l'argent du fromage** - Avoir les yeux plus gros que les fesses - Il ne faut pas tuer la peau de l'ours avant de l'avoir achetée. », Agnès Ledig, *Marie d'en haut,* Les Nouveaux Auteurs, 2011 (https://dicocitations.lemonde.fr/, avril 2019).

- « Plainte pour concurrence déloyale : pour Apple, Spotify **veut le beurre et l'argent du beurre** », titre d'un article d'Anaïs Cherif, *La Tribune,* 15 mars 2019, (https://www.latribune.fr/, avril 2019).

- « "En Belgique, on dit que ce sont des gens qui **veulent le beurre, l'argent du beurre et le sourire de la crémière.** Il faut rester ferme comme on l'a été jusqu'à présent. Ou ils sortent, ou ils restent", explique Marc Tarabella député européen socialiste belge. », Pierrick Bonno et Guillaume Descour, *Bourdin Direct sur le Brexit, RMC/BFM,* 14 mars 2019 (https://rmc.bfmtv.com/, avril 2019).

4 Avoir une tête/un crâne d'œuf

Valeur(s) sémantique(s)

Dans tous les cas, c'est à considérer comme une injure. Si l'on accepte que la *tête* (le crâne) vaut pour *l'esprit* et donc l'intelligence, cela permet de décrire un *crâne chauve,* lisse où tout glisse. De plus, pour une personne : *quel œuf !* décrit un *niais. Tête d'œuf* désigne alors doublement un(e) imbécile ! L'expression permet aussi de parler ironiquement des élites qui imposent leur point de vue sans tenir compte d'autres avis et des réalités du terrain.

Origine(s)

Au XIXe *tête d'œuf* équivaut à *tête chauve* et au XXe siècle, il semblerait, dans un premier temps, qu'un glissement sémantique s'effectue pour une personne manquant de relief, de personnalité et donc d'intelligence. Plus tard, les classes dirigeantes (intellectuels, politiques…) étant plus souvent atteinte de calvitie, leur prétention à tout régenter leur vaut ce surnom…

달걀 머리다/두개골이 달걀이다

의미

모욕적 의미로 쓰인다. 머리(두개골)가 정신이고 지성이라면, 달걀 머리에서 미끌미끌한 대머리가 연상되고, 안으로 흡수되지 않고 모든 것이 미끄러지는 상태가 떠오른다. 게다가 '또라이'를 '웬 달걀'이라고 하기 때문에 달걀 머리는 어리석음을 이중으로 강조한다! 또한 다른 사람의 의견과 현실성을 고려하지 않고, 자신의 관점을 관철시키려는 지식인을 냉소적으로 일컫는 말이다.

유래

19세기에 '달걀 머리'는 대머리를 의미했다. 20세기에 들어서서, 처음에는 개성과 지성, 존재감이 결여된 사람을 일컬었지만, 나중에는 자신의 뜻을 부당하게 관철하려는 지도 계급(정치인, 지성인)의 별명이었다. 대부분 대머리였기 때문이다.

Exemples

- « Le travail dominical touche *"à la vie des gens ordinaires, et la vie des gens ordinaires n'intéresse pas* ***les têtes d'œuf*** *qui font de l'économie au sommet de l'État"*. Invité de France 2, jeudi 11 décembre, Jean-Luc Mélenchon a réaffirmé son opposition au projet de loi Macron. », *Franceinfo,* 11 décembre 2014 (https://www.francetvinfo.fr/, avril 2019).

- « Nicolas Sarkozy et **ses têtes d'œufs** », titre d'un article du blog de Korben, 16 février 2012 (https://korben.info/sarko-oeuf.html, avril 2019).

- « L'auteur de l'article visible en cliquant sur le titre de ce billet démontre à loisir combien **certaines têtes d'œuf**, peut-être "sortants de l'œuf" (frais émoulus d'une école) peuvent "faire l'œuf" (faire l'idiot) et oublier de "*marcher (comme) sur des œufs*" (agir avec une extrême circonspection dans une situation délicate). » Quoi de neuf ? 17 février 2012 (http://www.musee-gourmandise.be/shaarli/?cDg1bg, avril 2019).

- « Dans la presse, le cinéma ou la publicité, si vous donnez du Monsieur, du Madame - ou, pire encore, du Mademoiselle - à des collègues, ou si vous continuez à les vouvoyer plus de huit jours après les avoir rencontrés pour la première fois, vous passerez pour un plouc ou **pour une tête d'œuf.** », Christiane Collange, *La politesse du cœur,* Stock, 1993, p. 101 (https://gallica.bnf.fr/ark:/12148/bpt6k3355399d, avril 2019).

- **NB** : le personnage de BD ***Titeuf*** tire son prénom à la fois de la forme de **sa tête qui ressemble à un œuf** (d'après Zep son créateur), mais aussi du diminutif : *p'tit œuf.* Cependant, ce prénom est interdit depuis 2012 par la justice en France car la Cour de cassation relève que ce héros est « un personnage caricatural, bien que plutôt sympathique, destiné à faire rire le public en raison de sa naïveté et des situations ridicules dans lesquelles il se retrouve. », AFP/Le Point, *Titeuf le prénom interdit,* 16 février 2012 (https://www.lepoint.fr/, avril 2019).

5 Avoir un grain

Valeur(s) sémantique(s)

Tout simplement, être (un peu) fou, déraisonnable. *Avoir un grain* est plutôt sympathique, parfois gratifiant lorsque la folie est considérée comme créative…

Origine(s)

A*voir un grain (de folie)*, l'expression est attestée depuis 1640, présent dans le dictionnaire de l'Académie en 1740 (Le Robert, *Dictionnaire des expressions et locutions*, p. 612).

씨앗이 있다

의미

(살짝) 돌다, 제정신이 아니다, 미치광이다(광기를 창조성으로 여길 경우, 감사하기도 하고 기분 좋은 표현이기도 하다…).

유래

'(광기의) 씨앗이 있다'는 1640년부터 문헌에 등장하고, 1740년 아카데미 프랑세즈 사전에 수록된다(《로베르 관용어구 사전》, p. 612).

Exemples

- « Qu'Cirrhose soit débile vu sa chute de rein / En effet ses avantages sont bien évidents / Jamais vu telle morue au pays des Harengs / Dans le port de Copenhague on la connaît bien / La petite Cirrhose, **celle qui a un grain** / Et tous les gars qu'elle entraîne, s'ils n'sont pas crétins », PIGALLE, *La petite cirrhose du port de Copenhague,* 1993 (https://youtu.be/8RiKJ9Nd4M0, janvier 2020).

- « Le petit voisin s'appelle Jocelyn avec un P avec un F comme dans Martine. / Le petit voisin **il a un grain,** de sel ou bien de sable, ou bien de caféine. / Le petit voisin habite au-dessus de chez nous qui, évidemment, sommes en-dessous. / Il prend des cours de Ju-Jitsu mais n'est pas mauvais, n'est pas mauvais pour deux sous. », Jeanne CHERHAL, *Le petit voisin,* 2004 (https://youtu.be/gg8soD1KcDA, avril 2019).

- « Ils avaient tout, on avait rien / Baskets trouées, vrais galériens / **On a un grain dans la tête,** ils ont aucun pépin / Chez nous, on s'énerve très vite, pour ça qu'faut parler bien, mais / On va tous les entuber (ouais) », ISHA, *Rien*, 2018 (https://youtu.be/x1jbbOtwGoI, avril 2019).

- « José Mourinho divise. Pour certains, il est le meilleur entraîneur du monde, pour d'autres il est fini dans la profession. Là où tout le monde est d'accord en revanche, c'est pour dire **qu'il a un grain de folie.** Retour sur vingt-trois ans de frasques et de dérapages. », Émile GILET, *France Football,* 26 janvier 2019 (https://www.francefootball.fr/, avril 2019).

6 Faire un tabac

Valeur(s) sémantique(s)

Lors d'un spectacle, avoir un très grand succès marqué par de très forts applaudissements. Par expansion, succès phénoménal dans les arts et/ou les médias.

Origine(s)

Fin XIXe-XXe siècle, avec au départ une autre formule imagée du XIXe liée au monde la marine : "*essuyez un coup de tabac*" pour désigner le passage à travers une tempête violente et bruyante qui laissait des traces sur les corps (humains et bateaux). "*Subir un passage à tabac*" suit ce même noyau sémantique qui est de recevoir des coups violents !

NB : les feuilles de tabac font désormais partie des ingrédients en entrant progressivement dans la composition de diverses recettes contemporaines en raison de leur parfum.

Voir https://www.gastronomiac.com/glossaire_des_produi/tabac/ (mai 2020).

담배를 만들다

의미

대박나다(박수갈채를 받는 공연을 의미한다. 넓게는 예술, 미디어에서 놀라운 성공을 거둔다는 뜻).

유래

19세기 말-20세기에 등장. 담배를 뜻하는 'tabac'는 구어로 '구타'를 의미하기도 하는데, 'coup de tabac'는 태풍을 말한다. 19세기에 'essuyer un coup de tabac'는 항해 도중 태풍이 일어, 배와 사람에게 남긴 난폭한 흔적을 처리한다는 의미다. 같은 맥락에서 '구타를 당하다(subir un passage à tabac)'라는 표현을 이해할 수 있다.

* 박수갈채가 태풍처럼 쏟아지면, 즉 '우레(천둥) 같은 박수'가 쏟아지면 당연히 성공이다!

** 담뱃잎은 특이한 향으로 오늘날 식재료로 사용된다고 한다(https://www.gastronomiac.com/glossaire_des_produi/tabac/ mai 2020)!

Exemples

- « C'est à "La Colombe", la première fois, que j'ai su ce que c'était que de **faire un tabac.** », Pierre PERRET, *Le petit Perret,* Jean-Claude Lattès, 1982, p. 305.

- « Visite du président Macron à Amboise : "**Ça va faire un tabac !**" », titre d'article de *La Nouvelle République,* 28 mars 2019 (https://www.lanouvellerepublique.fr/, mars 2019).

- « La chanteuse **Angèle a fait un tabac** hier soir à l'Olympia, et s'y produit de nouveau ce soir. La salle affiche complet depuis des mois. Et hier, l'ambiance y était totalement surchauffée. Analyse d'un succès phénoménal et d'une soirée hors norme. », Valérie LEHOUX, *Télérama musique,* 13 mars 2019 (https://www.telerama.fr/musique/, mars 2019).

- « Rien à foutre que vous êtes en masse / Le pacte, je suis le seum et lui la massa / Allumez le feu **j'vais faire un tabac dans la place** / Le pacte, désormais affaire classé / Dix ans plus tard la new school dira que c'est un classique. », BLACK M, *Le pacte,* 2005 (https://youtu.be/ta5g-KYXh0Zs, mars 2019).

- « Comme je demeurai silencieux, il prit ce silence pour une inquiétude financière, il ajouta d'un ton affectueux : - Écoute, j'ai une idée, **on va faire un tabac**, tu vas gagner très gros, écris vite un bouquin sur les pyramides, comme ça, à chaque fois que j'en vendrai une, je pourrai proposer ton livre. Mais tu comprends, mon cher Pierre, je ne peux pas publier ce livre, tu démontes les systèmes, tu lances un pavé dans la mare. », Pierre MANOURY, *Voyants, voyous, voyeurs,* Éditions Celten, 1990, p. 26 (https://catalogue.bnf.fr/ark:/12148/cb35416046q, mars 2019).

7 La moutarde me (lui) monte au nez

Valeur(s) sémantique(s)

La colère et la rage sont en train d'arriver chez une personne excédée par autrui ou quelque chose. Parfois, marque l'impatience.

Origine(s)

XVIIe siècle, expression qui met en parallèle l'effet de la moutarde au plan culinaire dans le nez et au plan psychologique : irritation progressive et irréversible.

Expression si populaire qu'elle donna le titre à un film "comique" en 1974, qui fut lui aussi un succès populaire...

겨자 냄새가 코로 올라오다

의미

부아가 치밀다, 피가 거꾸로 솟다, 열받다(참을성이 부족한 상태를 의미하기도 함).

유래

17세기에 등장. 빵에 바른 겨자가 코에 미치는 실제적, 심리적 효과와 비교한 표현으로, 코로 겨자 냄새가 올라오듯, 치밀어 오르는 분노를 시각화하고 있다.

* 매우 대중적 표현이어서 1974년에 상영된, 클로드 지디 감독의 코믹 영화 제목이기도 했는데, 흥행에도 성공했다…

Exemples

- « Alors qu'on me présente une petite saucisse dont j'ai découvert qu'elle est loin d'être fabriquée selon le code des usages de la charcuterie, **la moutarde me monte au nez.** Ça, de la saucisse ? Cet amalgame de saindoux et de mauvaise tripaille ? Sûrement pas », Jean-Pierre Coffe, *Une vie de Coffe,* Stock, 2015 (article dans *L'Express* du 28 avril 2015, https://www.lexpress.fr/, avril 2019).

- « - Qui... qui es-tu ? / - Un voyageur égaré surpris par la tempête. Accorde-moi l'abri sous ton toit jusqu'à ce que s'apaise la colère des dieux. / - Oui... il semblerait qu'Amora, **déesse de la moutarde, soit montée au nez des autres dieux...** », René Goscinny, Albert Uderzo, *Astérix : Le devin,* Hachette, 1972, p. 7, case 4-5.

- « V'là le pauvre homme, en ouvrant la Lettre, qui reste comme un œuf : mais ça ne dure pas, **la moutarde lui monte au nez** ; il ne dit mot, mais pas moins on voit bien que ça l'y est sensible : et vite, pour y être plus tôt, il passe par la fenêtre. », *Le Chansonnier français,* 1760, tome 15, p. 216-217 (https://gallica.bnf.fr/ark:/12148/bpt6k9734907k/, avril 2019).

- « L'Ogre n'habite pas dans une grotte mais dans un salon doré / Un jour l'Enfant se rebellera, car **la moutarde monte au nez** / un jour l'Enfant se mariera et fera une veuve à consoler », Swift Guad, *L'ogre et l'enfant,* 2012 (https://youtu.be/vVqXTSpi_JU, avril 2019).

- « Quand t'es juste un fragile de plus / J'aime quand même bien quand c'est second degré / Comme une légère brûlure / **De la moutarde qui monte au nez** / Moutonnier, j'lai été, ouais j'me suis pas mal cherché », Pauvre Biche, *98,* 2018 (https://youtu.be/VUSoZc0WRpE, avril 2019).

8 Le sel de la vie

Valeur(s) sémantique(s)

Tout ce qui donne de l'intérêt, de la saveur aux évènements du quotidien et qui dans une certaine mesure font qu'un individu se sente vivant.

Origine(s)

Au moins depuis le XVIIe siècle. Cependant le sel est associé depuis l'antiquité à des éléments de valeurs (amitié, sagesse, don des Dieux…), mais aussi comme protecteurs contre les mauvais esprits par ses qualités purificatrices. Le sel est un "oxymore" à lui tout seul car il détruit toutes les bactéries et toutes formes de vie ; en même, il est indispensable pour la conservation des aliments et pour l'organisme humain (équilibre hydrique, digestion).
Par ailleurs, dans la Bible, "*le sel de la terre*" désigne les disciples du Christ.

인생의 소금

의미

일상에 짜릿한 맛을 주는 것, 흥미로운 것, 살아 있음을 느끼게 하는 약방의 감초 같은 것.

유래

적어도 17세기부터다. 고대부터 소금에는 상징적 가치(우정, 지혜, 신의 선물…)가 있고, 정화작용도 있어서 사악한 혼령을 물리치는 역할을 했다. 상반된 성질이 있는 소금은 그 자체로 모순어법이다. 세균을 제거하고 각종 미생물을 억제한다면, 음식을 보존하고 몸의 수분과 체액의 농도를 조절하며 소화를 돕는 데 필수적이다.
한편 성경에 나오는 '지상의 소금'은 예수 그리스도의 제자를 의미한다.

Exemples

- « **Ce qui fait le sel de la vie**, c'est de savoir que l'on va mourir et ce qui fait le sel de la politique c'est de savoir que l'on va partir. », Nicolas SARKOZY, Conseil des ministres, 9 mai 2012 (https://dicocitations.lemonde.fr/, avril 2019).

- « Tous vos non-dits / Vos interdits / **Ont fait le sel de ma vie** / Ses plus grands défis », Françoise HARDY, *Rendez-vous dans une autre vie,* 2012 (https://youtu.be/xa6nBOgwFE0, avril 2019).

- « Si elle peut avoir raison / Sans raison / Si elle peut changer ma vie / Par magie / C'est qu'il faut la laisser faire / Qu'elle vaut le Ciel qu'elle vaut l'Enfer / **Qu'elle est le sel de la vie** / Oh que c'est beau / Oh que c'est beau », L'AFFAIRE LOUIS' TRIO, *La peau,* 1982 (https://youtu.be/EhWS-RZoBBnE, avril 2019).

- « Les macronistes et un député insoumis se disputent la responsabilité de mener les négociations sur le statut de leurs collaborateurs. Le dossier s'enlise. C'est le genre d'imbroglio qui **fait le sel de la vie** à l'Assemblée. Qui pourrait même prêter à sourire, s'il n'avait un impact sur le quotidien de centaines de collaborateurs parlementaires. », Jean-Baptiste DOUALAS, *L'Express,* 9 avril 2019 (https://www.lexpress.fr/, avril 2019).

- « Discours philosophie de la vraye Amitié. L'amitié est le soleil et **le sel de la vie.** », titre d'ouvrage, Pierre AUBERT, Genève, P. Aubert, 1625 (https://gallica.bnf.fr/ark:/12148/bpt6k15191869, avril 2019).

- « Bah ! mon fils, un peu de morale ne gâte rien. **C'est le sel de la vie** pour nous autres, comme le vice pour les dévôts. Voyons, avez-vous été généreux ! Vous avez payé ses dettes. », Honoré de BALZAC, *Splendeurs et misères des courtisanes,* Œuvres complètes de H. de BALZAC, tome 11, A. Houssiaux, 1853-1855, p. 503 (https://gallica.bnf.fr/ark:/12148/bpt6k4061697, avril 2019).

9 Marcher sur des œufs

Valeur(s) sémantique(s)

Avancer, faire quelque chose ou dire quelque chose avec de grandes précautions. Éviter un sujet sensible.

Origine(s)

1690 dans le Furetière où il s'agissait d'une marche avec prudence et au figuré agir précautionneusement (Le Robert, *Dictionnaire des expressions et locutions,* p. 826). Il faut se représenter une personne essayant de traverser un espace couvert d'œufs…

La fragilité des œufs est un paradoxe de la nature car sa forme ovale lui permet d'avoir une certaine résistance…

달걀 위를 걷다

의미

'살얼음을 밟듯' 매우 조심스럽게 나아가다, 신중하게 말하다(하다), 예민한 주제를 피하다.

유래

퓌르티에르 사전에 의하면 1690년에 조심스럽게 걷는 것을 의미한다. 은유적으로 신중하게 행동하는 것을 뜻한다(《로베르 관용어구 사전》, p. 826). 달걀로 꽉 찬 공간을 지나가려고 애쓰는 모습이 연상되는 표현이다…

* 달걀은 깨지기 쉬워 보이지만, 타원형이어서 웬만한 무게를 견딘다…

Exemples

- « Depuis le lendemain de leur rencontre **ils marchent sur des œufs** / Ils découvrent progressivement les règles de leur propre jeu / Mais ce soir monsieur Bleu et madame Rouge ferment les volets /Pour une fois sans se poser de question ils repeignent la nuit en violet », GRAND CORPS MALADE, *Poker,* 2018 (https://youtu.be/2veaBxhIYnE, avril 2019).

- « Avec mon costume pied-de-poule **je marche avec des bottes sur des œufs** / Une affaire à Istanbul c'était moins loin et moins dangereux / Ici les femmes me connaissent, je passe plus pour un idiot / Parti sans laisser d'adresse : le toubab au cœur d'artichaut... / J'aime les Sénégalaises... », SANSEVERINO, *Les Sénégalaises,* 2004 (https://youtu.be/O-HdzUU5bhE, avril 2019).

- « *Au château,* les plus grands dangers pour moi. **La nécessité d'y marcher sur des œufs** sans les casser ; dix femmes plus ou moins aimables, plus ou moins coquettes, plus ou moins intrigantes, qui peuvent être curieuses d'un jeune homme prisonnier depuis trois ans pour cause d'amour... », Honoré-Gabriel RIQUETI (Comte de Mirabeau), *Lettres originales de Mirabeau (écrites du donjon de Vincennes pendant les années 1777-1780),* tome 4, 1792, p. 291-292 (https://gallica.bnf.fr/ark:/12148/bpt6k6578576p, avril 2019).

- « Côte d'Ivoire : Ahoussou-Kouadio, président du Sénat, **marche sur des œufs** avec Alassane Ouattara », titre d'un article dans *Jeune Afrique,* 29 mars 2019 (https://www.jeuneafrique.com/, avril 2019).

- « Ce mardi de mobilisation, le patron de La France insoumise **marche aussi, et sur des œufs.** Il convoque la presse, l'air grave, entouré d'une dizaine de proches, pour condamner "*de la manière la plus nette et la plus ferme qui soit*" les "*faits détestables*" qui se sont multipliés ces dernières semaines, et refuser l'idée que son mouvement puisse avoir des "*racines antisémites*". », Cécile CORNUDET, "Mélenchon, **la marche sur des œufs**", *Les Échos,* 20 février 2019 (https://www.lesechos.fr/, avril 2019).

10 Mettre du beurre dans les épinards

Valeur(s) sémantique(s)

Améliorer son quotidien, ses conditions de vie. Avoir un surplus de salaires ou de revenus.

Origine(s)

Même si le beurre est associé à la richesse depuis le XVIIe siècle (voir plus haut), l'expression est d'usage à partir du XIXe dans la mesure où la capacité d'acheter et de mettre du beurre dans sa cuisine est un marqueur social, tout autant qu'une question de goût. Il est à noter que les épinards en France n'ont pas une valeur gustative positive ; sans beurre, ou sans béchamel, seulement bouillis, c'est plutôt de la torture alimentaire malgré leur prix avantageux !

Les épinards en Corée en sont l'antithèse culinaire...

시금치에 버터를 넣다

의미

형편이 나아지다(허리를 펴다), 일상이 개선되다, 월급을 더 받다, 수입이 늘다.

유래

17세기 이후 버터는 부유함과 관련이 있지만(앞부분 참조), 19세기부터 사용된 관용어다. 버터를 사서 요리에 넣는 것은 취향의 문제면서, 사회적으로 안정되었음을 의미한다. 프랑스 시금치는 질기고 써서, 베샤멜소스나 버터를 넣지 않으면, 가격이 아무리 저렴해도 먹는 고문이다!

* 한국에서는 시금치가 부드럽고 달콤하니 요리법이 정반대다…

Exemples

- « Les genoux qui baignent dans l'Mercurochrome, fans de San Ku Kaï / Repas arrosés aux verres d'eau, poisson pané sans Coca / **Du beurre dans les épinards** devant un épisode d'Popeye / Les parents loin d'être peinards, martyrisés d'Walt Disney », Anton Serra, *Sales gones,* 2012 (https://youtu.be/UlpxRSJQpSI, avril 2019).

- « Chez nous ma femme qui m'attend / Avec sa mère / Ma r'commandé d'être là à l'heure... / Puisqu'y a sa mère / Et moi qui rapporte **le beurre / Pour mettre dans les épinards** / Elles vont me r'procher mon retard... A – mèr' », Boby Lapointe, *Monsieur l'agent,* 1970 (https://youtu.be/HPLFa8c2-vY, avril 2019).

- « Les jeunes retraités sont de plus en plus nombreux à souhaiter poursuivre une activité professionnelle. Si les motivations diffèrent entre ceux qui ont besoin de **mettre du beurre dans les épinards** et ceux qui veulent continuer à travailler, elles sont bel et bien réelles. », Corinne Caillaud, *Le Figaro économique,* 18 avril 2019 (http://www.lefigaro.fr/, avril 2019).

- « C'était un refuge pour les amateurs de bande dessinée alternative et de sérigraphies pas banales. C'était aussi *une vitrine pour la BD en Charente.* Une vitrine qui, en plus, **mettait un peu de beurre dans les épinards** d'une profession qui n'en peut plus de se serrer la ceinture... », Bertrand Ruiz, *Sud Ouest,* 18 avril 2019 (https://www.sudouest.fr/, avril 2019).

- « Cent, deux cents, cinq cents, fois répétées, cette complaisance, qui ne ruine pas les acheteurs, **met,** selon le dicton, **du beurre dans les épinards** des vendeurs et enrichit les inventeurs. », Joseph Barberet, *La Bohème du travail,* J. Hetzel, 1889, p. 157 (https://gallica.bnf.fr/ark:/12148/bpt6k6438648c, avril 2019).

11 Mettre/ramener son grain de sel

Valeur(s) sémantique(s)

Intervenir dans une conversation brusquement en donnant son avis sans être sollicité, parfois avec un trait d'esprit. Souvent, les propos tenus sont hors sujet, comme *un cheveu sur la soupe*... Cette valeur dépréciative est relativement récente (XXe siècle).

Origine(s)

XIXe siècle au moins. Sel provient du latin sal, salis qui désigne à la fois le sel, la mer mais aussi la finesse, un esprit piquant. Donc, cela expliquerait que le sel, en tant qu'ingrédient qui s'ajoute au dernier moment, vient relever le goût des plats et donc des conversations...
Je ne goûte pas le sel des paroles de certains artistes d'aujourd'hui qui viennent mettre leur grain de sel dans tout et n'importe quoi...

소금을 넣다/가져오다

의미

묻지도 않았는데 대화에 갑자기 끼어들다. (간혹 재치 있는 의견도 있지만, '국에 빠진 머리카락'처럼 주제 밖의 이야기를 하는 경우가 많다…) 비교적 최근(20세기)에 등장한 경멸적 표현임.

유래

적어도 19세에 등장. 소금은 어원적으로 소금을 뜻하면서 바다, 섬세함, 재치를 의미하는 라틴어 'sal', 'salis'에서 비롯된다. 요리 마지막에 소금을 첨가하면 감칠맛이 더하고, 대화도 활기가 감도는데, 그 이유를 어원에서 찾아볼 수 있다…
* 간혹 아무렇게나 모든 것에 소금을 넣으려는 현대 예술인들이 있다. 자신의 전문 영역이 아닌데도 불구하고, 의견을 함부로 피력하니… 어떻게 그 맛을 즐길 수 있겠는가?
** 한국어로 '소금 뿌리다'는 잘 되가는 일을 망치게 한다는 뜻이다. 약간의 소금은 약이지만, 한 주먹 짠맛을 더하는 것은 과유불급이라는 의미일 것이다.

Exemples

- « Hawaï Police d'État, y a pas d'rat le cain-cain / Venu de l'ouest africain **vient foutre son grain de sel** / Appelle qui tu veux, mon cartel martèle / Du travail de pro, le résultat est nickel, ma belle », Passi, *Sur la sellette,* 1997 (https://youtu.be/eT5M4xBMnPY, avril 2019).

- « Parce que dans vos cheveux, Madame / Le temps **met son grain de sel** / Mais qu'il donne sa langue au charme / Et c'est vous la plus belle ! », Agnès Bihl, *Madame,* 2005 (https://youtu.be/bHMjaa6IOak, avril 2019).

- « À quelques reprises, les supporters parisiens ont pu penser que "Ney" **allait venir ajouter son grain de sel** au triplé de Kylian Mbappé dimanche soir, notamment lorsqu'il s'est écroulé dans la surface ou lorsqu'il a manqué de peu de reprendre de la tête un centre venu de la gauche. », Shahzad Abdul, *Le Courrier Picard,* 21 avril 2019 (http://www.courrier-picard.fr/, avril 2019).

- « Frère Lucot, qui jusqu'alors n'avait ouvert la bouche que pour manger et boire, voulut **mettre aussi son grain de sel** bourguignon. », Albert Albrier (Dir.), *La Bourgogne, revue provinciale : histoire, archéologie, littérature, sciences et arts,* tome 1, 1868, p. 212 (https://gallica.bnf.fr/ark:/12148/bpt6k97224143, avril 2019).

- « Cham **ajoute son grain de sel** aux fantaisies inspirées par les duels récents. Il donne le conseil pratique suivant aux champions parlementaires : si un des combattants est beaucoup plus mince que son adversaire, le boutonner dans sa redingote avec un de ses témoins, pour lui donner le volume nécessaire. », *Le Figaro,* numéro 336, 2 décembre 1878 (https://gallica.bnf.fr/ark:/12148/bpt6k2769329, avril 2019).

12 Rouler dans la farine (quelqu'un) – Se faire rouler dans la farine

Valeur(s) sémantique(s)

Tromper quelqu'un, se faire tromper en passant pour un idiot. La victime n'est pas à plaindre, car ici, cette formulation sous-entend qu'elle est en partie responsable de cette duperie.

Origine(s)

XIXe siècle. Combinaison de Rouler qui signifiait tromper, duper et d'autres usages du terme *farine* qui faisaient référence aux arguments ou déguisements trompeurs, aux masques (notamment dans le cirque et le théâtre ; cf. la première expression de cette catégorie).

Personne n'est blanc comme neige après s'être fait rouler dans la farine...

밀가루에서 구르게 하다 /구르고 말았다

의미

속이다, 바보로 취급 받으며 낚이다, 바가지 쓰다(당한 사람도 어느 정도 책임이 있음을 함축하는 말로, 속았다고 불평만 할 수 없는 상황을 암시함).

유래

19세기에 등장. 속이는 것을 의미하는 '구르다'와 (특히 서커스나 연극 분야에서) 가면 대신에 또는 변장할 때 사용한 '밀가루'가 섞인 표현이다('얼굴에 밀가루가 묻어 있다' 참조).

* 밀가루 속에 구른다 해도(속임을 당하면), 눈처럼 하얀 사람은 없다(당한 사람도 책임이 있기 마련이다)···

Exemples

- « On peut toujours saluer les petits rois de pacotille / On peut toujours espérer entrer un jour dans la famille / Sûr que tu pourras devenir un krach boursier à toi tout seul / On pourrait même envisager que tout nous explose à la gueule / Autour des oliviers palpitent les origines / Infiniment se voir **rouler dans la farine** », NOIR DÉSIR, *À l'envers, à l'endroit,* 2001 (https://youtu.be/evUCBwzFg4c, avril 2019).

- « Tout au plus gentiment diront-elles "Peuchère, / Le vieux Priape est mort", et, la cuisse légère, / Le regard alangui, / Elles s'en iront vous **rouler dans la farine** / De safran, tempérer leur fureur utérine / Avec n'importe qui. », Jean BERTOLA chante Georges BRASSENS, *L'Andropause,* 1982 (https://youtu.be/dWYOYmx0LBQ, avril 2019).

- « Tout cela (entre les tricheries de Volkswagen, les ententes sur les prix et les technologies) accrédite l'idée d'un cartel dans le monde automobile, qui se livre à des ententes. Il s'agit donc là d'une sorte de lobby. D'où la réaction très forte aujourd'hui des autorités européennes qui ont l'impression de **s'être fait rouler dans la farine** pendant des années. », L'édito économique d'Axel de TARLÉ, *Europe 1,* 8 avril 2019 (https://www.europe1.fr/, avril 2019).

- « **Rouler dans la farine,** V. a. Tromper, jouer un tour, user de finesse envers des gens trop simples », Alfred DELVAUX, *Dictionnaire de la langue verte : argots parisiens comparés,* E. Dentu, 1866, p. 347 (https://gallica.bnf.fr/ark:/12148/bpt6k64232433, avril 2019).

- « Par d'assez grossiers moyens d'innocente duplicité, Constantin a tenté de venir à bout de l'Entente, au profit de la Germanie. Il lui aurait suffi, pour employer un terme vulgaire, de **nous rouler dans la farine**. Même pour le quai d'Orsay, il n'était pas aisé de se laisser prendre au bloc enfariné. », Georges CLÉMENCEAU (Dir.), *L'Homme enchaîné,* 18 octobre 1916 (https://gallica.bnf.fr/ark:/12148/bpt6k75940915, avril 2019).

13 S'endormir sur ses lauriers – Se reposer sur ses lauriers

Valeur(s) sémantique(s)

Se contenter d'une première victoire, d'un premier succès et ne pas poursuivre ses efforts. Être inactif après un succès. Selon le TLFi en ligne « se reposer sur ses lauriers » aurait plutôt la signification de prendre un repos après un succès sans aspect négatif.

Origine(s)

XVIIIe-XIXe siècle, proviendrait du fait que les vainqueurs des premiers Jeux Pythiques (comparables aux *Jeux Olympiques*) étaient couronnés de lauriers en l'honneur d'Apollon (dieu des arts, mais aussi des purifications et de la guérison, tout en étant associé à la lumière et au soleil). Au cours de l'histoire, certains empereurs étaient couronnés de lauriers pour symboliquement être associé à l'immortalité… divine !

월계수 잎 위에서 잠들다(휴식하다)

의미

첫 성공에 만족하고 노력을 게을리하다, 성공한 이후 빈둥거리다. 《온라인 프랑스어 보고사전》에 의하면, '월계수 잎 위에서 휴식하다'는 부정적 의미가 아니라, 성공을 거둔 후 잠시 휴식을 취하는 것을 의미했을 거라고 한다.

유래

18-19세기에 등장. 델포이 제전(올림픽에 버금간 축제) 승리자들은 아폴론(예술의 신이자 정화와 치료의 신으로 빛과 태양을 상징함)을 찬양하는 뜻으로 월계관을 썼다. 세월이 흐르면서 월계관을 쓴 황제가 있었는데, 불사신과… 연결되는 상징성이 있었기 때문이다!

Exemples

- « Louis Privat n'est pas homme à **s'endormir sur ses lauriers.** L'enthousiaste patron des Grands Buffets, à Narbonne (11), qui se targue d'être le premier restaurant de France en chiffre d'affaires, continue d'investir pour accroître sa capacité d'accueil et agrandir ses installations techniques. », Muriel CHÊNE, *La Tribune,* 29 avril 2019 (https://objectif-languedoc-roussillon.latribune.fr/, mai 2019).

- « Jeremy Dutcher ne compte pas **s'endormir sur ses lauriers** pour autant : il est tout fébrile à l'idée de présenter son spectacle au public parisien le 7 avril prochain, après quoi ce sera Madrid, Glasgow, New York et, à la fin de l'année, une tournée d'un bout à l'autre du Canada avec un orchestre symphonique. Il sera également au Festival international de Jazz de Montréal cet été. », *Radio Canada,* 11 avril 2019 (https://ici.radio-canada.ca/, mai 2019).

- « Besoin d'tout ça pour que ça vibre j'me sentir fort et avoir peur / Tout est une question d'équilibre je prends c'truc du fond du cœur / Si dans une vie ça part en vrille c'est qu'l'équilibre à vrillé / Pour le garder c'est capital **de pas dormir sur ses lauriers** / Alors je reste vigilant quitte à recréer du désordre / Entre le glacé et le brûlant j'aime la douceur j'aime que ça morde », GRAND CORPS MALADE, *Funambule,* 2013 (https://youtu.be/pYrN9nxI0gM, mai 2019).

- « Mon Rap est solide car il ne cesse de chercher / Et quand **il a trouvé il ne dort pas sur ses lauriers** / Tes critiques s'arrêtent où elles commencent, au son des / polémiques depuis que mon art danse », Rockin'squat, *J'aurais pu,* 2012 (https://youtu.be/8bz86ZAruRw, mais 2019).

- « La première campagne de Bob et de Rémy se terminait, comme on l'a vu, par une éclatante victoire. Il ne fallait pas **s'endormir sur ses lauriers,** pour ne point donner à l'ennemi le temps de prendre sa revanche. », Benjamin RABIER et Fed Isly, *Bob et Rémy,* Félix Juven, 1901, p. 51 (https://gallica.bnf.fr/ark:/12148/bpt6k65672087, mai 2019).

14 Ce qui pimente la vie – Mettre du piment dans la vie

Valeur(s) sémantique(s)

Il faut garder à l'esprit les usages du piment en cuisine en Corée (ou encore dans les Antilles), il permet de donner du goût à des choses sans saveurs. Redonner de l'intérêt à des évènements de la vie qui s'installent dans les habitudes et ainsi les enrichir, les embellir.

Origine(s)

Milieu du XIXe siècle (1862) chez Charles-Augustin SAINTE-BEUVE, *Nouveaux Lundis,* selon le TLFi en ligne. Sans doute par analogie entre des qualités gustatives et ce qui marque fortement les esprits lors d'un évènement

---

삶에 고추 양념하기

의미

지루한 일상에 흥을 돋우다, 삶을 풍요롭고 아름답게 하다(앙티이섬이나 한국 요리에서 감칠맛을 더해주는 매운 고추를 떠올려 보자. 없던 맛도 살아난다).

유래

《온라인 프랑스어 보고사전》에 의하면, 19세기 중엽(1862년), 생트 뵈브의 《신월요 한담》에서 발견된다. 깊이 영향을 미치는 사건을 고추의 자극적인 맛으로 비유한 표현일 것이다.

Exemples

- « La variété… c'est le sel de la vie. Mieux, c'est le **piment** de l'amour ! », citation de Lucile VALLIÈRES dans "Citation célèbre" du *Parisien* (https://citation-celebre.leparisien.fr/, mai 2019).

- « Ma raison lutte sans cesse contre mon affectivité. Je dois tout de même reconnaître que parfois, j'aime mes quintes passionnelles et qu'avec volupté je me soumets à leur esclavage. Après tout, ne viennent-elles pas **pimenter une existence**, cacher un vide ? », Alexandre JOLLIEN, *Le philosophe nu,* Seuil, 2010 dans "Dico-Citations" du *Monde* (https://dicocitations.lemonde.fr/, mai 2019).

- « Une telle perspective, en vérité, ne manque pas de charme, et il faut s'incliner devant l'ingéniosité des malins qui ont découvert cette forme du progrès et trouvé un truc incomparable **pour pimenter la vie** de Paris, qui commençait à devenir fadasse. », Arnaud BAUDOUIN (Directeur), *La Vie parisienne : mœurs élégantes, choses du jour, fantaisies, voyages, théâtres, musique, modes,* 5 novembre 1898, p. 641 (https://gallica.bnf.fr/ark:/12148/bpt6k1255097w/f706.item, mai 2019).

- « Autre possibilité : sous l'effet du progrès technique, le salaire de subsistance chute tout en assurant, combiné aux potentiels progrès de l'agriculture moderne, un niveau de vie comparable au nôtre. En parallèle, les progrès de la réalité virtuelle mettent à la portée de chacun des « *substituts subjectifs* », soit des images holographiques censées **pimenter la vie** réelle en cas de besoin… », Laure COROMINES, *Usbek & Rica,* 20 février 2019 (https://usbeketrica.com/, mai 2019).

- « Saint-Valentin : **pour pimenter la vie de couple,** les Français souhaitent… cuisiner ensemble. », dans une émission de Jean-Jacques BOURDIN, *RMC/BFM* 12 février 2019 (https://rmc.bfmtv.com/, mai 2019).

- « Un zeste de citron dans l'eau / Changer de goût sans changer l'hydre / **La vie est belle pimentée,** corsée / La vie qui pique / Qui pousse comme un champ de blé », ALIZÉE, *Veni, vedi, vici,* 2000 (https://youtu.be/yAPoIGwCmfA, mai 2019).

IV.

Ustensiles et objets de cuisine.
Dans l'antre du diable, le danger n'est jamais loin.

Le foyer, son feu, essentiel et dangereux, est le centre de la vie familiale depuis des millénaires, mais sans outils chacun se brûlerait les doigts…

식기류와 주방용품

(악마 소굴에 위험은 가까이 있는 법)

그 옛날부터 꼭 필요하지만 위험한 불은 가족 삶의 중심에 있다.
도구가 없다면, 손가락에 화상을 입을 것이다…

1 Avoir le couteau sous la gorge – Mettre le couteau sous la gorge

Valeur(s) sémantique(s)

Être dans une situation où il n'y a plus de choix possible(s) et se retrouver contraint par autrui à faire quelque chose contre son gré (parfois à la suite de menaces physiques). *Avoir* signale le statut de victime, tandis que *mettre* le statut d'acteur.

Origine(s)

Transformation de la forme "mettre le couteau **à/sur** la gorge" qui est présente à la page 558 de la 2e édition de 1701 du *Dictionnaire Universel* d'Antoine Furetière (https://gallica.bnf.fr/ ; et en 1690 pour Le Robert, *Dictionnaire des expressions et locutions,* p. 348). Le sens figuré est directement issu d'un couteau tranchant la gorge lors d'un conflit...

목 아래 칼이 있다(칼을 대다)

의미

선택의 여지가 없는 상황에 처하다, 벼랑 끝에 서다, 협박받다(간혹 신체적 위협을 받으며 자신의 의지와 무관한 행위를 해야 하는 상황에 놓이는 것을 의미함). 동사 '있다'는 희생자의 처지를, '대다'는 가해자의 입장을 나타낸다.

유래

퓌르티에르의 《보편사전》(제2판, 1701년, 558쪽)에 수록된 '목에/위에 칼을 대다' 라는 표현이 변형된 것이다(디지털 도서관 갈리카 참조. 《로베르 관용어구 사전》에 의하면 1690년에 등장한 표현). '목에 칼이 들어오다'라는 한국어 표현처럼, 갈등이 고조되어 칼로 목을 베는 상황이 쉽게 연상된다…

Exemples

Note

- « Vu du Burkina Faso. Au Soudan, la "marche du million" **met le couteau sous la gorge** de l'armée. », *Aujourd'hui au Faso* dans *Courrier International*, 2 mai 2019 (https://www.courrierinternational.com/, mai 2019).

- « Le régime communiste qui a répété à plusieurs reprises ces derniers mois ne pas vouloir négocier avec **un couteau sous la gorge** va-t-il reporter ce déplacement ? Signe de l'embarras des autorités, les responsables chinois et la presse d'État n'avaient pas réagi ce lundi matin au *tweet* du président américain. », Stéphane Lagarde/AFP, *RFI*, 5 mai 2019 (http://www.rfi.fr/, mai 2019).

- « La rue dit que j'suis un artiste car j'évolue entre quinte et sol / Peut-être que je suis Black mais je ne laverai aucun de tes sols / Nous c'est Paris, zinc, évitons les comparatifs / On parle mal, on parle actif, on tient leur feumeu par les tifs / **Un couteau sous la gorge,** j'fais une fixette sur la Porsche / J'veux la villa sur la Corse, aucun tatouage sur le torse », S.Pri Noir, CFA, 2015 (https://youtu.be/rMPwF1ucuXc, mai 2019).

- « De leur côté, les négociants ont un rôle difficile à remplir ; car, ayant tous plus ou moins fait de la spéculation, ils se sont engagés à faire des livraisons pensant bien que l'**on ne leur mettrait pas le couteau sous la gorge** pour les livraisons, et au contraire les consommateurs insistent tous pour être livrés de suite. », Revue industrielle de Paris n° 27, 6 juillet 1912, p. 419 (https://gallica.bnf.fr/ark:/12148/bpt6k9777616j, mai 2019).

2 Chanter comme une casserole

Valeur(s) sémantique(s)

Un ou une artiste qui chante faux et dont l'écoute casse les oreilles. Évaluation péjorative d'une performance vocale !

Origine(s)

Fin XIXe siècle avec probablement l'arrivée de casseroles en acier ou aluminium plus légères et susceptibles de chuter plus facilement. L'expression provient sans doute des bruits désagréables et métalliques que chacun peut entendre lorsque l'on frappe (ou laisse tomber) cet ustensile de cuisine.
Utiliser une casserole pour des percussions, et donc produire de la musique, est probablement l'œuvre du spectacle sud-coréen *Nanta*… ou encore du groupe britannique *Stomp*.

냄비처럼 노래하다

의미

음치, 박치다, 박자와 음정이 틀려서 귀에 거슬리다.

유래

강철 냄비, 또는 그보다 가볍고 떨어트리기 쉬운 알루미늄 냄비가 나온 19세기 말에 등장. 냄비 같은 식기류를 건드리거나 떨어트릴 때, 귀에 거슬리는 소리에서 유래하는 것 같다.
한국의 난타공연이나 영국 그룹 스텀프Stomp는 냄비를 타악기로 사용해 멋진 음악을 만든다…

Exemples

- « **Je chante comme une casserole** / Et je m'y fais revenir à maintes reprises / Mon look de sexe symbole / Vous fait oublier cette torture auditive », LES COLOCS, *Je chante comme une casserole,* 1993 (https://youtu.be/vxdV7gVpSEg, mai 2019).

- « Préparez vos zygomatiques, entrainez-vous à danser sur des rythmes chaloupés, aiguisez vos oreilles, préparez-vous à **chanter *comme une casserole*** et venez participer à ce concert gratuit sur réservation. », Manon C., *Sortir à Paris,* 25 avril 2019 (https://www.sortiraparis.com/, mai 2019).

- « Avant d'annuler tous ses concerts, jusqu'à la fin de l'année 2014, Anastacia **avait chanté comme une casserole** en Italie. La star rassure ses fans. », Julien DELAFONTAINE, *L'essentiel,* 5 novembre 2014 (http://www.lessentiel.lu/fr/, mai 2019).

- « H 7463. – *Toute la femme* (H 6774). Je n'ai jamais songé à faire du théâtre et pour cause ! **je chante comme une casserole** et danse comme un sanglier ! », *La Femme de France,* n° 733, 26 mai 1926, p. 5 (https://gallica.bnf.fr/ark:/12148/bpt6k55179564, mai 2019).

- « Tu fais comme moi, mon vieux Carillon, tu l'attends sous l'orme. Elle ne viendra pas. C'est bien fait pour le père Picoigne ! Le public commence a se fâcher. Il réclame Florentine. Ton remplaçant **chante comme une casserole** et le mien ne monte pas jusqu'au *la.* », Jules MARY, *Sabre au clair,* J. Rouff, 1897, p. 275 (https://gallica.bnf.fr/ark:/12148/bpt6k56983184, mai 2019).

3 Être au bout du/de son rouleau

Valeur(s) sémantique(s)

Être totalement épuisé physiquement et surtout moralement (ne plus avoir aucune ressource). Conséquence directe de surmenages…

Origine(s)

XIXe siècle (1828, selon Le TLFi en ligne et Le Robert, *Dictionnaire des expressions et locutions,* p. 1038). Héritage sans doute d'expressions antérieures pour évoquer la mort, la fin d'une histoire, voire le manque d'argent. Selon certains, la fin de l'histoire de chacun est inscrite sur le rouleau de la vie (forme des anciens parchemins) de chaque être humain (le destin, notamment au cours du Moyen-Âge). Par ailleurs, jusqu'au XVIIe siècle, les comédiens lisaient leur texte sur des *rôlets* jusqu'à la fin de leur pièce de théâtre et donc n'avaient plus rien à dire après ! L'aspect financier vient de rouleaux de pièces entourées de papier à ouvrir jusqu'à épuisement des ressources…

롤러 끝에 있다

의미

파김치다, 녹초다(과로로 기진맥진한 상태…).

유래

19세기에 등장(《온라인 프랑스어 보고사전》에 의하면 1828년에 등장, 《로베르 관용어구 사전》, 1038쪽 참조). 이야기의 끝, 죽음 또는 돈이 부족한 상태를 의미한 옛 표현의 유산이다. 개개인의 삶의 마지막이 롤러(옛 양피지 형태)에 기재되어 있다고 믿기도 했는데, 특히 중세에는 운명이 적혀있다고 생각했다. 한편 17세기까지 배우는 공연이 진행되는 동안 '둘둘 펴서 읽는 종이'에 쓰인 대본을 읽었는데, 다 읽은 후에는 더 이상 대사가 없었다고 한다! 재정난의 암시는 종이로 둘둘 싼 동전이 소진될 때까지 꺼내 쓰는 상황에서 비롯된다…

Exemples

- « Quoi qu'il en soit, l'emploi de ces petites sommes est généralement prévu à l'avance : la mère de famille achètera des chaussures aux enfants, le pot-au-feu sera un peu plus gras pendant quelque jours et puis toujours et toujours comme cela, **jusqu'au bout du rouleau** et sans aucun espoir d'augmentation... », Gendarmerie nationale, *Journal de la Gendarmerie de France, n° 1851,* 10 avril 1896, p. 243 (https://gallica.bnf.fr/ark:/12148/bpt6k5760166f, mai 2019).

- « Mon cher ami, il est vrai que nous sommes à Royat. Plût à Dieu que ce fût pour faire de l'eau-forte et admirer le pain de sucre du Puy-de Dôme ; mais nous étions tous les deux, ces temps-ci, **au bout du rouleau** de notre santé, moi surtout. », Philippe Burty, *Maîtres et petits maîtres,* G. Charpentier, 1877, p. 274-275 (https://gallica.bnf.fr/ark:/12148/bpt6k6573793b, mai 2019).

- « En grève, les profs ont une bonne raison d'être au bout du rouleau », titre d'article, Blog de Xavier Deluq, 9 mai 2019 (https://www.huffingtonpost.fr/, mai 2019).

- « Ras-le-pôle nous dit-elle / Eden **au bout du rouleau** / À chasser le naturel / Il ne revient pas au galop / Pour ce qu'il reste d'animaux / De solennel et de beau », Aldebert, *Madame nature,* 2017 (https://youtu.be/4o1I9kRh8-4, mai 2019).

- « J'suis l'mec le plus cramé du game / Guette quand je t'appelle du tieks / Fais belek aux deks si t'es coté, ou on va t'mettre du ferme / Frère, faut qu'tu trouves du boulot / T'es dans la tess, tu vends de la verte / Descends l'admettre : t'es dans la merde / **T'es au bout du rouleau** », $-Crew, *Plus pareil,* 2016 (https://youtu.be/99VOYuvvdl8, mai 2019).

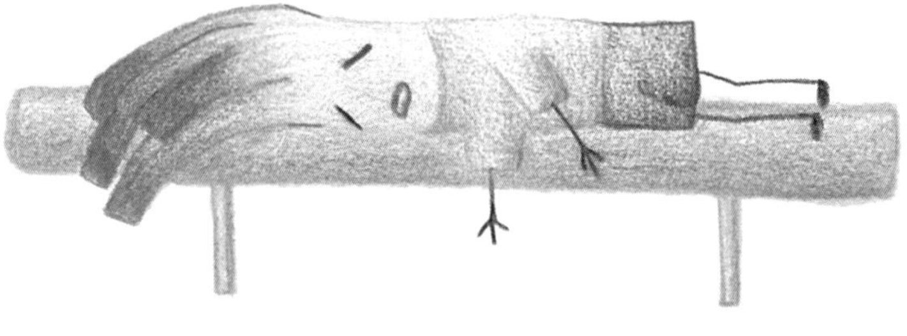

4 Être marteau

Valeur(s) sémantique(s)

Pour une personne qui perd totalement la raison, avoir l'esprit dérangé ; être fou dans une situation donnée par des décisions irrationnelles. *Être marteau,* est dévalorisant, car cela marque un excès de folie et de stupidité.

Origine(s)

Fin XIXe siècle, mais déjà présent chez Pierre de RONSARD en 1587 avec "avoir un coup de marteau" pour désigner la folie (TFLi en ligne). *Être marteau,* est issu d'une simplification de : *avoir, recevoir un coup de marteau (sur la tête)* qui donne à voir l'image d'une tête fracassée et donc ne fonctionnant plus correctement (depuis 1835 dans le dictionnaire de l'Académie) Sans doute à l'image d'un crâne ouvert et détruit après avoir reçu un coup sur la tête avec cet outil.

망치다 (명사 '망치'+동사 '이다')

의미

완전 돌았다, 정신이 나가다, 미쳐 버리다(비합리적 결정으로 발생된 상황이 연상되는 표현. 이성을 잃은 상태와 어리석음을 강조하는 비하발언).

유래

19세기 말에 등장하지만, 1587년 롱사르 작품에서 '망치로 맞다(미치다)'라는 표현이 나온다(《온라인 프랑스어 보고사전》 참조). 깨진 머리가 연상되는 관용어 '(머리에) 망치를 맞다'의 단순화된 표현이다(아카데미 프랑세즈 사전에 의하면 1835년 이후 등장). 망치를 맞아 손상된, 열린 두개골 이미지에서 비롯된 표현일 것이다.

Exemples

- « Les gringos m'appellent un clando / Venu en bateau, je fais le badaud / Je voudrais avoir la Torpédo mais je suis en DALO / Desesperado avec des papiers faux / Pseudo, N'koutou, Oswaldo / **Je suis marteau** et tu peux être le clou / Quand je fais le commando », Stomy Bugsy, *L'ouvrier,* 1996 (https://youtu.be/HVwKhJ-h0f8, mai 2019).

- « Un jour je m'assume/ Un jour je me sublime / Un jour **je suis marteau** / Un jour je suis enclume / Un jour je suis bateau / Un jour je suis écume », Abd Al Malik, *Mourir à 30 ans,* 2006 (https://youtu.be/GTl-39ZD_QwI, mai 2018).

- « Ces bulles de chewing-gum éclatées / Font un écho. / Oh non, cette fille n'est pas idiote ; / **Elle est marteau !** / Mais elle ferait fondre le cuivre / D'un seul mot, / Avec sa candeur... », Elephanz, *American lover,* 2017 (https://youtu.be/yAJD9oUD3fY, avril 2019).

- « Or, le "pète au casque", le dérangement cérébral du type un peu "fêlé", s'inscrit en français dans une longue tradition métaphorique des coups à la tête. Tous les "tapé", "frappé", "cinglé" en sortent, avec les "frappadingue" et les "sonné" - pour ne rien dire du "coup de marteau", plus artisanal – "les femmes qui sont lunatiques ou qui ont *un coup de marteau dans la tête*" (1789) - et de son raccourci faubourien : "**Il est marteau, ce mec !**" », Claude Duneton, *Langue française – Le Figaro,* 23 septembre 2016 (http://www.lefigaro.fr/langue-francaise/, avril 2019).

- « Fallait-il **être marteau** pour renouveler à ce point la saga *Thor ?* Pour ce troisième volet, les studios Marvel et Disney ont décidé de dépoussiérer la franchise en changeant radicalement le ton et le caractère de leur super-héros au marteau, justement. » Fabien Morin, *BFMTV,* 25 octobre 2017 (https://people.bfmtv.com/cinema/, mai 2019).

- « **Voltaire** se lassa d'être enclume et montra qu'**il savait être marteau.** De même, sachons prendre le dessus, à notre tour. Est-ce à dire que nous devions nous montrer farouche. Non. », Bourgoint-Lagrange, *Aperçus politiques...,* 1884, p. 309 (https://gallica.bnf.fr/ark:/12148/bpt6k12686107, mai 2019).

- « Les anciennes conceptions de la folie étaient du même ordre. J'expliquerais ainsi l'expression populaire "**être marteau**" qui s'accompagne volontiers du geste du doigt frappant le milieu du front. », Société du folklore français, *Revue de folklore français,* Tome 12, janvier 1941, p. 21 (https://gallica.bnf.fr/ark:/12148/bpt6k5831906n, mai 2019).

5 Être une éponge – Boire comme une éponge

Valeur(s) sémantique(s)

a) Désigne la capacité d'une personne d'absorber une quantité phénoménale d'alcool sans la rendre…

b) Mais cela peut aussi bien s'appliquer à une personne qui a la capacité de récupérer toutes les idées, les sentiments autour d'elle et de les restituer en son nom !

Origine(s)

François Rabelais, dès le XVIe siècle semble utiliser une première forme de l'expression pour un grand buveur… Il confirme ainsi son rôle dans l'élaboration du français ! Ainsi les qualités d'absorption d'une éponge pour un liquide se retrouvent chez l'être humain !

Bob l'éponge est loin d'être le meilleur représentant de ces deux valeurs sémantiques !

스펀지다 /스펀지처럼 마시다

의미

1) 술고래다.

2) 주변의 감정이나 아이디어를 흡수해서 자신의 것으로 만든다.

유래

16세기부터 라블레가 '술꾼'을 지칭하려고 사용한 표현 같다… 라블레가 프랑스어 발전에 혁혁한 역할을 했음을 알 수 있다! 스펀지 능력이 사람에게도 있다!

스펀지 밥은 스펀지의 두 가지 의미와 거리가 멀다!

Exemples

- « C'est bien chié chanté, beuvons ! – Voulez-vous rien mander à la riviere ? cestuy ci va laver les trippes. – **Je ne bois en plus qu'une esponge.** – Je bois comme un Templier. », François RABELAIS, *Gargantua, Pantagruel,* Livre I, Chap. V (Les propos des biens ivres), Éd. du Monde moderne, 1930 (1534), p. 12 (https://gallica.bnf.fr/ark:/12148/bpt6k96112224, mai 2019).

« Quand la première faim fut satisfaite, le maître-pointeur Planchut, qui dévorait comme un ogre et **buvait comme une éponge** desséchée, s'accota à son siège et reprit ses interrogations », G. de GRAFFIGNY, *La saucisse infernale,* F. Rouff, 1918, p. 4 (https://gallica.bnf.fr/ark:/12148/bpt6k6317600f et http://www.langue-francaise.net/Bob/11361, mai 2019).

- « Pour toute la durée de la saison, elle a été jumelée à un chanteur tamoul, Varshith Radhakrishnan. "Je ne le connaissais pas, mais on est devenus amis. Il m'aide vraiment avec la prononciation en tamoul et avec la musicalité aussi", indique Ariane. "On est très fiers d'elle. Elle nous représente bien. Elle est tellement polyvalente. **C'est une éponge pour la musique**", ajoute son père. », *Radio Canada,* 20 mai 2019 (https://ici.radio-canada.ca/, mai 2019).

- « Je bois à en crever et peu à peu j'en crève / Comme ont crevé mes rêves / Quand l'amour m'a trahi / Je bois à m'en damner **le foie comme une éponge** / Car le mal qui me ronge / Est le mal de l'oubli », Charles AZNAVOUR, *Je bois,* 1987 (https://youtu.be/0u49YqeShnw, mai 2019).

- « J'ai **l'cœur comme une éponge** / Spécial pour fille en pleurs / Heureus'ment pa'c'que ma tronche / C'est pas vraiment une fleur / J'emballe tout c'qui s'présente / Les cousines les belles-sœurs », RENAUD, *Viens chez moi, j'habite chez une copine,* 2001 (https://youtu.be/SUULMVT1smk, mai 2019).

- « J'vois juste pas le monde comme eux et j'dois payer pour ça / C'monde est fou alors j'y suis étrange / J'rends les coups à m'en abîmer les phalanges / **J'absorbe** les maux du monde entier **comme une éponge** / En vérité j'suis à ma place quand je les dérange », Kery JAMES, *Le mélancolique,* 2018 (http://www.trackmusik.fr/media/k/kery-james/j-rap-encore/le-melancolique-kery-james, mai 2019).

6 Être (plate comme) une planche à pain

Valeur(s) sémantique(s)

Péjoratif, car cela concerne le plus souvent une femme qui manque de volumes (surtout pour les seins) et dont le profil rappelle une planche à pain…

Origine(s

Argot, XIXe siècle. Sources diverses : dictionnaire Larousse (1874, TLFi en ligne), ou d'après une citation de ZOLA (1899, TLFi en ligne), ou encore de BALZAC (Le Robert, *Dictionnaire des expressions et locutions,* p. 928). Il semblerait que cela soit une extension de l'expression « être plat comme une planche » pour désigner une personne maigre. *Aujourd'hui, certains proposent « être plate comme une carte bleue »… ce qui n'est pas forcément plus plaisant !*

빵판이다, 빵판처럼 평평하다

의미

가슴이 절벽이다(볼륨이 없어서 빵판 같다는 비하발언…).

유래

19세기에 등장한 속어로, 라우스 사전(1874년, 《온라인 프랑스어 보고사전》), 졸라의 글(1899년, 《온라인 프랑스어 보고사전》), 발자크의 글(《로베르 관용어구 사전》, p. 928)에 나온다. 마른 사람을 묘사한 '나무판처럼 평평하다'에서 확장된 표현 같다.

* 요즘은 '신용카드처럼 평평하다'라고 하기도 하는데… 이 역시 유쾌한 표현은 아니다!

Exemples

Note

- « Il y a deux mois j'ai été fortement malade au point de faire 34 kg pour 1 m 64 (j'étais déjà fort mince avant mais je ne suis pas anorexique). J'ai presque pas de poitrine 75a je crois alors que j'ai bientôt 15 ans alors imaginez vous les remarques que l'on me fait au lycée du genre : "Cette fille **c'est une planche a pain"** ou alors "C'est laid de pas avoir de forme à cet âge", j'essaie d'ignorer ce que l'on me dit, mais voilà, j'y arrive pas et je déprime pour ca !!! », publication de SIMEBA8 le 1er novembre 2011 dans un forum du site *Doctissimo* (http://forum.doctissimo.fr/, mais 2019).

- « En postant une simple photo sur Instagram, Sarah Fraisou a en effet dévoilé un décolleté vertigineux. Une vision qui a suscité beaucoup de commentaires : *"Je ne comprends pas pourquoi ça fait un triangle"*, ***"C'est une planche à pain"***, *"Ces seins tombent jusqu'à ses pieds"*, *"Je préfère ne pas avoir de seins si c'est pour avoir ça"*, *"Elle a déconné"*. », dans un article de Amandine J., *Melty,* 7 juillet 2018 (https://www.melty.fr/, mai 2019).

- « Madame **était une planche à pain** comme Monsieur. Dans le pays, on prétendait qu'elle tenait beaucoup de la chèvre, non seulement parce que, elle aussi, possédait la graisse *en dedans*, mais parce qu'elle en avait l'allure exubérante, capricieuse, originale. », *La Croix*, 20/21 mai 1894, p. 2 (https://gallica.bnf.fr/ark:/12148/bpt6k215702x, mai 2019).

- « Madame Gribisch avait la taille plate, – devant et derrière, – ce que les soldats et les paysans appellent **une planche à pain** ; point de hanches, point de gorge, point de... rien enfin de ce qui forme cet ensemble gracieux qu'on appelle les charmes de la femme. », Louis NOIR, *Jean Chacal, souvenirs d'un zouave, 1866,* M. et P.-E Charaise, 1876, 75-76 (https://gallica.bnf.fr/ark:/12148/bpt6k62986066, mais 2019).

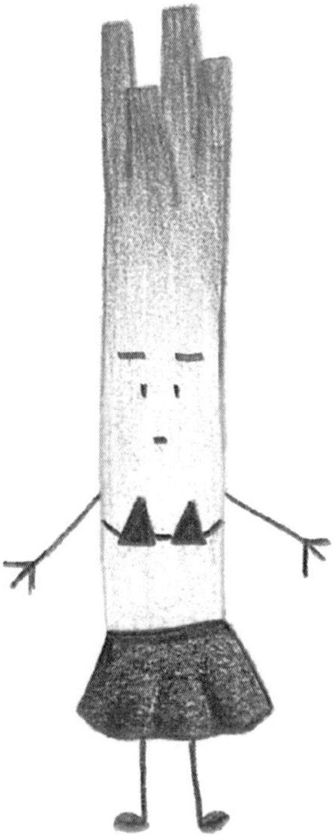

7 Faire table rase (du passé)

Valeur(s) sémantique(s)

Effacer tous les événements antérieurs à partir du moment de l'énonciation de cette expression, et repartir de zéro en les oubliant. Redevenir vierge de tout… ou presque !

Origine(s)

XVIIIe-XIXe siècle dans son son sens d'aujourd'hui, mais l'adjectif « ras/rase » contient depuis au moins le XIIe siècle (et surtout au XVIe avec François RABELAIS) l'idée de suppression de tout ce qui a grandi, poussé pendant une certaine période (cf. TLFi en ligne). Par extension, cela concerne tous les évènements de la vie…

Si et seulement si, être atteint d'Alzheimer pouvait en n'être qu'une variante !

(과거의) 테이블을 면도하다(지우다)

의미

과거 모든 사건을 기억에서 지우다, 모든 것을 잊고 새 출발하다, 아무것도 (또는 거의) 일어나지 않은 백지 상태로… 돌아가다!

유래

현재 의미로 쓰인 것은 18-19세기다. 그런데 적어도 12세기부터 (특히 16세기 라블레부터) 형용사 '짧다, 짧게 깎이다(ras/rase)'에는 어떤 시점 동안, 자란 것을 모두 없앤다는 의미가 있다(《온라인 프랑스어 보고사전》 참고). 어떻게 보면 동사 '면도하다'도 불필요한 것을 제거한다는 의미다. 마치 테이블을 면도하듯, 삶에서 일어난 모든 사건을 지운다는 의미로 확장된다…
그렇지만 치매에 걸린 것처럼 지워지지 않는다…

Exemples

- « L'expression **Tabula rasa,** devenue en français ***table rase,*** signifierait donc en principe *une tablette sur laquelle rien n'est écrit,* bien qu'à la rigueur le mot rasa semble indiquer que la tablette a été *grattée* après avoir déjà servi : c'est une nuance qu'il ne faut pas négliger, parce que l'expression latine semble faire allusion à l'emploi des tablettes de cire, emploi qui pourrait bien ne pas remonter jusqu'à Aristote, pas plus d'ailleurs que l'emploi de la toile pour la peinture ne remonte jusqu'à Platon. », Vincent ALEXANDRE, *Sur l'expression **"Faire table rase"**,* Impr. de E. Thunot, 1859, p. 2 (https://gallica.bnf.fr/ark:/12148/bpt6k65500120, mai 2019).

- « Il m'aura fallu faucher les blés / Apprendre à manier la fourche / Pour retrouver le vrai / **Faire table rase du passé** / La discorde qu'on a semée / À la surface des regrets / N'a pas pris », Alain BASHUNG (Vanessa PARADIS), *Angora,* 1998/2011 (https://youtu.be/fQ-wVZ7ybNs et https://youtu.be/IpTm0lkJzx0, mai 2019).

- « P'tite sœur je vais te dise se que tu n'as pas envie d'entendre je sais / Mais même si tu penses que c'est insurmontable essaie / De tourner la page de passer à autre chose / car la vie est un long combat et tout ne peut pas être rose / Des fois, il est préférable de **faire table rase du passé** / car quand un vase se casse vaut mieux le jeter que d'le recoller / Il restera des fêlures, même si parfois c'est dur / Pense à ton p'tit bout de chou et ton futur », KEEN'V et LORELEI B, *SOS,* 2013 (https://youtu.be/wtNpSQovGRY, mai 2019).

- « Au lendemain du crash électoral des Républicains aux européennes, Dominique Bussereau, ex-ministre UMP et actuel patron de l'Assemblée des départements de France, explique au JDD "**qu'il faut faire table rase du passé récent** de la droite" et créer une nouvelle coalition avec le centre. », Gaël VAILLANT, Le Journal du Dimanche, 27 mai 2019 (https://www.lejdd.fr/, mai 2019).

- « Il nous, non pas seulement cette égalité transcrite dans la Déclaration des droits de l'homme et du citoyen, nous la voulons au milieu de nous, sous le toit de nos maisons. Nous consentions à tout pour elle, **à faire table rase** pour nous en tenir à elle seule. Périssent, s'il le faut, tous les arts, pourvu qu'il nous reste l'égalité réelle. », J. –B. –C. MORARD, *Journal des séances du Tribunal de la Haute Cour de justice établie à Vendôme,* Morard-Colas, 1795-1796, p. 63-64 (https://gallica.bnf.fr/ark:/12148/bpt6k41281d, mai 2019).

8 Faire un four

Valeur(s) sémantique(s)

Au départ dans le monde des spectacles cela signifie une absence totale ou presque de public. Mais cette notion d'échec s'est étendue à toutes actions publiques et/ou médiatiques.

Origine(s)

XVIIe siècle (1660 selon Le Robert, *Dictionnaire des expressions et locutions,* p. 570), sans doute par assimilation de la noirceur d'un four et de la salle de théâtre sans lumière pour masquer l'absence de spectateur. Mais, on pourrait aussi évoquer le fait qu'un plat qui est resté trop longtemps dans un four en ressort noir et incomestible… c'est un échec cuisant !

오븐을 만들다

의미

실패하다(처음에는 흥행에 실패한 공연을 의미함. 정치 활동이나 대중매체 전략의 실패로 확대됨).

유래

17세기(《로베르 관용어구 사전》에 의하면 1660년-570쪽 참조)에 등장. 관객이 (거의) 부재한 것을 숨기기 위해 조명을 꺼버린 객석을 깜깜한 오븐 속 공간으로 비유한 데서 유래한 것 같다. 그런데 오븐에 너무 오래 놔두면, 음식이 타서 먹을 수 없으니… 실패가 자명하다!

Exemples

- « Très vite, le film va remporter un vrai succès avec des recettes à 88 millions de dollars. C'est une vraie bouffée d'air pour Keanu Reeves dont tous les précédents films d'action *(47 Ronin, Man of Tai Chi)* **avaient fait un four.** C'est aussi une grosse mise en avant pour le "débutant" Chad Stahelski qui, à l'évidence, excelle dans l'art de mettre en scène des séquences d'action et des fusillades sidérantes. », François COULAUD, *TéléStar*, 31 mai 2019 (https://www.telestar.fr/, juin 2019).

- « Durant plusieurs années, Adrian Paul va avoir beaucoup de mal à quitter Duncan MacLeod qu'il retrouvera notamment en 2000 dans un film spin-off qui **a fait un four,** *Highlander : endgame* ou encore dans une nouvelle itération télé *Highlander : le gardien de l'immortalité* diffusée en 2007 sur Sci-Fi. », François COULAUD, *TéléStar,* 29 mai 2019 (https://www.telestar.fr/, juin 2019).

- « Sur un son d'gunshots, c'est reparti pour un tour / T'as vu le potentiel : impossible de **faire un four** / Le talent s'bosse en scred, parfois débouche sur une tuerie », FRESH BRISCARDS, *Ça flingue sur le Mic II,* 2017 (https://youtu.be/la4wa5eIgAA, juin 2019).

- « Les Comédiens appellent **faire un four,** lors qu'ils sont obligez à rendre l'argent à ceux qui sont venus en si petit nombre qu'il ne suffit pas pour payer les frais de la representation. », Antoine FURETIÈRE, *Plan et dessein du poème allégorique et tragico-burlesque, intitulé Les Couches de l'Académie,* Pierre Brunel, 1687, p. 21.

9 Mettre les pieds dans le plat

Valeur(s) sémantique(s)

Intervenir d'une façon brutale et/ou inappropriée dans une conversation ou une situation de communication. Parfois commettre une erreur en révélant ce qui ne devait pas l'être.

Origine(s)

Antérieure à 1808 car l'expression apparaît dans l'ouvrage de Charles-Louis HAUTEL, *Dictionnaire du bas-langage ou des Manières de parler usitées parmi le peuple*, F. Schoell, 1808, p. 228 (https://gallica.bnf.fr/ark:/12148/bpt6k506688, juin 2019).

Certains émettent l'hypothèse d'une analogie avec le terme *plat* pour une étendue d'eau sans profondeur et où l'on *remuerait* facilement *la boue* (parler de choses indicibles). Une autre hypothèse : le plat (vaisselle) dont le fond est sans aspérités, sans reliefs... donnerait pour une personne, peut-être par antonymie, un être sans capacité d'évaluer une situation donnée et créant une tension qui rompt les équilibres et la platitude des échanges !

접시에 발을 놓다

의미

의사소통 과정에서 거칠고 부적절하게 끼어들다(밝혀서는 안 되는 것을 드러냄으로써 실수하는 것을 의미하기고 함).

유래

1808년에 출판된 샤를루이 오텔의 《통속어 사전 또는 대중이 말하는 방식》(228쪽)에 명시되어 있어서, 그 이전에 등장한 표현일 것이다(https://gallica.bnf.fr/ark:/12148/bpt6k506688, juin 2019). 접시를 의미하는 'plat'는 또한 수심이 얕은 평평한 곳을 지칭하기 때문에, 발로 쉽게 '진흙을 휘저을 수 있는(remuer la boue : 해서는 안 되는 말을 할 수 있는)' 상황에서 유추된 표현이라는 의견도 있다. 또 다른 가설에 의하면, 바닥이 매끈한 접시를 반어적으로 해석해서, 주어진 상황을 제대로 인식하지 못하고 대화의 평화로움을 깨며 긴장을 일으키는 사람으로 비유한 데서 비롯된다.

* 준비된 맛있는 음식이 연상되는 접시… '다 된 밥에 재 뿌리다'와 뜻은 다르지만, 시각적 유사성이 있다.

Exemples

- « Le but : se mettre à l'abri avant l'déluge / Antihistaminique dans le Mirinda, formation va *cacher* ouais c'est plus rentable / On veut les pesos, **on met les pieds dans le plat** / À la fin tu finiras avec les pieds dans le plâtre / T'es pris en flag, j'ai mon objectif / T'es pris de spasmes devant l'objectif / Jamais j'cesserai d'dire qu'la vie est de star, ambiance bédave, bah ouais c'est festif », L'ORDRE DU PÉRIPH, *MTH,* 2016 (https://youtu.be/kyr5hpM-H9w, juin 2019).

- « Ils rasaient les forêts ils plantaient des OGM / Leurs pétroliers se vidaient dans la gueule des baleines / Un géant aux pieds d'argile **mettait les pieds dans le plat** / Y'a des traces à Tchernobyl et à Fukushima », LA RUE KÉNATOU, *L'âge nucléaire,* 2014 (https://youtu.be/3yTCE1csmXw, juin 2019).

- « Notre système alimentaire est à bout de souffle. C'est une certitude. Nous devons le réinventer. Mais plutôt que d'attendre quelque chose du système, certaines personnes décident, à leur niveau, d'agir **en mettant "les pieds dans le plat"** pour faire changer les choses. J'ai décidé de partir à leur recherche, en local, pour les interviewer et mettre en valeur leurs belles initiatives. », Blog de Stéphane BRUNERIE, 2018 (https://www.stripfood.fr/blog/interviews-les-pieds-dans-le-plat/, juin 2019).

- « Le surréalisme, par le truchement de telle ou telle œuvre individuelle et encore et surtout, par son activité collective [...], le surréalisme **a mis les pieds dans le plat** de l'opportunisme contemporain, lequel plat n'était, d'ailleurs, comme chacun sait, qu'une vulgaire assiette au beurre. », René CLAVEL, *Le clavecin de Diderot,* 1932, p. 61-62 (https://gallica.bnf.fr/ark:/12148/bpt6k9691893g, juin 2019).

- « Enfin le différend s'apaise, & la chronique / A prétendu que monsieur le soldat / **Avoit mis les pieds dans le plat.** / Moi, qui de charité me pique, / Je n'en voulu rien croire en bon chrétien, / Ainsi je ne dirai plus rien. », *Le voyage de Normandie par les Batelets, poème héroï-comique en trois Chants,* Mahon, 1769, p. 12 (https://gallica.bnf.fr/ark:/12148/bpt6k5460213x, juin 2019).

10 Ne pas être dans son assiette

Valeur(s) sémantique(s)

Être mal à l'aise, ne pas être en forme (voire malade).
NB : le plus souvent sous la forme négative.

Origine(s)

XIXe siècle, dans la mesure où le terme *assiette* ici est lié à *s'asseoir* et donc être dans une bonne position, sûre et stable ; ou la manière d'être bien placé. Le rôle de la négation permet une dérivation sémantique d'une bonne assise (physique) à un état inconfortable (psychique ou physiologique).

접시가 내 게 아니다

의미

심기가 불편하다, 컨디션이 좋지 않다 (또는 아프다).
* 주의 : 주로 부정형으로 쓰인다.

유래

19세기에 등장. 어원적으로 '접시'는 '자리잡다/앉다'와 관련이 있어서, 음식을 잘 올려놓는다는 의미를 함축한다. 따라서 확실하고 안정된 좋은 위치에 있거나, 좋은 자리에 있게 되는 방법과 연관된다. '접시가 내 게 아니다'라는 부정형은 제대로 앉아 있지 못하는 신체적 상황이 아니라, 불편한 심리적·생리적 상황을 의미한다.

Exemples

- « Il ne s'agit nullement ici, comme vous le pensez bien, de **l'assiette,** vaisselle plate et large sur laquelle on mange. Cette expression fait allusion à l'assiette, manière, soit de se poser ou d'être posé, soit de se tenir à cheval [...] », Eman MARTIN, *Le Courrier de Vaugelas : journal bi-mensuel consacré à la propagation de la langue française,* 1er février 1877, p. 132-133 (https://gallica.bnf.fr/ark:/12148/bpt6k5833783c, juin 2019).

- « Le duc de Guermantes, tout en se félicitant du "bon vent" qui l'avait poussé vers son neveu, resta si étonné de l'accueil pourtant si naturel de ma mère, qu'il déclara plus tard qu'elle était aussi désagréable que mon père était poli, qu'elle avait des "absences" pendant lesquelles elle semblait même ne pas entendre les choses qu'on lui disait et qu'à son avis **elle n'était pas dans son assiette** et peut-être même n'avait pas toute sa tête à elle. », Marcel PROUST, *À la recherche du temps perdu. T. 7, Le Côté de Guermantes,* Gallimard, 1919-1920, p. 199 (https://fr.wikisource.org/wiki/Le_Côté_de_Guermantes/Texte_entier, juin 2018).

- « ATP ROME - Monfils **n'était pas dans son assiette** face à Ramos-Vinolas : les temps forts du match. », *Eurosport,* 13 mai 2019 (https://video.eurosport.fr/, juin 2019).

- « Omelette caoutchouteuse, poisson pané racorni, gaspillage... La cantine **n'est pas dans son assiette** », Camille LABRO, *Le Monde,* 5 avril 2019 (https://www.lemonde.fr/, juin 2019).

- « Ficelle ses mains sont liées / Comme celle d'un forçat / Qui fixe le calendrier / Grain par grain le sablier / Effrite son corps pour le plier / Mais qu'elle adore ça / Être légère dans ses souliers / Ne plus sentir son estomac / Elle fait des nœuds pour oublier / Qu'elle a tendance a / **Ne pas être dans son assiette** / Et n'a pas besoin de cuisinier / J'suis pas venu pour la bavette / N'y pense pas / C'est moi qu'invite mets toi à table / Et bouffe la vie fillette », SYRANO, *Ficelle* (refrain), 2002 (https://youtu.be/MndJJrRDl28, juin 2019).

11 Ne pas faire long feu

Valeur(s) sémantique(s)

Quelque chose qui malgré les apparences de départ ne va pas durer longtemps (qui se consume rapidement).

Origine(s)

XIXe siècle, Cette forme négative est sans doute liée au feu de paille, un feu qui brûle rapidement après avoir fourni un vif éclat. **Attention**, ce n'est pas la négation de l'expression « faire long feu » qui tient son origine des projectiles humides dans une arme à feu qui amenaient à un échec. La confusion sémantique provient sans doute que dans les deux cas le résultat est un fiasco !

La vie c'est mourir à petit feu...

불이 오래가지 않다

의미

금방 시들해지다, 처음 생각했던 것과 달리 빨리 없어지다.

유래

19세기에 등장. 신속하게 활활 타버리는 지푸라기를 연상시키는 부정형 표현이다.
주의: '불이 오래 간다'는 탄환이 젖어서 발사가 실패한다는 의미이기 때문에 '불이 오래 가지 않다'의 부정형이 아니다. 이 두 표현이 혼동되는 것은 결과적으로 완전한 실패이기 때문일 것이다!
산다는 것은 작은 불꽃을 피우며 조금씩 죽어가는 것이다…

Exemples

- « Cette fois je crois que nous sommes complètement, ça y est / Mais c'est une question, c'est absolument ça ne fait rien / Parce que se ronger les sangs ça serait tout à fait y'a pas de quoi / Alors moi je sens que je ferais / **Pas long feu pas long feu** ici **pas long feu /Pas long feu pas long feu** dans cette chienne de vie **pas long feu** », Serge GAINSBOURG, *Pas long feu,* 1979 (https://youtu.be/73S-TisPpj2E, août 2019).

- « Ce projet **a fait long feu.** Sous l'impulsion bergsonienne, on aurait pu la croire [la psychologie française contemporaine] sauvée des illusions du langage et du laboratoire. Mais (...) il n'en reste plus que le nom et les apparences chez les psychologues tenant enseigne. La révolution bergsonienne **a fait long feu** chez eux », Emmanuel MOUNIER, *Traité du caractère,* 1946, p. 9, TLFi août 2019.

- « Elle fait la crâneuse avec son accès par smartphone. Elle fait la belle avec ses poignées rétractables. Mais face aux voleurs, la DS3 Crossback **ne fait pas long feu**. La française peut être dérobée en une poignée de secondes. », Florent FERRIÈRE, *Caradisiac,* 9 août 2019 (https://www.caradisiac.com, 11 août 2019).

- « Mme Delvos : Eh ! on ne sait pas, vous êtes jeune, l'avenir... / Charlotte : L'avenir, c'est l'hôpital, et pas dans vingt-cinq ans. À mener cette vie-là, **on ne fait pas long feu.** / Mme Delvos : Des fois ! la chance. », Albert HUMBERT, *La lanterne de Boquillon,* 21 juillet 1901, n° 1459, 34e année, p. 12 (https://gallica.bnf.fr/ark:/12148/bpt6k6107290q, août 2019).

- « On s'en remet à Dieu quand la roue a tourné / Les amis t'oublient comme une chanson d'été / L'amour lui aussi... s'endort sur ses regrets / On se retourne vers Dieu quand on descend l'échelle / Car l'argent c'est bien mais c'est pas éternel / **On ne fera pas long feu,** si on ne vole qu'avec une aile. » Matt POKORA, *En attendant la fin,* 2010 (https://youtu.be/M2gmOcYaOwA, août 2019).

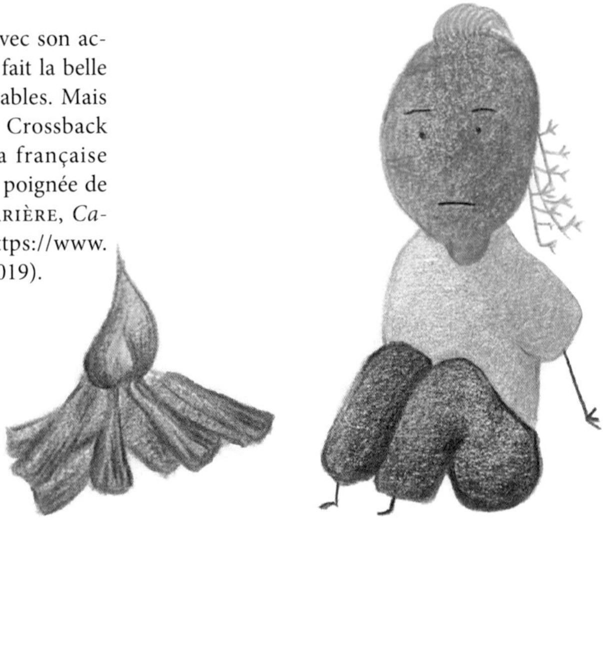

12 Ne pas mélanger les serviettes et les torchons

Valeur(s) sémantique(s)

Il ne faut pas donner la même valeur à des choses, des idées ou des personnes de qualités différentes. Donc, il n'est pas possible de considérer ces choses, idées ou personnes comme équivalentes !
Par extension, aujourd'hui cela signifie que des personnes ne sont pas d'une même catégorie (sociale ou autre), ou que les objets ne sont pas équivalents.

Origine(s)

Milieu du XIXe siècle, expression qui à l'origine marque une séparation sociale entre le monde des arrière-cuisines, celui des domestiques et le monde de la table, celui où les bourgeois se restaurent…

냅킨과 행주를 섞지 않는다

의미

격이 다른 사물이나 사람, 아이디어에 동등한 가치를 부여해서는 안 된다. 따라서 대등소이하다고 여기는 것이 불가능하다는 의미!
넓은 의미로, 요즘에는 사회적으로 같은 위치에 있지 않거나, 다른 분야의 사람들을 지칭한다. 또는 동등한 가치가 없는 물건을 지칭한다.

유래

19세기 중엽에 등장한 표현으로, 요리의 보이지 않는 세계(하인들)와 보이는 세계(식사를 하는 부르주아)… 그 사이의 사회적 경계가 확연히 드러난다.

Exemples

- « Quand le ciel est bleu / Ou bien le contraire / Elle sait pas c'qu'elle veut / Faut voir comme elle change / D'avis et de ton / Et comme **elle mélange / Serviettes et torchons** / J'aime pas la chanson ! », JULIETTE, *J'aime pas la chanson,* 2018 (https://youtu.be/n8ge3Rdc6ks, novembre 2019).

- « J'inscris mes rimes sur Verbatim pendant qu'ta mère tapine / Nous confond pas avec la nouvelle scène alternative / **On mélange pas les serviettes et les torchons** / Tu télécharges nos sons et j'donne de la confiture aux cochons / Donc envoyez vos dons pour que j'achète un préamp' », ORELSAN, *Ramen,* 2006 (https://youtu.be/n6wN8bt92R8, novembre 2019).

- « L'idée consiste à ne pas susciter de confusion dans l'esprit du lecteur prêt à cliquer sur le bouton "acheter", mais à rendre hermétique le neuf et l'occasion. La charte explique en ce sens que *"l'affichage du prix des livres neufs et du prix des livres d'occasion ne doit permettre aucune confusion quant à l'existence de ces deux types d'offres".* L'affichage *"ne doit pas laisser penser qu'un livre neuf peut être vendu à un prix différent du prix fixé par l'éditeur".* Dit autrement, **on ne mélange pas les serviettes et les torchons.** Ce qui, accessoirement, génèrerait une déperdition pour les éditeurs et les auteurs qui ne touchent pas un centime sur ces seconds marchés. », Marc REES, *Next-Impact,* 29 mars 2018 (https://www.nextinpact.com/, novembre 2019).

- « C'est le titre d'une page spéciale de *L'Éclaireur de Nice,* réservée aux sports de la haute société, de la classe d'élite, de la bourgeoisie. Les ouvriers n'ont pas droit à ces élégances. **Il ne faut pas mélanger les torchons et les serviettes,** si ce n'est, en dernier ressort, pour les lessives électorales », V. MARYNE, *Le Cri des travailleurs,* 14 avril 1935, p. 4 (https://gallica.bnf.fr/ark:/12148/bpt6k62416732, novembre 2019).

13 Ne pas y aller avec le dos de la cuillère

Valeur(s) sémantique(s)

Agir de façon directe et rapide, parfois brutalement sans diplomatie… Quelquefois avoir des propos ou des actes exagérés.

Origine(s)

XXe siècle probablement. Certains auteurs font un lien avec la bonne façon d'utiliser une cuillère pour consommer une soupe de façon efficace et rapide et par extension aux actions et paroles d'une personne. Peut-être serait-il préférable de considérer la forme de la cuillère qui permet à la fois de prendre de grande quantité (notamment de la confiture) par son côté creux, et d'étaler par petite touche ou délicatement certains ingrédients sur une tartine pour son petit-déjeuner, ou de dissoudre le sucre dans son café ou thé en France par son côté convexe. Par conséquent, le concave est associé au rapide et à l'expéditif, tandis que le convexe à une répartition progressive.

숟가락 바깥쪽을 보이며 행동하지 않는다

의미

솔직하고 신속하게 거침없이 행동하다(간혹 멋대로 행동하거나, 과장된 행위나 말을 하는 것을 의미하기도 한다).

유래

20세기로 추정됨. 숟가락으로 빠르고 효과적으로 스프를 먹는 행위를 거침없는 언행과 비교한 표현이라는 의견이 있다.

그렇지만 수저의 형태에서 비롯된 표현으로 보는 것이 타당할 것 같다. 아침식사를 예로 든다면, 수저의 오목한 부분으로 잼을 듬뿍 뜰 수 있고, 볼록한 부분으로 빵에 잼을 얇게 바를 수 있으며, 커피나 차에 넣은 설탕을 잘 녹일 수 있다. 따라서 수저의 안쪽은 신속함을, 바깥쪽은 점진적 확산을 암시한다.

Exemples

Note

- « Oui, M. le Préfet **n'y est pas allé avec le dos de la cuillère,** il a bien fait les choses, mais il pouvait faire mieux encore : mettre la main au collet de ces Jacquemin, Geus et autres individus aussi dangereux. », E. VIGNAUD, *La Voix du peuple : journal syndicaliste,* septembre 1926, n° 73, p. 285 (https://gallica.bnf.fr/ark:/12148/bpt6k6327246b, août 2019).

- « Le rapport de cause à effet ne fait guère de doute : ce 12 juillet, Michel Houellebecq signait dans *Le Monde* une tribune virulente intitulée "Vincent Lambert, mort pour l'exemple", et voilà que son roman *Sérotonine*, paru début janvier, refait son apparition en bonne place (la 15e) dans notre palmarès, d'où il était sorti depuis plusieurs semaines. Accusant l'État d'avoir "réussi [...] à tuer" l'ancien infirmier de 42 ans devenu tétraplégique, en état végétatif depuis 2008 et décédé le 11 juillet suite à une ultime décision de la Cour de cassation, l'écrivain **n'y allait pas avec le dos de la cuillère.** Comme à son habitude. », Delphine PERAS, *L'Express,* 30 juillet 2019 (https://www.lexpress.fr/, août 2019).

- « Elle n'fait pas dans la dentelle / Entend-elle, les cris de son cœur ? / Ces "je t'aime" sont des pieux que son amour martèle, elle / Mais ce n'est pas réel, non c'est une mythomane / **Elle n'y va pas avec le dos de la cuillère** / Comme une héroïnomane. », DAYDAY X WINZ, *Déchéance,* 2016 (https://youtu.be/MiMnHlsU6sM, août 2019).

14 Passer à la casserole

Valeur(s) sémantique(s)

a) Être tué ou exécuté et par extension être victime d'une expérience plus que désagréable.

b) Pour une femme subir des relations sexuelles souvent non consenties.

Origine(s)

a) XIXe siècle dans le sens de "y passer (de vie à trépas)" aussi bien pour les animaux comestibles comme la volaille que pour les humains.

b) XXe siècle peut-être en référence à l'expression "la petite mort" qui décrit l'orgasme depuis le XVIe, mais ici dans une situation de relations plus ou moins contraintes. Ou encore une analogie avec l'usage argotique de "sauter" pour des rapports sexuels.

냄비로 넘어가다

의미

1) 살인을 당하다, 가혹한 희생양이 되다.
2) 여성이 성폭행 당하다.

유래

1) 19세기, 인간이든 가금류든 살아있는 모든 생물체의 죽음을 의미하는 '삶에서 죽음으로 넘어가다(Passer de vie à trépas)'라는 관용어에서 유래한다.
2) 20세기에 등장. 16세기부터 오르가즘을 '작은 죽음'으로 묘사한 점과 관련있을 것 같은데, '냄비로 넘어가다'는 강요된 관계를 말한다. 또는 속어로 성관계를 뜻하는 동사 '뛰어넘다(sauter)'와 연관지을 수 있다.

Exemples

- « Laisse moi achever… Ah ! il fallait entendre raconter là-dessus les théories de Jean Lapin. Jean Lapin savait bien qu'il serait mangé. Un peu plus tôt, un peu plus tard, là était toute la question. Que veux-tu ? Il faut en faire son deuil. Il paraît que c'est cela, la vie des lapins. Mais en restant ici, ton corps **passé à la casserole,** tout est fini pour toi. », Paul BONHOMME, *Les récits de l'oncle Paul,* A. Quentin, 1885, p. 12 (https://gallica.bnf.fr/ark:/12148/bpt6k97683792, août 2019).

- « Face à ses bourreaux, Karin Viard explique ne pas avoir su se défendre. *"Je suis tombée sur des prédateurs sexuels qui ont anesthésié mes sensations, et j'ai préféré* ***passer à la casserole*** *plutôt que de me rebeller parce que ça me paraissait plus simple. C'est vous dire à quel point je reviens de loin"*, confie la comédienne. », Élise POIRET, *Femme Actuelle,* 9 novembre 2018 (https://www.femmeactuelle.fr/, août 2019).

- « Les soirs où je suis espagnol / Petites fesses grande bagnole / **Elles passent toutes à la casserole** / Quitte à pourchasser dans Hambourg / Des Carmencitas de faubourg / Qui nous reviennent de vérole / Je me les veux fraîches et joyeuses / Bonnes travailleuses sans parlote / Mi-andalouses mi-onduleuses / De ces femelles qu'on gestapotte / Parce qu'elles ne savent pas encore / Que Franco est tout à fait mort », Jacques BREL, *Knokke-le-zoute, Tango,* 1977 (https://youtu.be/YhmLWAcdbNM, août 2019).

- « Mais bon sang, oui, il me saute dessus tous les après-midi en rentrant du marché et lorsqu'il me rejoint aux Sott'ises, après mon spectacle, il court dans ma loge et **je passe à la casserole** tout de suite… », Léa DUFFY, *Féminin plurielles,* Double Interligne, 1998, p. 62 (https://gallica.bnf.fr/ark:/12148/bpt6k3320514m, août 2019).

- « D'après Szanto, en Tchécoslovaquie, les Fritz **ont passé à la casserole** tous les Tsiganes. », Raymond PETIAU, *Un an loin des hommes : 5 juin 1943-15 juin 1944,* G. Louis & R. Petiau, 1995, p. 246 (https://gallica.bnf.fr/ark:/12148/bpt6k3332093d?rk=343349;2, août 2019).

15 Passer l'éponge

Valeur(s) sémantique(s)

Pardonner un acte ou une parole considérée comme agressive ou offensante et faire comme si cela n'avait jamais eu lieu. Par extension, effacer les traces (mémorielles) d'évènements passés.

Origine(s)

Dès le XVIIe siècle où il s'agissait d'effacer quelque chose de néfaste de la mémoire des interlocuteurs, tout comme une éponge (naturelle) efface les écrits de craies sur une surface un peu plus tard au XVIIIe.
Bob l'éponge et passer l'éponge ne font pas bon ménage !

스펀지로 닦다

의미

없던 일로 하다, 불쾌하고 공격적인 언행을 용서하다(지울 수 없는 사건의 흔적 - 기억을 없앤다는 의미로 확장됨).

유래

백묵으로 쓴 것을 스펀지로 지우듯(18세기), 17세기부터 부정적 기억을 지운다는 은유적 의미로 사용된다.
* 스펀지 밥과 '스펀지로 닦다'는 아무 관련 없다!

Exemples

- « Mon homme sweet homme / il faudrait faire l'amour et la poussière / pour que tu plonges mon homme sweet homme / laisse-moi faire l'amour et la poussière / **passer l'éponge** sur tes envies de toucher le cœur anonyme. », Zazie, *Home sweet homme,* 1995 (https://youtu.be/K9ggtyWsURQ, août 2019).

- « J'aimerais te prêter l'épaule / Puiser la force de couper les ponts et poser la tête / Enfin coupler les pôles / **Que tu puisses passer l'éponge** sur c'qui va causer notre perte / Échanger les rôles / J'ai envie de toi mais on ferait mieux de causer là p't'être / Et ce qui est drôle / Ça m'tombe dessus et ça me plaît pourtant je n'étais pas prête. », L. E. J., *L'époux d'un soir,* 2018 (https://youtu.be/1muWgT7qm3I, août 2019).

- « M. Le rapporteur : "Lorsque le mari est mort, lorsqu'il a disparu, il n'appartient à personne **de passer l'éponge** sur ce qui s'est passé, s'il a cru, de son vivant, qu'il convenait à son honneur et aux intérêts de ses enfants d'introduire contre sa femme une demande en divorce." », Pandectes françaises périodiques : Recueil mensuel de jurisprudence et de législation..., 1920, p. 1186 (https://gallica.bnf.fr/ark:/12148/bpt6k6341169p, août 2019).

- « Un Prince se seroit corrigé de ses défauts par les remords de sa conscience, par les liures, par les sermons, par les bons avis d'un Directeur : & ce libertin **vient passer l'éponge** sur ces premiers traits de piété, les rend ridicules , & contraires aux tranquillitez de la vie preferable à toutes choses... », R. P. Yves de Paris, *Le gentil-homme chrestien,* 1666, p. 394 (https://gallica.bnf.fr/ark:/12148/bpt6k96068850, août 2019).

- « La FTC n'a pas clairement défini de limite dans les pratiques de Facebook. Mieux, l'accord a fait **passer l'éponge** non seulement sur l'affaire *Cambridge Analytica,* mais aussi sur les autres casseroles de *Facebook* entre 2012 et 2018, connues ou non. », François Manens, *La Tribune,* 25 juillet 2019 (https://www.latribune.fr/, août 2019).

16 Remuer (tourner/enfoncer) le couteau dans la plaie

Valeur(s) sémantique(s)

Faire souffrir (mentalement) une personne en lui rappelant un événement passé (paroles ou actes) jugé négativement par lui-même ou son entourage.

Origine(s)

XIXe siècle, par analogie entre les douleurs physiques qui sont provoquées par le fait de remuer ou tourner un couteau dans le corps d'un être humain vivant et utiliser des paroles pour provoquer une souffrance morale

---

상처를 칼로 젓다(휘젓다, 찌르다)

의미

상처를 후비다, 부정적 사건을 상기시키며 정신적으로 타인을 고통스럽게 하다, 슬픔과 고통을 가중시키다.

유래

19세기에 등장. 정신적 고통을 안겨주는 언어행위를 몸을 헤집고 들어오는 칼놀림으로 비유한 표현이다.

Exemples

- « Un soir, il se fit annoncer chez elle. Sous prétexte d'un voyage qu'Eméreilda avait su mensonger, il avait disparu depuis plusieurs jours. Elle se demanda si elle devait le recevoir. À quoi bon prolonger ses souffrances, et laisser cet homme le droit de **remuer le couteau dans la plaie** de son cœur ? Moitié par reconnaissance, moitié par un sentiment plus violent et plus fort que sa volonté, elle céda. », Eugène MORET, "Confession d'une jolie femme", *Journal pour tous : magazine hebdomadaire illustré,* 9 juin 1876, p. 530 (https://gallica.bnf.fr/ark:/12148/bpt6k62386306, août 2019).

- « Pour Jean-Marie Bigard, Gad Elmaleh est disqualifié ! Invité sur le plateau du *Grand Oral des Grandes Gueules* (RMC) ce mercredi 31 juillet, ce dernier est revenu sur les accusations de plagiat à l'encontre de l'ex de Charlotte Casiraghi. Selon lui, tout le monde dans le milieu était au courant du comportement de Gad Elmaleh. Et bien qu'il trouve qu'il soit l'un des comics les plus talentueux de sa génération, il **enfonce le couteau dans la plaie.** *"Ce serait la honte de ma vie d'avoir pris une vanne à un comique étranger, et puis de la faire mot à mot, avec les mêmes gestes, la même intonation etc. C'est du vol à l'étalage !"* », *Public,* 2 août 2019, (https://www.public.fr/, août 2019).

- « **Ne remue pas,** s'il te plaît, **le couteau dans le play** / Plus de flashback ni de come-back / Les larmes, c'est en play-back complet / Je sais, c'est moi qui ai tout fait, oui, j'étouffais / Et si j'en claque, j'm'en fous, j'suis d'acc/ Or, pour ma gueule c'est bien fait », Jane BIRKIN, *Le couteau dans le play,* 1987 (https://youtu.be/xqYbs_WzGDM, août 2019).

- « De cette cure de psychanalyse, Leiris ne dit pratiquement rien. Dans *L'Afrique fantôme* comme dans *L'Âge d'homme,* elle n'est évoquée qu'au niveau de petits bilans, soit thérapeutique, soit intellectuel. [...] Nous voyons bien que quelque chose s'est déclenché : ce quelque chose, c'est l'autobiographie. Cure subie pendant un an (novembre 1929-fin 1930 ?) et dont il nous est dit qu'elle fut d'abord « **le couteau dans la plaie** » (expression choisie à dessein où l'on peut deviner l'effet du transfert), et qui aboutit à deux événements... », Philippe LEJEUNE, *Lire Leiris, autobiographie et langage,* Klincksieck, 1975, mis en ligne 25 août 2004 (https://www.autopacte.org/Lire-Leiris-intro.html, août 2019).

17 Se mettre à table

Valeur(s) sémantique(s)

Avouer et/ou révéler des informations cachées pour une enquête, la plupart du temps policière et/ou judiciaire. Dans tous les cas, une personne révèle, plus ou moins sous la contrainte, des secrets.

Origine(s)

XIXe siècle pour décrire une attitude ou un malfrat est contraint par la police de parler de ses activités. Par ailleurs, *"Manger le morceau"*, de sens équivalent, fait partie des expressions argotiques depuis le XVIIIe. Il existe d'autres expressions antérieures (ex. : *"mettre sur table"*, XVIe) qui signifient aussi montrer quelque chose ouvertement. Il est possible qu'il y ait un lien avec le latin *tabula* qui désignait une planche portant des écrits…

Les paroles s'envolent, les écrits restent…

식탁에 앉다

의미

털어놓다, 자백하다(주로 경찰 조사나 법률적 조사로 비밀이 밝혀지는 것을 의미).

유래

경찰에 심문당하는 것을 묘사하는 표현으로 19세기에 등장한다. 18세기부터 통용된 '그 조각을 먹다(manger le morceau)'라는 속어와 같은 의미다. 그 이전에도 여러 표현이 있었는데, 예를 들면 16세기에는 '테이블에 올려놓다'(공개적으로 밝힌다)라고 했다. 테이블의 라틴어 어원 'tabula'는 글이 적힌 나무판을 의미했는데, 이와 관련 있을 수 있다… 죄수가 자백을 하면 음식을 갖다 주었다는 점에서, 테이블은 또한 식탁을 의미한다.

* 말은 날아가지만 글자는 남는다…

** 관사가 바뀌면 뜻이 달라진다: 'Manger un morceau'는 한 조각을 먹다, 즉 가벼운 식사를 한다는 의미다.

Exemples

- « Avant *d'm'esbigner*, j'fais l'vieux encore à *l'épatage*, et j'*joue des cliquettes* (je me sauve). J'pouvais l'piquer avec mon *charlemagne* (couteau), hein ? Eh bien, croirais-tu *qu'la vache* ***s'est mise à table*** (le délateur m'a dénoncé) ? Pendant la *sorgue* (nuit), la rousse *m'a l'vé dans un claque-dents* (la police m'a pris dans un lupanar). Soyez donc petit manteau bleu. Aussi, un aut' coup… Vois-tu, n'y a qu'les morts qui *n'jaspinent pas* (ne bavardent pas). », Henri Brissac, "Souvenirs de prison et de bagne", *Le Cri du peuple,* 14 février 1888, p. 2-4 (https://www.retronews.fr, août 2019).

- « Capitaine des Sables - mon pote est braqueur / Sûr c'est pas vivable - mais il n'y a pas d'ailleurs / **Pour se mettre à table** - il faut en avoir / Des bras comme des câbles - en plus ils sont noirs / En plus - ils sont noirs. », Bernard Lavilliers, *Capitaine des sables,* 1997 (https://youtu.be/GmHT6oXj2Gs, août 2019).

- « "**Il s'est mis à table** progressivement et a raconté les circonstances de ses meurtres avec pathos et gourmandise", a témoigné le chef du groupe d'enquête, Evguenny Kartchovsky, dont l'équipe a dû interroger plusieurs milliers de témoins sur une période de plus de vingt ans, certains ayant émigré depuis l'époque des faits. », Pierre Avril, *Le Figaro,* 10 décembre 2018 (http://www.lefigaro.fr/, août 2019).

- « Quels sont les liens qui unissent les malfrats et l'État ? Dans leur documentaire, Frédéric Ploquin, spécialiste du banditisme, et Julien Johan explorent les dessous d'une association vieille comme le monde. Nous avons cuisiné le premier, **il s'est mis à table.** », Isabelle Poitte, *Télérama,* 5 octobre 2016 (https://www.telerama.fr/, août 2019).

18 Tomber (rester/laisser/être) en carafe

Valeur(s) sémantique(s)

Être en panne de… (tomber) ; être dans une situation où l'on ne peut plus continuer d'agir ou de parler (rester) ; être abandonné (laisser) ; être dans une situation d'échec (être).

Origine(s)

Fin XIXe siècle, présent dans l'argot dans le sens ou un liquide ne peut s'échapper d'un contenant et par extension tout élément bloqué dans une situation ; début XXe, pour la notion de panne chez les premiers aviateurs.

물병 상태로 추락하다(머물다/남기다/있다)

의미

고장나다(추락하다), 말을 하거나 움직일 수 없는 상태다(머물다), 버림받다(남기다), 실패 상황에 놓이다(있다).

유래

19세기 말에 등장한 속어. 액체가 용기를 빠져나올 수 없다는 의미로, 넓게는 빼도 박도 못하는 상황을 가리킨다. 20세기 초, 비행사들이 비행기가 고장 났을 때 사용한 표현이다.

Exemples

- « Tu bois quelqu'chose, non, t'as pas soif / Y't'faut ta dose, t'as pas d'tune, **t'es en carafe** / Allez prends une bière, ça peut pas d't'faire de mal / C'est en vente libre, profites-en c'est pas cher », RENAUD, *La blanche,* 1982 (https://youtu.be/oeQi6wlr6bM, août 2019).

- « Mais depuis quelques temps, / régulièrement, / **je reste en carafe.** / Je sais pas quoi dire / Et comme j'sais pas mentir / ben je fais des gaffes. », LES BLAIREAUX, *Autour du berceau,* 2007 (https://youtu.be/3Cc2BAjg6co, août 2019).

- « Huwaei affirme vouloir être "prudent" après les déboires de Samsung avec son Galaxy Fold, dont l'écran s'est révélé très fragile, au point de **tomber en carafe** chez la plupart des testeurs. Vincent Peng, *senior vice president* chez Huawei, en a fait la déclaration lors d'une conférence techno du Wall Street Journal à Hong Kong. », Arnaud, *Slice 42,* 14 juin 2019 (https://slice42.com, août 2019).

- « Noces de diamant, médaille de la famille, leur couple force l'admiration et *pourtant il n'y a pas de secret.* "Le mariage, pour moi, c'est quelque chose de sérieux. On va pas avec une fille, lui faire des petits **et puis la laisser en carafe.** C'est pas bien." », OLC avec C. PLICHART, *France 3 Occitanie,* 14 février 2018 (https://france3-regions.francetvinfo.fr/occitanie/, août 2019).

- « Sur douze [aviateurs] que nous sommes, seule le sergent Buette a la panne et **reste en carafe** vers Sainte-Menehould ; les onze autres parviennent à l'étape, mais au même moment où j'arrive un des derniers, l'adjudant Le Bœuf, qui me précède, prend son terrain trop long et va capoter dans les tablettes, sans mal pour lui, mais au grand dam de son Farman complètement bousillé. », LIEUTENANT MARC, *Notes d'un pilote disparu* (1916-1917), Hachette, 1918, p. 3 (https://gallica.bnf.fr/ark:/12148/bpt6k9807585r et https://www.languefrancaise.net/Bob/5667, août 2019).

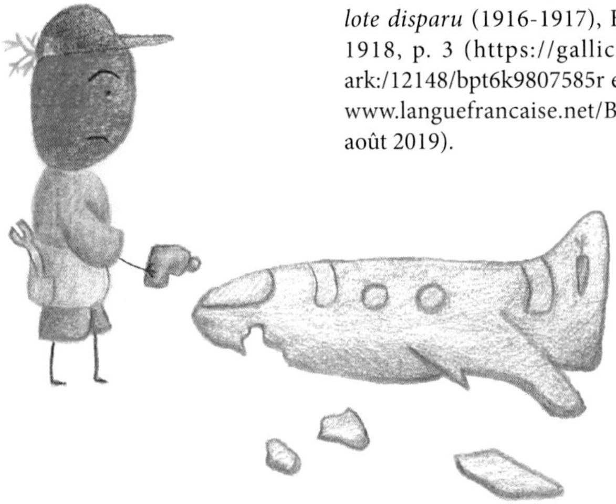

19 Tourner autour du pot

Valeur(s) sémantique(s)

Hésiter et être indécis sur un sujet de conversation. Ne pas parler ou agir franchement. Parfois essayer d'obtenir un avantage de façon détournée.

Origine(s)

1538 sous la forme "aller entour le pot" (Le Robert, *Dictionnaire des expressions et locutions,* p. 968 et dans le TLFi en ligne) avec la signification de tergiverser. Sans doute par allusion au fait qu'il était difficile de demander directement le contenu du chaudron (le pot) pour le repas dans une période suivant une longue période de guerres et restrictions alimentaires.

솥 주변을 돌다

의미

넌지시 돌려 말하다, 솔직하게 말하거나 행동하지 못하다(간혹 우회적 방법으로 이익을 취하려고 노력한다는 의미로 쓰임).

유래

1538년 '솥 주위로 가다'(《로베르 관용어구 사전》 968쪽 및 《온라인 프랑스어 보고사전》 참조)는 우물쭈물한다는 의미였다. 오랜 전쟁과 식량 부족으로 솥(용기) 안에 뭐가 있는지 직설적으로 물어보기 어려웠던 상황에서 비롯된 표현일 것이다.

Exemples

- « Quand j'veux stopper, une voix vient me susurrer qu'j'en ai b'soin / Pourtant je sais bien qu'c'est faux, putain c'est dingue, c'est chaud / À croire qu'ça m'aide à oublier que j'ai plein d'défauts / En fait j'suis pensif, j'sais pas trop où j'veux en venir / Et si **j'tourne autour du pot** c'est pour mieux l'remplir tu vois c'que j'veux dire ? », GUIZMO, *C'est tout,* 2012 (https://youtu.be/1E0WjtMrWKk, août 2019).

- « **Sans tourner autour du pot** / Aujourd'hui notre propos / En deux coups d'cuillère à pot / C'est de vous parler des pots / C'est pas du pipeau. », LES ENFANTASTIQUES, *Sans tourner autour du pot,* 2019 (https://youtu.be/Apup_sBuQPU, août 2019).

- « Tourne ma scie ! À la cuisine / Le marmiton tourne le rôt ; / Le sournois retourne sa mine ; / L'indécis **tourne autour du pot.** / Dans un grand panier à salade, / La cocotte et son protecteur / Vont faire un tour de promenade… / Je suis tourneur ! », Inconnu, *En famille. Souvenirs intimes,* 1871, p. 25 (https://gallica.bnf.fr/ark:/12148/bpt6k6112872k, août 2019).

« DANDIN : Et vous venez au fait. Un mot / Du fait. PETIT JEAN : Eh faut-il tant **tourner autour du pot** ? / Il me font dire aussi des mots longs d'une toise, / De grands mots qui tiendraient d'ici jusqu'à Pontoise. / Pour moi, je ne sais point tant faire de façon, / Pour dire qu'un mâtin vient de prendre un chapon. », Jean RACINE, *Les plaideurs,* Barba, 1668 (nouvelle édition 1818), p. 48 (https://gallica.bnf.fr/ark:/12148/bpt6k55442504, août 2019).

- « Oui. On ne peut pas dire qu'on maintient l'âge de 62 ans et instaurer un âge pivot – c'est-à-dire l'âge qui permet d'avoir votre retraite à taux plein – à 64 ans. C'est une hypocrisie. Il faut appeler les choses par leur nom et **ne pas tourner autour du pot.** », Interview de Valérie RABAULT propos recueillis par Bertrand BISSUEL et Raphaëlle BESSE, *Le Monde,* 26 juillet 2019 (https://www.lemonde.fr/, août 2019).

20 Traîner des casseroles – Avoir des casseroles

Valeur(s) sémantique(s)

Pour une personnalité, avoir une ou des affaires passées ou en cours, la plupart du temps judiciaires, qui laissent penser à la culpabilité de l'intéressé. Par conséquent avoir une réputation de personne malhonnête.

Origine(s)

1902 dans un écrit de Maurice Barrès (cf. http://www.expressio.fr/ et *France Culture plus bas*). Au départ l'expression désigne à proprement parler le fait d'attacher une ou des casseroles à un animal pour, ensuite le faire courir, effrayé par ses propres bruits... de casseroles. Le glissement vers le domaine politique et médiatique provient sans doute de l'association de bruits négatifs (rumeurs, paroles) à ce qui peut être considéré comme une casserole pour une personne publique.

냄비가 여기저기 흩어져 있다 /냄비가 있다

의미

공인이 정직하지 못하다는 평판을 갖다(주로 진행 중이거나 과거 소송으로 유명인사가 유죄일 거라고 짐작한 데서 기인함).

유래

1902년에 쓴 모리스 바레스의 글에서 발견된다(http://www.expressio.fr/ 및 프랑스 문화방송France Culture 아래 예문 참조). 처음에는 냄비를 동물에 묶어 놓고, 냄비 소리에 기겁해서 동물이 달리는 상황을 의미했다. 요란하게 딸가당거리는 냄비(시끄러운 소문의 원인 제공자)가 사회지도층으로 비유되면서, 미디어와 정치영역에서 사용되었을 것이다.

Exemples

- « La question mérite de retenir l'attention de l'opinion française. Notre pays a-t-il intérêt à être le concierge de ce concierge ? Avec son pacte soviétique, avec ses minorités, la Tchécoslovaquie **traîne des casseroles** dont elle n'est pas près de se débarrasser. », François DAUTURE, *Je suis partout : le grand hebdomadaire de la vie mondiale,* n° 329, 13 mars 1939, p. 9 (https://www.retronews.fr/, août 2019).

- « Je voudrais me vanter d'être pas trop bête / Me voir en héros dans la glace / M'admirer sans incliner la tête / Le regard fier et bien en face / Mais **je traîne derrière moi quelques casseroles** que je déteste / En acceptant que ce fardeau fasse aussi partie du reste », Florent PAGNY, *Si tu n'aimes pas,* 2010 (https://youtu.be/LmF8JN6DNzw, août 2019).

- « Gêné par les gènes / Miné par la mine / **Les casseroles qu'on traîne** / Ces regards qui soulignent / Qu'on a la chance d'être là / Faut pas qu'on oublie / Je viens bien d'un endroit / Mais je suis ici », Amel BENT, *Nouveau Français,* 2007 (https://youtu.be/1UW7XnAb3Dk, août 2019).

- « "**Traîner une casserole**" et autres expressions politico culinaires », Éric CHAVEROU, *France Culture,* 3 mars 2017 (https://www.franceculture.fr/sciences-du-langage, août 2019).

- « **On peut traîner une flopée de casseroles** et devenir Premier ministre du Royaume-Uni... Boris Johnson en est la preuve vivante. Accident de tyrolienne, panoplie de mensonges et déclarations sexistes : "BoJo le clown" accumule les gaffes et autres catastrophes. Sélection de ses couacs les plus mémorables. », Salomé GEGOUT, *Le journal des femmes,* 25 juillet 2019 (https://www.journaldesfemmes.fr/, août 2019).

21 Voyager dans le panier à salade

Valeur(s) sémantique(s)

Désigne la camionnette de police dans laquelle sont placés les délinquants, ou supposés tels, en direction du commissariat ou du palais de justice.

Origine(s)

XIXe siècle avec les premières voitures cellulaires tirées par des chevaux pour transporter les prisonniers. Comme les prisonniers étaient secoués dans tous les sens, la comparaison avec le panier à salade (pour la sécher, l'essorer) fut rapidement admise. Par la suite, les voitures à moteur les ont remplacées dont le fameux fourgon Citroën H1 des années 50 aux années 80.

NB : *(se faire) essorer* en argot c'est prendre tous les biens de quelqu'un ou perdre toute son énergie.

샐러드 바구니 안에서 여행하다

의미

샐러드 바구니는 죄수(또는 범죄자로 추정된 자)를 태우고, 법원이나 경찰소로 가는 소형 경찰 수송차를 일컫는다.

유래

19세기, 죄수를 수송한 초기 마차 유형에서 유래한다. 돌길을 달리는 마차가 마구 흔들려서, 물기를 빼는 샐러드 바구니로 비교되었다. 나중에 가솔린 엔진차로 바뀌었는데, 1950년대에서 1980년대 그 유명한 시트로엥 화물차 H1였다.

주의: '물기 빼다(빼게 하다)'는 속어로 '등쳐먹다(타인의 금품을 몽땅 갈취하다)' 또는 맥이 완전히 빠지는 것을 의미한다.

Exemples

- « Toute l'après-midi, la violence policière est allée crescendo alors que la foule se dispersait dans les ruelles du centre. Depuis **le panier à salade** où les policiers l'ont jeté, Ilya Iachine, l'un des candidats malheureux appelle à se disperser. *"Le gouvernement est devenu complètement fou"*, tweete-t-il. », Lucien JACQUES, *Libération,* 28 juillet 2019 (https://www.liberation.fr/, août 2019).

- « Né au milieu de la Seconde Guerre mondiale, Jacques Dutronc qui a appris à marcher *"au milieu des alertes de bombardements, dans le métro Chaussée d'Antin"* raconte avoir vu le jour *"**dans un panier à salade** qui emmenait [s]a mère je ne sais où."* Un père pianiste dans les baloches parisiens, la guitare d'un frère sur laquelle il fait ses gammes tout gamin, guitare qui aujourd'hui reste dans un coin. », Geneviève CLOUP, *Gala,* 14 février 2019 (https://www.gala.fr/, août 2019).

- « Il était clair que c'était une voleuse, peut-être même quelque chose de pis, que la gendarmerie transférait d'un lieu à l'autre dans un de ces odieux véhicules que les gamins de Paris appellent métaphoriquement ***paniers à salade*** ; mais enfin c'était une femme. », Victor Hugo, *Œuvres complètes de* Victor HUGO. *Le Rhin 1, J.* Hetzel & A. Quentin, 1884, p. 67-68 (https://gallica.bnf.fr/ark:/12148/bpt6k374680, août 2019).

- « Et dans tout l'immeuble, crado et pas fini, on se chicane, on se cherche à s'en rendre malade. / Et le petit voisin, **dans le panier à salade**, commence à regretter ses cinq ans et demi. », Jeanne CHERHAL, *Le petit voisin,* 2004 (https://youtu.be/9g-8brptkr-Y, août 2019).

- « C'est en étant secoué telles des feuilles de salades dans une essoreuse, que les brigands du siècle dernier, menottés à l'arrière d'une fourgonnette de police, traversaient les rues pavées de la capitale. Ainsi, ils inspirèrent le terme de "**panier à salade**". », Les GUEULES DU WAB, ***Panier à salade,*** 2014 (https://youtu.be/jf3Yep7D7pY, août 2019).

V.

Plats transformés. Lorsqu'il est question de s'en mettre sous les dents.

Il est temps après toutes ces découvertes alimentaires de se mettre à table, d'utiliser nombre d'éléments naturels pour en faire culturellement des produits de grande consommation via la main de l'homme ou de la femme, et enfin aborder l'art culinaire.

장인의 손길이 더해진 가공식품을 음미해볼까요?

밥상에 올리는 재료를 탐색했으니, 본격적으로
사람의 손재주로 거듭나는 요리 예술을 맛보기로 해요.
자연의 선물을 문화의 산물로 만드는
대중적인 가공식품의 세계로 들어가 봅시다!

1 Avoir du pain sur la planche

Valeur(s) sémantique(s)

Aujourd'hui, il faut comprendre qu'il y a beaucoup de travail ou de choses à faire pour un avenir proche. Auparavant, cela signifiait avoir de quoi vivre, survivre.

Origine(s)

XIXe siècle pour le sens le plus ancien lié au pain en tant qu'aliment pour vivre. Pour Claude DUNETON (*La puce* à *l'oreille*, 2001, p. 837-840), deux possibilités existent : les pains faits d'avance que les personnes stockaient sur des planches en bois suspendues au plafond en tant que provision ; être condamné à une longue peine de prison et de travaux forcés avec seulement du pain et de l'eau. XXe siècle, pour le sens d'aujourd'hui et il est possible que ce soit une combinaison des valeurs antérieures.

나무판에 빵이 있다

의미

눈코 뜰 새 없이 바쁘다(예전에는 생필품이 비축되어 있음을 의미했다).

유래

서양 주식인 빵과 연관된 가장 오래된 표현으로 19세기에 등장한다. 클로드 뒤네통의 속어 모음집(*La puce à l'oreille*, 2001, pp. 837-840)에 의하면, 두 가지 가능성이 있다. 미리 만든 빵을 천장에 매단 나무판에 비축한 습관에서 비롯되었거나, 감옥에서 빵과 물만 마시며 오랫동안 고역을 해야 하는 상황에서 비롯되었을 것이다. 이 두 가지 유래가 섞여서 '할 일이 많아 바쁘다'라는 현재 의미로 변했을 것 같다.

Exemples

- « **On a du pain sur la planche** / Mais on y fait plus attention / Et comme c'est l'heure de la revanche / On se sent comme des vieux croûtons », MICKEY 3D, *Il faut toujours viser la tête,* 2005 (https://youtu.be/BdkvsMTeP0Q, août 2019).

- « Avec sa hotte sur le dos / Avec sa hotte sur le dos / Il s'en venait d'Eldorado / Il s'en venait d'Eldorado / Il avait une barbe blanche / Il avait nom "Papa Gâteau" / **Il a mis du pain sur ta planche** / Il a mis les mains sur tes hanches », Georges BRASSENS, *Le père Noël et la petite fille,* 1960 (https://youtu.be/ZLSxG8whQLU, août 2019).

- « La démocratie est toujours en chantier, et le théâtre est là pour rappeler sans cesse au citoyen **qu'il a du pain sur la planche.** », François CHATTOT, citation célèbre Le Parisien (https://citation-celebre.leparisien.fr/, août 2019).

- « Ce n'est pas la matière qui manque, et l'on va voir par l'énumération des questions à discuter et à résoudre dès la rentrée des Chambres que, comme on le dit vulgairement, nos ministres **ont du pain sur la planche**. », Jean SIMONEAU, *Gazette agricole,* 8 octobre 1882, n° 140, p. 1 (https://gallica.bnf.fr/ark:/12148/bpt6k108925r, août 2019).

- « Aujourd'hui, grâce au dieu du progrès, tout le monde à Mechez, **a du pain sur la planche,** on peut en gagner par son travail. Le dernier troglodyte a depuis longtemps abandonné son trou à la chouette et à la chauve-souris. », Eugène PELLETAN, *La naissance* d'une ville, Pagnerre, 1861, p. 382 (https://gallica.bnf.fr/ark:/12148/bpt6k5724021n, août 2019).

- « **Il y a du pain sur la planche.** D'après la Fondation Mac Arthur, les émissions de gaz à effet de serre dues à la production mondiale de textile atteignent 1,2 milliard de tonnes par an, plus que le transport aérien et maritime réunis. La Commission économique pour l'Europe des Nations unies estime qu'environ 500 000 tonnes de microfibres de plastique, issues du lavage des textiles synthétiques, finissent dans l'océan chaque année. », Justine GUITTON-BOUSSION, *Le Monde,* 23 août 2019 (https://www.lemonde.fr/planete/, août 2019).

2 Avoir la frite

Valeur(s) sémantique(s)

Être en forme et plein d'énergie pour des activités à venir, souvent après une phase dépressive ou de méforme. Parfois avoir de la chance.

Origine(s)

Milieu du XXᵉ siècle, l'expression dérive logiquement de : *"avoir la patate"*, qui est légèrement plus ancienne. Cependant, dans la mesure où les frites de pommes de terre sont une "gloire" nationale (source de conflits entre Français et Belges) et qu'en argot *"frite"* désigne le visage (Pierre PERRET, *Le petit Perret,* p. 147), cette énergie dépensée pourrait se transmettre à l'expression vu que les émotions se voient sur le visage ? Il est possible aussi d'envisager une analogie à partir du moment où la frite avant cuisson est molle et qu'après ses bains d'huile, elle se retrouve rigide, délivre toutes ses saveurs, et par conséquent pleine de vigueur.

감자튀김이 있다

의미

최상의 컨디션이다(주로 슬럼프에 빠지거나, 컨디션이 좋지 않은 시기를 극복하고 활기를 되찾은 상황을 가리킴. 간혹 운이 좋다는 의미로도 쓰임).

유래

20세기 중엽, 조금 먼저 등장한 구어적 표현 '감자가 있다'에서 비롯되었을 것이다. 그렇지만 감자튀김의 원조가 벨기에가 아니라 프랑스라고 주장하는 점에서, 특히 감자가 속어로 '얼굴'을 의미하는 점에서(P. PERRET, *Le petit Perret*, p. 147), 감자튀김은 상징적 의미가 있다. 즉 얼굴 표정에서 엿보이는 프랑스인의 넘치는 자부심/기세와 연관성이 있을 것이다.
한편 튀김 전후 감자의 변화에서 유래된 표현으로 생각할 수 있다. 튀김 전에 흐물흐물한 했던 감자가, 기름에 넣으면 활기를 되찾은 듯 바삭해지면서 풍미가 감돈다!

Exemples

Note

- « "La santé, c'est quand je suis en forme, quand je me sens bien, quand **j'ai la frite**" déclare un adolescent. Ainsi perçue, la santé est au-delà d'une absence de maladie, une qualité de vie. », Nadine BIALGUES, Informations *sociales,* n° 8, Caisse nationale des allocations sociales, 1986, p. 115 (https://gallica.bnf.fr/ark:/12148/bpt6k9769634t, août 2019).

- « [Journaliste] *Comment faites-vous pour garder la pêche après 40 ans de carrière ?*
[Michel Leeb] "Je vais avoir 71 ans dans un mois et je n'ai pas du tout le sentiment de les avoir. Et surtout, **j'ai la frite et la patate.** Je crois que c'est justement parce que je monte sur scène tous les soirs… C'est peut-être ça le secret" », Emmanuelle GABILLAT, *La République des Pyrénées,* 2 avril 2018 (https://www.larepubliquedespyrenees.fr/, août 2019).

- « En se réveillant **l'avait la frite,** elle m'a parlé / D'un pote à elle qu'est journaliste à V.S.D / Qu'écrit parfois dans Rock and Folk sous un faux nom », RENAUD, *L'auto-stoppeuse,* 1980 (https://youtu.be/qc5F5l-8Ugg, août 2019).

- « On veut tout et tout de suite / Que ça bouille, la marmite / On fait tout, allez, vite / Et qu'ça saute / On veut tout et tout de suite / On s'active, on s'agite / Tout pour **garder la frite** / Et qu'ça saute / On veut tout et tout de suite », Zazie, Tout, 1998 (https://youtu.be/E7uaP9PyiCY, août 2019).

3 Avoir une tronche de cake

Valeur(s) sémantique(s)

Être un idiot, un con dont la stupidité se manifeste via le visage ou le comportement général (souvent très familier, souvent insultant). Laideur comportementale, mais qui peut être aussi physique.

Origine(s)

Fin XXe siècle, *cake* désigne un con selon Pierre Merle (*Le dico de l'argot fin de siècle,* p. 72) y compris dans l'insulte : "espèce de cake". La tronche, terme équivalent du visage (depuis 1596 dans le TLFi en ligne), est venue remplacer par une certaine homophonie le terme de *tranche* utilisé au départ. La connerie ne pouvant se partager, la substitution fut aisée ! Pour quelques sites web *cake* serait une déformation de l'occitan provençal *quéco*, signifiant le membre viril, alors que pour certains dictionnaires d'occitan (via https://www.lexilogos.com/ ou encore https://www.locongres.org/) ce terme signifierait surtout *voleur !*

케이크 통나무다

의미

바보천치, 등신이다, 얼굴이나 행동에서 아둔함이 느껴진다(모욕적 속어로, 아름답지 않는 행동을 의미하지만, 신체적 추함을 의미할 수 있음).

유래

20세기 말에 등장. 피에르 메를의 《세기말 속어사전》에 의하면(72쪽), 케이크는 '꽁(바보)'을 의미해서, '케이크 같은 놈'이란 욕이 있다. 처음에는 '케이크 한 조각이다'라고 했는데, '조각'을 뜻하는 '트랑슈'가 '통나무'를 의미하는 트롱슈(《온라인 프랑스어 보고사전》에 의하면 1596년부터 얼굴을 의미함)로 대체된다. 발음이 거의 유사한 것도 있지만, 어리석은 행동은 함께 나눌 수 없는 개인적 행위이므로, 얼굴을 뜻하는 '트롱슈'로 자연스럽게 대체되었을 것이다!
'케이크(cake)'를 오크어 'quéco'(성기를 의미함)의 변형으로 보는 웹 사이트도 있고, 도둑을 지칭했을 거라는 오크어 사전도 있다(https://www.lexilogos.com/ 또는 https://www.locongres.org/).

Exemples

- « Si encore la teinturière **n'avait pas cette tronche de cake,** je rentrerais dans la boutique en lui disant : "Voilà madame du Château ! J'ai pensé que cette jupe verte avec vos yeux" Mais la teinturière a des yeux marron comme les cochons. », Marie Lebey, *Ballon de toi,* Balland, 1987, p. 15 (https://gallica.bnf.fr/ark:/12148/bpt6k33327539, août 2019).

- « Merde, on risque sa vie à chaque tour de roue et lui plein comme il était la plupart du temps il a jamais eu un accrochage, pas trouvé le moyen d'encastrer **sa tronche de cake** dans la calandre d'un trente tonnes... », Philippe Paringau, *Privé d'amour,* Balland, 1997, p. 157 (https://gallica.bnf.fr/ark:/12148/bpt6k33222695, août 2019).

- « On connaît toutes des jours où l'on se réveille avec **une tronche de cake** : traits tirés, teint brouillé, haleine de rat crevé... Soit parce qu'on a fait la fête la veille, soit parce qu'on a mal dormi, les raisons sont multiples ; mais une chose est sûre, dans ces moments, hors de question de rester terrée au lit ! », *Les filles du web,* 2019 (http://www.lesfillesduweb.com/, août 2019).

- « Tête au carré ou bien pastèque / Baston, castagne, Bilou, je te laisse le choix / Je t'aurai prévenu, **tranche de cake** / Baston, castagne, bagarre, chicore / Tu vas y avoir droit », Richard Gotainer, *Tranche de cake,* 2005 (https://youtu.be/fYAgcAYpsKY, août 2019).

- « Quinze affiches pour **une tronche de cake** / Mes méninges activées plongent le destin / De ce pauvre imbécile au déclin / Je longe le quai, visage impassible / Seul, préméditant l'infamie, désirant m'accaparer le festin / Sans parler, mesquin, l'intestin loin des crans d'arrêts », Primero, *Présidentielles,* 2015 (https://youtu.be/8hCWXcO8uPs, août 2019).

4 C'est de la daube

Valeur(s) sémantique(s)

Objet ou quelque chose du monde médiatique (spectacle, musique, film…) de mauvaise qualité.

Origine(s)

XXe siècle dans son usage de remise en cause de la qualité d'un produit. Cependant *"dauber"* existe depuis 1507 dans le sens de *frapper*, puis par extension (1661) attaquer verbalement quelqu'un en le dénigrant (TLFi en ligne). Pierre MERLE signale que depuis la fin du XIXe, le terme *daube* est lié à la méfiance et la mauvaise qualité pour désigner des mouchards (Pierre MERLE, *Dico de l'argot de fin de siècle,* p. 114-115).

Attention cette expression argotique n'a pas ou peu de liens avec le plat à base de bœuf et dans une sauce au vin : la daube !

스튜다

의미

형편없는 공연(음악, 영화…)이다, 품질이 안 좋은 물건이다.

유래

상품의 가치를 평가하는 20세기 관용어. 그런데 1507년부터 동사 '스튜로 만들다'는 사람을 때린다('묵사발을 만들다')는 의미로 쓰이고, 1661년에는 타인을 비방하며 공격하는 의미로 확장된다(《온라인 프랑스어 보고사전》 참조). 피에르 메를의 《세기말 속어사전》에 의하면 (p. 114-115), 19세기 말 이후 '스튜'는 밀고자의 불신 이미지와 나쁜 캐릭터와 연관성 있다.

* 포도주 소스에 숙성시킨 소고기 스튜와는 아무 상관없는 속어다!

Exemples

- « Dans l'alphabet Aime et Haine sont côte à côte / JSK danser sur ce monde te passionne / Moi c'est l'assujettir mais gros je t'ovationne / Moi c'est dire aux gosses du monde que tout se façonne / **Moi c'est partir de la daube puis en faire une daube fashion** », JSK, *Danser sur le monde,* 2014 (https://youtu.be/9MIdIhKEC-NU, septembre 2019).

- « Aujourd'hui, l'industrie du disque fait la manche / Mais, si tu penses prostituer ma rime, t'as du tapin sur la planche / Les CD qui se vendent, trop souvent, **c'est de la daube** / Sinon Oxmo vendrait plus que René la taupe / J'ai passé des années enfermé, coincé dans ma piaule / À confectionner ma recette secrète, dans mon labo' / À voir des rappeurs pourrav devenir célèbres / Mais là, j'dois prendre ma revanche sur toutes ces merdes. », CAUSE COMMUNE, *Coup de glaive,* 2014 (https://youtu.be/e7t-ZUhKB9GE, septembre 2019).

- « La boîte à films de Forestier : "The Predator", **c'est de la daube !** », François FORESTIER, *Le Nouvel Obs,* 17 octobre 2018 (https://www.nouvelobs.com/, septembre 2019).

- « Compté deux jouissance : le journal de Francfort, dans un article délicieux, rosse à plate couture ces bons Belges, que je déteste et **j'ai daubé** d'importance les Américains, peuple de marchands sans génie, qu'un Tocqueville peut seul admirer. », Jules BARBEY D'AUREVILLY, *Deuxième memorandum* 1838, P.-V. Stock, 1906, p. 203-204 (https://gallica.bnf.fr/ark:/12148/bpt6k9754144n, septembre 2019).

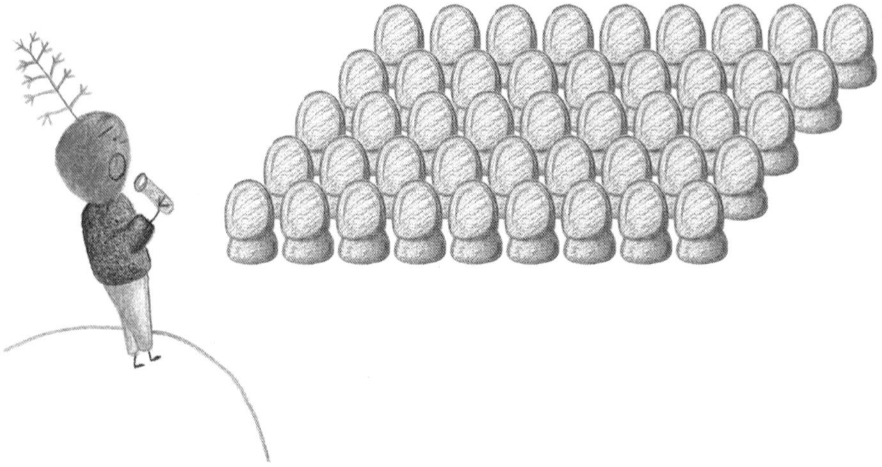

5 C'est du (un) caviar

Valeur(s) sémantique(s)

Quelque chose de trop facile, sans aucun problème. Réussite sans aucune difficulté, presque offerte comme un cadeau. Par extension, toute chose ayant beaucoup de valeur, voire parfaite. La variante avec "*un*" concerne dans le football (mais aussi dans d'autres sports) une passe (ou une situation de jeu) qui offre un but sans effort.

Origine(s)

Milieu XIXe siècle dans une expression prêtée à Shakespeare : « c'est du caviar pour les basses classes ! » (cf. P. LAROUSSE plus bas), qui met en évidence une inadéquation. Cependant, il semblerait qu'il y ait eu une dérivation vers la fin du XXe siècle pour l'émergence d'une nouvelle valeur significative. On garde les valeurs de luxe et surtout d'offrande associées au caviar (en tant que mets festifs) pour la transposer à des actions, des évènements.

캐비어다

의미

식은 죽 먹기다, 너무 쉽다, (하늘의 선물처럼) 어려움 없이 성공하다(넓게는 많은 가치가 있는 것, 완벽함을 의미함. 부정관사 'un'을 쓰는 경우는 축구 같은 경기에서 힘들이지 않고 공을 넣을 수 있도록 패스를 받거나, 골을 쉽게 넣을 수 있는 상황을 말함).

유래

"하층민에게는 캐비어였지"(아래 예문 참조)라는 세익스피어의 햄릿 대사에서 차용된 표현으로 19세기 중엽에 나타난다. "민중에게는 캐이버다"라는 북유럽 속담이 있는데, 대중은 좋아하지 않는다는 뜻으로(아래 예문 참조), 부적합함을 강조한다. 그런데 20세기 말에 새로운 의미로 사용되는데, 파티에서 선물처럼 제공되는 캐비어의 화려한 고급 이미지에서 사건이나 일을 완벽하고 쉽게 해내는 이미지로 전환된다.

Exemples

- « Très vite, Bernardo Silva était à deux doigts de faire la différence sur cette belle frappe croisée, **après un caviar** de Sterling (7e). Il n'a plus fallu attendre longtemps pour que les filets tremblent une première fois, via le Kun d'Agüero, qui récupérait un ballon dans la surface, dos au but. », Max FRANCO SANCHEZ, *Foot Mercato,* 25 août 2019 (http://www.footmercato.net/, août 2019).

- « Cette go, **quel caviar !** tous milieux confondus. **C'est caviar !** (C'est Bysance, c'est génial, c'est canon !). », Pierre MERLE, *Le dico de l'argot fin de siècle, Seuil,* 1996, p. 82.

- « Murat a mille fois raison ! Johnny, sa seule qualité musicale, c'était de chanter juste. Murat, **c'est du caviar** et du champagne, alors que Johnny, c'est bière et chips ; chacun ses goûts... », commentaire anonyme du 29 avril 2019 à l'article « Jean-Louis Murat s'en prend à Johnny Hallyday, considéré comme un "chanteur minable et ringard" », *CloserMag*, 25 avril 2019 (https://www.closermag.fr/, août 2019).

- « Julien Dray : S'il y en avait encore qui étaient convaincus que l'euro est une bonne affaire, je crois qu'ils vont comprendre... ; François Baroin : Oh évidemment, **c'est du caviar** pour toi ! Ton problème c'est que tu vis dans un autre siècle, avant Pinay ! ; J. D. : un franc est un franc, un sou est un sou... ; Karl Zéro : 6,55957 francs ça faisait combien en anciens francs ? », Karl ZÉRO, *Ils ont osé le dire,* Canal + Éditions, 2000, p. 19 (https://gallica.bnf.fr/ark:/12148/bpt6k4807241h, août 2019).

- « Prov. : ***C'est du caviar** pour le peuple*, Se dit dans le Nord d'une chose que la foule ne sait pas apprécier Le texte a déplu, **c'était du caviar** pour le peuple comme dit Hamlet (Champfleury). », Pierre LAROUSSE, Grand dictionnaire universel du XIXe siècle (tome 3), 1866-1877 (https://gallica.bnf.fr/ark:/12148/bpt6k39790g, août 2019).

6 C'est la cerise sur le gâteau

Valeur(s) sémantique(s)

C'est un élément supplémentaire non attendu (avantage ou désavantage) qui vient s'ajouter à une situation donnée.

Origine(s)

Fin du XXe siècle qui pour certains viendrait d'un calque de l'expression anglaise "The cherry on the cake", à l'image de la *cerise* confite sur le dessus de quelques gâteaux ! Cependant, à la fin du XIXe, l'usage du terme cerise est attesté dans "avoir la cerise/la guigne" dans le sens de : avoir de la chance, puis, plus tard de la malchance (Le Robert, *Dictionnaire des expressions et locutions,* p. 203). Il est probable que cette dernière expression argotique et populaire, restée dans la mémoire collective, fut le substrat d'une dérivation issue de pratiques pâtissières pour appâter les clients...

케이크에 얹은 체리다

의미

(긍정적이든 부정적이든) 기대하지 않은 것이다, 금상첨화 (또는 설상가상)

유래

20세기 말, 케이크 위에 얹은, 설탕에 절인 체리에서 착안한 영어 표현 'The cherry on the cake'에서 유래한다고 보기도 한다! 그런데 19세기 말, '체리/기뉴(버찌의 일종)가 있다'는 운이 좋다는 의미로 쓰였고, 나중에는 운이 나쁘다는 것도 의미했다(《로베르 관용어구 사전》, p. 203). '체리가 있다'는 대중의 기억에 길운의 이미지로 남아 있어서, 제과점에서 손님을 끌기 위해 케이크 토핑으로 체리를 올렸는데, 여기서 비롯된 표현일 가능성이 많다...

Exemples

- « Seul, le recours à une animation en 3D, qui donne à la caméra subjective toute sa liberté, a paru apte à valoriser la profondeur du récit. **Cerise sur le gâteau,** le texte chanté en dialogue enfant-adulte et porté par une musique jubilatoire ajoute fraîcheur, charme et humour. », M. R.-M. et Agnès VITTMANN, *Télescope n° 194*, 18 avril 1998, p. 5 (https://gallica.bnf.fr/ark:/12148/bpt6k96849440, septembre 2019).

- « À l'heure du dessert, **la cerise sur le gâteau** aura été constituée par l'empressement qui se manifeste pour prendre des responsabilités dans la création de cette association : trois personnes postulent pour la présidence dans une démarche toute amicale, compétition virtuelle qui sera la seule de cette association naissante, et plusieurs parents se proposent pour le service hebdomadaire après avoir reçu une formation appropriée. », P'TIT LU, *Les Jeunes n° 2468*, Revue officielle de la Fédération sportive et culturelle de la France, juin 2000, p. 21 (https://gallica.bnf.fr/ark:/12148/bpt6k9666444b, septembre 2019).

- « Y'a de quoi tomber dans les pommes ! / Ça, **c'est la cerise sur le gâteau** : / Il a dessiné un bonhomme / Au Nutella sur mon manteau ! », ALDEBERT, *On ne peut rien faire quand on est tout petit,* 2008 (https://youtu.be/rSICl5uCtT0, septembre 2019).

- « Toutes ces âmes incarnées / Je les ai tant aimées / **Cerise sur le gâteau** / Il y avait dans le lot / Cavalier sans cheval / Et sans pied-bot / Des mots, des mots valseurs / Qui savent te faire tourner / La tête, la jupe et le cœur », AMÉLIE LES CRAYONS, *Le bal des vivants,* 2017 (https://youtu.be/sHbo3Jv5Cgc, septembre 2019).

- « Pour toi, je suis au-dessus du lot / Tant et tant que je ne dis pas un mot / Permise à ton bras sur la photo / Tant que mon sourire sera beau / **Je suis la cerise, sur le gâteau !** », Élodie FRÉGÉ, *La belle et la bête,* 2010 (https://youtu.be/OFUnQLHQvNo, septembre 2019).

- « L'homme pour moi **est la cerise sur le gâteau.** Mais je suis la tarte, et ma tarte est bonne toute seule. Même si je n'ai pas de cerise. », Halle BERRY dans *Citation célèbre du Parisien* (https://citation-celebre.leparisien.fr, septembre 2019).

7 Ça (ne) mange pas de pain

Valeur(s) sémantique(s)

Quelque chose qui ne coûte rien, qui n'apporte aucunes valeurs supplémentaires. L'élément ajouté ne change rien à la situation.

Origine(s)

1690 dans le Furetière (Le Robert, *Dictionnaire des expressions et locutions,* p. 848) pour décrire des papiers et des objets inutiles que l'on garde. Pour d'autres (Georges PLANELLES), le fait que le pain était un aliment de base fondamental aurait permis d'en faire un outil de la valeur des choses.

빵을 허비하지 않는다

의미

별것 아니다, 그리 중요하지 않다, 상황을 변화시키지 않는다.

유래

버리지 못하고 갖고 있는 불필요한 물건과 종이를 묘사하는 표현으로 1690년 퓌르티에르 사전에서 발견된다(《로베르 관용어구 사전》, p. 848). 조르주 플라넬처럼, 빵이 꼭 필요한 기본 양식이었으므로, 빵을 가치 표현 수단으로 사용했을 거라는 의견도 있다.

Exemples

- « Sous le capot pérore / Un tigre qui rugit fort / **Ça mange pas de pain** d'envoyer paître en premier / Dans la farine pétrin, j'veux pas me faire rouler », BB BRUNES, *Bora Bora,* 2017 (https://youtu.be/r-9xiDueReE, septembre 2019).

- « Après tout un roman dans un tiroir, ce n'est pas comme un cheval dans à l'écurie, **ça ne mange pas de pain.** À la vérité, ça n'en donne pas non plus ! », Honoré de BALZAC, *Scènes de la vie de province,* tome 4, Alexandre Houssiaux, 1853-1855, p. 167 (https://gallica.bnf.fr/ark:/12148/bpt6k4061663, septembre 2019).

- « Sa confiance en un meilleur avenir ne l'abandonnait point, il nourrissait le secret espoir un jour les animaux perdus, et répondait aux représentations de Loïse, trouvant que garder tes pièces du matériel devenues inutiles, était un surcroît de besogne et d'embarras dont on se serait bien passé : "**Ça ne mange pas de pain**, n'est-ce pas Nous n'aurons pas besoin comme ça, de rien racheter plus tard… le vieux se vend mal et le neuf se vend cher." », Georges MALDAQUE, *Le Petit Parisien, n° 3842,* 14 août 1887, p. 2 (https://gallica.bnf.fr/ark:/12148/bpt6k474036w, septembre 2019).

- « Guillaume Larrivé, député de l'Yonne habitué des thèmes régaliens, entonne un refrain connu : *"arrêter l'immigration de masse"*, *"lutter contre l'islamisation"* ou encore *"redéfinir le droit à la nationalité"*. Grand favori, Christian Jacob se contente, lui, d'en appeler au *"rassemblement"*. **Ça ne mange pas de pain** et puis, comme il le dit lui-même, *"en matière de divisions, j'ose espérer qu'on a coché à peu près toutes les cases !"* », Louis HAUSALTER, *Marianne,* 31 août 2019 (https://www.marianne.net/, septembre 2019).

- « On a beau ne pas croire en Dieu, ni en ses prophètes, une courte prière de temps en temps rassure : *"petit Jésus, fais que cette première chronique se passe bien… ainsi que toutes les autres"*. On sait bien que le petit Jésus a d'autres chroniqueurs à fouetter, mais enfin, **ça ne mange pas de pain,** du moment que ça reste entre Lui et vous. », Hervé GARDETTE, "Une prière pour l'Amazonie", *France Culture,* 26 août 2019 (https://www.franceculture.fr/, septembre 2019).

8 Ça passe crème

Valeur(s) sémantique(s)

Ça se passe bien, sans aucun souci. Quelque chose qui est bien, bon, facile dans une situation donnée que l'on aurait pu craindre plus compliquée.

Origine(s)

XXIe siècle, expression issue de pratiques de la langue dans les banlieues et chez les adolescents du nouveau siècle. Sans doute une contraction de la phrase « ça passe comme dans de la crème » pour métaphoriquement indiquer une action qui se passe dans la douceur. Expression récente (2008-2009) qui a remplacé « c'est nickel (chrome) » ou « ça passe comme dans du beurre ». Attention, certains usages peuvent être licencieux !
NB : depuis le XIXe (TFLi en ligne), le terme de *crème* est associé au bon, au beau, à la perfection, au facile…

크림 통과하다

의미

근심 걱정 없이 잘 된다(어려울 줄 알았는데 쉽고 편하게 진행되는 것을 의미함).

유래

도시 외곽 지역에 사는 청소년들의 용어에서 21세기(2008-2009년)에 나타난 표현이다. '크림 속에 있는 것처럼 통과하다'를 줄인 것처럼 보인다. 크림처럼 부드럽게, '누워서 떡 먹기' 또는 '식은 죽 먹기'처럼 수월하게 진행되는 상황이 떠오르는 은유적 표현이다. '니켈이다', '니켈, 크롬이다', '버터 속에 있는 듯 통과하다'를 대체한 표현으로, 경우에 따라 성적인 표현일 수 있어 주의가 필요하다!
주의: 《온라인 프랑스어 보고사전》에 의하면, 19세기부터 '크림'은 아름다움, 완벽함, 쉽고 좋은 것과 관련된 용어다.
* 쉽게 잘 진행되는 상황을 '버터/크림 속에 있는 듯'으로 강조한다면, '니켈이다', '니켈, 크롬이다'에는 '아주 좋다'라는 뉘앙스가 있다.

Exemples

- « Bien sûr j'ai des sales idées / Pourtant je suis son idéal / Bien sûr elle m'a validé / **Ça passe crème** comme la Nivea », Dj Leska & Keblack, *Narh Sheitan,* 2018 (https://youtu.be/tyDDv8T3Yrk, septembre 2019).

- « Elle nous a vu dans l'stage, elle est plutôt belle / Elle m'dit qu'elle est fame, qu'elle nous a vu sur scène / Elle m'a dit : "**Ça passe crème,** vous êtes dans l'thème / J'adore vos sons, vous allez tout baiser dans c'game" / J'lui ai dit : "Molo, molo, molo, molo, molo, molo" », Panama Bende, *Molo,* 2017 (https://youtu.be/7dIlLs-RKW_Y, septembre 2019).

- « T'as une épreuve ? Quelle aubaine / Tu vas pouvoir prouver combien tu t'aimes / Beaucoup d'efforts, beaucoup d'échecs, beaucoup de peine / Un peu de chance, un peu de triche, parfois ça aide / La vie est dure, j'te l'concède / Beaucoup d'amour, beaucoup de Foi, **ça passe crème** / Qui ? Moi ? Je suis le même / Je suis le même, j'ai juste changé de logiciel », Disiz La Peste, *Nouveau logiciel,* 2017 (https://youtu.be/eZ7BTvvFIhc, septembre 2019).

- DOSSIER : Le Dico des Ados. Le Dico des Ados : que signifie la phrase « **ça passe crème** », Régine Jessel, *France Bleue Besançon,* 15 février 2019 (https://www.francebleu.fr/, septembre 2019).

- « Oui, c'est arrivé l'an passé avec *Halloween,* et ça a été un succès. On appelle ça du bon gros révisionnisme mais comme la plupart des films de la franchise n'étaient pas forcément des chefs-d'œuvre, **ça passe crème.** C'est un peu la même chose qui va arriver à la saga *Terminator.* », Christophe Foltzer, *Écran large,* 11 février 2019 (https://www.ecranlarge.com/, septembre 2019).

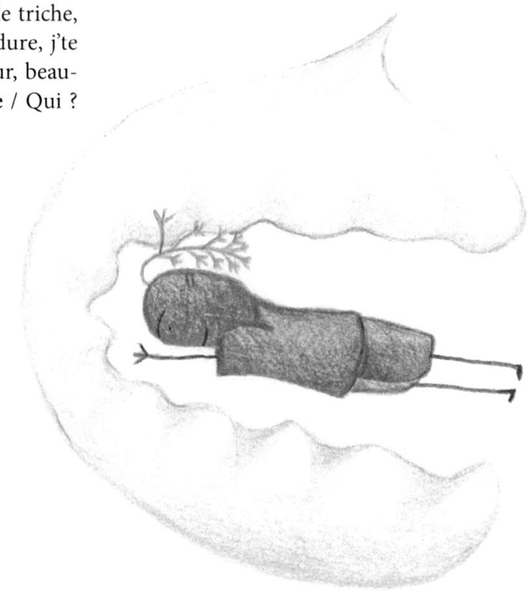

9 Casser du sucre sur le dos (de quelqu'un)

Valeur(s) sémantique(s)

Dire du mal de quelqu'un hors de sa présence, médire dans le but d'atteindre une réputation, de douter des qualités d'une personne (valeur péjorative).

Origine(s)

Fin XIXe siècle (1867 selon Claude DUNETON, *Le Bouquet des expressions imagées,* p. 395). L'origine de la construction est mal déterminée. Cette expression semble la combinaison d'usages argotiques. *Casser (quelqu'un),* encore fréquent aujourd'hui, c'est avoir des propos dans le but de dévaloriser (faire taire) cette personne. *Casser du sucre* provient de l'époque où le sucre était sous la forme de grand pain qu'il fallait briser au marteau pour le mettre dans sa tasse (de café par exemple). Le sucre, ici prenant peut-être la place des paroles dont la saveur n'est que douceurs apparentes, pour masquer l'amertume… *Sur le dos* dans le sens de mettre sur le compte de quelqu'un car il faut bien qu'une personne endosse ces propos !

(누군가의) 등에 설탕을 깨다

의미

헐뜯다, 험담하다(상대방이 없는 틈을 타서 품격을 실추시키고, 자신의 명예를 얻으려는 행위로, 경멸적 언사임).

유래

19세기 말에 등장(뒤네통에 의하면 1867년, -《이미지가 연상되는 표현집》, p. 395). 세 단어(등+설탕+깨다)가 조합된 유래가 명확하지 않지만, 속어의 결합으로 보인다. '- 를 casser(깨다/부수다)'는 지금도 자주 쓰이는 표현으로, 대화 도중에 적당한 근거를 대어서 상대의 말문을 막는 것을 말한다. '설탕을 깨다'는 예전에는 설탕이 큼직한 빵 모양이었기 때문에, 차나 커피에 넣기 위해 설탕을 망치로 깨야 했던 상황에서 비롯된다. 여기서 설탕은 상대의 막힌 말문을 의미이므로… 설탕의 달달한 맛은 씁쓸함을 숨기고 있다. '등 위에서'가 첨가된 것은 '누군가의 등에 뭔가를 놓다(mettre ~sur le dos/sur le compte de quelqu'un)', 즉 책임을 -에게 전가한다는 표현과 관련 있다. 한국어로 '운명을 짊어지다', '어깨에 짊어지다'라고 하듯, 비방당하는 사람의 등에 책임을 전가한다. 말에 대한 책임은 누군가 져야 하므로!

* '등 뒤에서(derrière le dos)'라고 했다면 가해자 입장이 강조되었겠지만, 전치사 '위에(sur)'로, 당하는 사람 입장, 즉 말의 책임까지 떠안아야 하는 상황이 강조된다.

Exemples

- « Elle ajoute que cet épisode – qui selon Jonathan Trudeau a pris une ampleur démesurée – est aussi un avertissement pour Mme Guilbault que plusieurs personnes à l'Assemblée nationale sont prêtes à lui **casser du sucre sur le dos** parce qu'elle est vice-première ministre et qu'elle a beaucoup de pouvoir. », *TVA Nouvelles,* 11 septembre 2019 (https://www.tvanouvelles.ca/, septembre 2019).

- « Clarisse croyait aux trois cents francs. Ce Fontan **cassait toujours du sucre sur la tête** des camarades ! Mais Simone les interrompit. », Émile ZOLA, *Les Rougon-Macquart. Nana,* G. Charpentier, 1880, p. 310 (https://gallica.bnf.fr/ark:/12148/bpt6k6213380z, septembre 2019).

- « Où sont leurs rêves qui voulaient faire d'eux de bons profs de sport / La haine c'est pire qu'les kilos d'trop c'est trop dur à perdre, *faut qu'on croie en nous* / **Faut pas s'casser du sucre sur le dos,** la famille fait du diabète / J'ai presque jamais pris l'taxi avant qu'ce soit le taff d'Askaan / Et en fait, frère, nan vas-y laisse tomber », GEORGIO, *Soleil d'hiver, 2013* (https://youtu.be/nBHrLFv5xJQ, septembre 2019).

- « J'ai connu les rires et les pleurs / Les traîtres et les frères / J'ai vu les Kalash et les fleurs / Ceux qui naissent et ceux qu'on enterre / **On m'a cassé du sucre sur le dos** / On m'a salie on m'a souvent jeté la pierre », Kenza FARAH, *Au clair de ma plume,* 2019 (https://youtu.be/JdDPnMevJxs, septembre 2019).

- « La commission a déclaré elle-même que la détaxe de transport pour Marseille en particulier était plus élevée que le prix du transport. Il est de mode de **casser du sucre sur le dos** de la raffinerie de Marseille. », *Journal officiel de la République française,* 30 janvier 1897, p. 194 (https://gallica.bnf.fr/ark:/12148/bpt6k6485084m, septembre 2019).

10 (Me) Casser les bonbons

Valeur(s) sémantique(s)

Agacer, importuner fortement quelqu'un, provoquant de l'énervement chez l'interlocuteur. Exaspérer une personne par ses paroles.

Origine(s)

XXe siècle, version moins vulgaire, bien qu'argotique, de "*me casser les couilles*". Dans les deux cas, cela représente les attributs masculins, mais depuis 1178 (selon le TLFi en ligne) pour la version triviale (*couilles*). Sans doute que les bonbons, par analogie de forme, sont plus acceptables pour de nombreuses oreilles…

(내) 사탕을 깨다

의미

짜증나게 하다, 속을 뒤집다, 귀찮게 하다, 말로 약을 올리다(염장을 지르다).

유래

20세기에 등장. '내 불알을 깨다'보다는 덜 저속한 속어다. 두 표현 모두, 남성 신체와 관련 있다. 《온라인 프랑스어 보고사전》에 의하면, 비속어(불알)는 1178년 이후 사용된다. 모양이 유사한 사탕으로 비유하는 것이 아마도 듣기에 편했을 것이다…

Exemples

- « Juste pour votre culture, notez qu'on utilise le terme "gentleman" lorsqu'il n'y en a qu'un, et "gentlemen" quand on parle de plusieurs personnes. On vous dit ça car il y a toujours un Jean-Michel Grammaire pour **nous casser les bonbons** sur l'anglais. », François, *DownShift*, 17 mars 2019 (https://www.downshift.fr/, septembre 2019).

- « Si c'est vrai, ça fait trop d'argent à dépenser, normal qu'on lui laisse encore un répit de quelques semaines même si ses choix et son absence de changements/remise en cause commencent sérieusement à durer et **à nous casser les bonbons.** », commentaire de Sentenza à : "Le licenciement de Garcia encore plus coûteux qu'annoncé ?", *Footmarseille*, 8 janvier 2019 (http://www.footmarseille.com/, septembre 2019).

- « Quand il était poivre, la Sucette **cassait les bonbons** à tout le monde avec ses histoires d'Indo. », Pierre PERRET, *Le petit Perret*, Jean-Claude Lattès, 1982, p. 44.

- « La bonne femme commençait à **me casser les bonbons** avec ses jérémiades », Roger PILLARD, *La poivrade*, Éditions du Chiendent, 1997, p. 84 (https://gallica.bnf.fr/ark:/12148/bpt6k3322902d?rk=85837;2, septembre 2019).

- « Elle [ma mère] me gonfle depuis que je suis toute petite, alors ! Même ce matin, elle m'a gonflé. Elle savait qu'aujourd'hui c'était un jour important, tu vois ! Chaque fois dans ma vie, il faut qu'**elle me casse les bonbons**, tu sais. », ZIZE, *Ma mère, elle me casse les bonbons*, spectacle 2017 (https://youtu.be/XON5A072g-8, septembre 2019).

11 Compter pour du beurre

Valeur(s) sémantique(s)

Action, parole ou personne qui n'a aucune valeur et/ou qui ne change rien à la situation.

Origine(s)

XXe siècle dans sa signification d'aujourd'hui, mais XIXe siècle dans son usage péjoratif. Même si aujourd'hui le beurre est un produit en cuisine qui apporte des qualités culinaires, autrefois le beurre n'était pas un produit dit "noble", bien au contraire, car trop simple à obtenir. C'était une matière grasse pour les pauvres. Ainsi, au XIXe, il existait une expression *"vendre du beurre"* pour désigner une personne sans intérêt (Le Robert, *Dictionnaire des expressions et locutions,* p. 105).

버터로 여기다

의미

하찮다/별 볼 일 없다, 별로 중요하지 않다, 물로 보다(아무 중요성이 없는, 상황을 변화시키지 못하는 행동이나 말, 사람을 지칭함).

유래

오늘날 의미로 20세기에 등장. 기름진 버터로 부유함을 비유하기도 하지만, 19세기에는 경멸적 의미로도 쓰였다. 오늘날 버터는 감칠맛을 더하는 식재료다. 그렇지만 예전에는 '고귀한' 재료가 아니라, 너무 쉽게 만들 수 있어서 가난한 사람들이 섭취하는 지방이었다. 한국어 관용어 '물로 보다'(무색 무미의 물처럼 사람을 하찮게 보다)와 유사성이 있는 표현이다. 19세기 관용어 '버터를 팔다'는 찬밥 신세가 된, 별 볼 일 없는 사람을 의미했다(《로베르 관용어구 사전》, p. 105)!

Exemples

Note

- « Chloé si je pleure / Tu sais **ça compte pour du beurre** / Ton rire me fait peur / Est-ce que tu joues ou tu meurs ? / Adieu petite fée / Pendant longtemps j'ai appelé / Adieu a Chloé, le courant l'a emportée », Mylène FARMER, *Chloé,* 1986 (https://youtu.be/8FtqjAvFcjg, septembre 2019).

- « Alors on fait notre taf ! / On y met tout notre cœur / À chaque enfant sa place / **Y'a personne qui compte pour du beurre** / Bon, c'est pas évident / Mais avec de l'entraînement / Et des encouragements, c'est gagnant, gagnant, 100 % », *Le rap des CP,* École Jules Ferry, Sallanches, 2012 (https://youtu.be/G5H-G2Nvmuk, septembre 2019).

- « Les kilos et les guerres / Que je prends, que je perds / Tout c'qui m'reste en travers / **Je compte pour du beurre,** je compte les moutons / Les amants dont j'ai oublié le nom / Je compte sans compter / Juste pour m'occuper », ROSE, *Je compte,* 2015 (https://youtu.be/aFIJZPk3hVI, septembre 2019).

- « - Et vos photos de vaches à la galerie Milk en 2012, **ça compte pour du beurre ?** - Merci de me le rappeler. Il s'agissait d'une série de photos que j'avais réalisées pour Philippe Starck et l'hôtel Hudson à New York, en pleine crise de la vache folle. », Philip Utz, "Rencontre avec Jean-Baptiste Mondino", *Numéro,* août 2019 (https://www.numero.com/fr, septembre 2019).

- « Le rapporteur et les camarades auront cent postes à pourvoir et s'y emploieront de leur mieux. Alors ? Seul le contribuable qui va cracher dur une fois de plus n'est pas content, mais nous savons que le contribuable **compte pour du beurre.** », Charles TARRIL, *Le Rappel, n° 1942,* 18 février 1924, p. 3 (https://gallica.bnf.fr/ark:/12148/bpt6k7555058r, septembre 2019).

12 Cracher dans la soupe

Valeur(s) sémantique(s)

Critiquer ou mépriser ouvertement les avantages que l'on peut avoir dans une situation (surtout professionnelle), et qui permet de vivre la plupart du temps.

Origine(s)

Fin XIXe siècle, dans la mesure où la soupe et le pain constituaient l'alimentation de base de la plupart des Français, y cracher dedans lui fait perdre ce caractère de moyen de subsistance essentiel.
L'urbanisation croissante au XXe siècle a sans doute renforcé cette expression par les oppositions fortes entre la ville et la campagne d'une part, et entre le monde ouvrier (où la soupe était un plat quotidien comme à la campagne) et les classes sociales favorisées d'autre part. L'existence de *soupes populaires* (1913-1914, TFLi en ligne) pour aider les pauvres à survivre renforce cette valeur réelle et symbolique donnée à la soupe.

스프에 침 뱉다

의미

무시하고 깔보다(살아가는 데 도움이 되는 상황, 특히 직장에서 얻을 수 있는 특혜를 공공연하게 비판하고 무시하는 것을 의미함).

유래

19세기 말 등장. 대부분 프랑스인들에게 빵과 스프가 주식이었기 때문에, 스프에 침을 뱉는 행위는, '다 된 죽에 코를 풀듯', 생필품의 가치를 추락시킨다는 뜻에서 비롯된다.
20세기에 두드러진 도시화 정책으로 양극화(도시와 시골, 특권층과 노동계층)가 가속화되었고, 시골에서처럼 스프는 노동자들의 일상 음식이었다. 스프에 깃들어 있는 사실적, 상징적 가치는 취약계층을 위한 무료 급식 '서민 스프'(1913-1914년, 《온라인 프랑스어 보고사전》 참조)로 더욱 강조된다.

Exemples

- « Benoît qui, avec ses responsabilités et ses vingt-cinq ans d'expérience gagne environ 2 500 euros nets par mois, voit d'un bon œil les 300 euros d'augmentation annuelle promis par le ministre de l'Éducation nationale, Jean-Michel Blanquer. "On ne va pas **cracher dans la soupe**", apprécie-t-il. », Vincent MONGAILLARD, Le Parisien, 29 août 2019 (http://www.leparisien.fr/, septembre 2019).

- « Affoussiata Bamba **crache dans la soupe de** Ouattara : "Je regrette d'avoir travaillé avec ce pouvoir" », titre d'un article de Christian BINATÉ, *Yeclo,* journal en ligne ivoirien, 15 juillet 2019 (https://www.yeclo.com/, septembre 2019).

- « Un journal d'outre-Manche – l'anglais comme le latin, *dans les mots braves d'honnêteté* – donne d'avance un commentaire assez juste de cette façon de procéder en déclarant qu'il est dans les habitudes d'une certaine diplomatie de **cracher dans la soupe** qu'elle se voit forcée de servir à un rival. », *Le Temps,* 13 août 1890, n° 10689, p. 1 (https://gallica.bnf.fr/ark:/12148/bpt6k232640w, septembre 2019).

- « Parfois des expressions sont tout à fait semblables, mais leur sens varie beaucoup d'une langue à une autre : ainsi ***cracher dans la soupe***, qui signifie mépriser des avantages dont on profite existe en allemand *jemandem in die Suppe spucken.* Ici, on crache dans la soupe de quelqu'un, c'est-à-dire qu'on gâche sa joie. », B. GRANCOLA, *Les Langues modernes,* "Cuisines, langues et cultures", 1989, n° 6, p. 38 (https://gallica.bnf.fr/ark:/12148/bpt6k9691034v, septembre 2019).

- « J'accuse les hommes, un par un et en groupe. / J'accuse les hommes de **cracher dans leur soupe,** / D'assassiner la poule aux œufs d'argent, / De ne prévoir que le bout de leur temps. », Michel SARDOU, *J'accuse,* 1976 (https://youtu.be/TtJ3NmyUQco, septembre 2019).

- « Laisse les **cracher dans la soupe,** on crache dans des teuchs / On regarde ton style à la loupe quand on marche avec les reufs / Les haineux ont le seum car on contrôle le biz / T'as reçu ta SACEM, va t'acheter un royal cheese », GREEN & LA FOUINE, *Mauvais œil,* 2010 (https://youtu.be/FJ3CfgqVdWM, septembre 2019).

13 Donner de la confiture à un (des) cochon(s) – Donner du caviar à un cochon

Valeur(s) sémantique(s)
Offrir un bien matériel (ou moral parfois) dont le bénéficiaire ne sait pas apprécier la valeur, ou qui en est indigne. La confiture, pour les plaisirs gustatifs, et le caviar pour son côté luxueux… deux variantes de cette métaphore !

Origine(s)
Fin XIXe et XXe siècle (pour la variante "caviar"), mais ces expressions sont en fait des variantes d'une autre plus ancienne (1533) : "*Ne jetez pas vos perles devant les cochons, de peur qu'ils les piétinent, puis se retournent contre vous pour vous déchirer*" qui est une traduction d'une parole prêtée au Christ selon la Bible de Saint Matthieu pour signifier d'agir avec les gens seulement en fonction de leur mérite (TLFi en ligne et Le Robert, *Dictionnaire des expressions et locutions,* p. 892).

돼지에게 잼(캐비어)을 주다

의미

돼지에 진주 목걸이(좋은 물건 또는 좋은 생각을 주려고 하지만 상대가 그 가치를 모르거나, 받을 만한 자격이 없다는 뜻. 맛있는 잼과 값비싼 캐비어는 메타포다).

유래

19세기 말-20세기 등장(캐비어는 20세기). 옛 관용어(1533년), '진주를 돼지 앞에 버리지 말라. 진주를 짓밟고 물어뜯으려고 할 것이니'의 변형이다. 마태복음에 수록되어 있는데, 그럴 만한 가치가 있는 사람과 행동해야 한다는 의미다(《온라인 프랑스어보고사전》 및 《로베르 관용어구 사전》, p. 892).

Exemples

- « Il faut supprimer tous ces services vélos trottinettes puisque la plupart ne respectent rien, ni les piétons, ni les feux rouges et le matériel ! C'est **donner de la confiture à un cochon !** Ras le bol de payer pour tout ça ! », commentaire de ASSEZ ASSEZ ET + qu'ASSEZ à un article de *Lyon Magazine,* 20 juin 2019 (https://www.lyonmag.com/, septembre 2019).

- « Je trouve louche votre "mihinoa fotsiny...", et croyez-moi, si je dois donner conseil à des jeunes qui se lancent dans la vie, ce serait "croyez très fort en ce que vous entreprenez", ce qui n'est pas loin de la "vraie" affirmation. Et de ne pas leur dire "ayez peur de tout". Et compte tenu de la parabole du semeur, et selon l'expression populaire, **on ne donne pas du caviar à un cochon,** car tout le monde n'est pas un cochon. Et comprenne qui voudra... », commentaire de KAKILAY à un article de Mirana RABAKONIAINA dans *La Tribune de Madagascar,* 15 février 2016 (https://www.madagascar-tribune.com/, septembre 2019).

- « Si j'enlève mon art du grand communiquant / **Confiture aux cochons** aux moutons dans les champs / De blés je me retire de la fosse au purin / Ouais crois-moi mon ami protège ton gamin / **Confiture aux cochons** oui même c'est peu dire / Le cochon ça se mange tout comme le mouton / Là je crois ça devient du caviar au cafard / Pour les peuples du rien les cerveaux au mitard », Damien SAEZ, *Le dernier disque,* 2016 (https://www.dailymotion.com/video/x564ckg, septembre 2019).

- « Ne clippe pas les singles en faisant les mesquines / Passe du rock au rap, je sais même pas si c'était des Skins / Sans ROH2F, y'a rien d'hostile dans leurs vieilles compils / Rappeuse, si t'es docile, j'pète dans leurs vieilles combines / Fini de **donner de la confiture aux cochons** / Chaque rime devrait se vendre dans un pochtron / *J'crache pas dans la soupe*, mais dans la cuillère / Leur catalogue, *c'est du gruyère* », ROHFF, *Dis mon nom,* 2005 (https://youtu.be/16dO2nqihCY, septembre 2019).

- « On dit souvent dans nos campagnes d'une chose sacrifiée inutilement que ce serait **donner de la confiture à un cochon.** On fait cependant mieux ici, depuis quelque temps, puisque certains descendants du compagnon de saint Antoine sont nourris avec du pain bénit. », *La Calotte n° 71,* 18 décembre 1898, p. 6 (https://gallica.bnf.fr/ark:/12148/bpt6k62686264, septembre 2019).

14 Donner du grain à moudre

Valeur(s) sémantique(s)

Fournir des éléments pour réussir un travail, une action, une situation. Parfois des propos qui favorisent un des locuteurs dans une interaction.

Origine(s)

XXe siècle. Il est possible de suggérer que cette formule proviendrait d'une comparaison où l'on imagine des grains de blé (ou de céréales) apporté au moulin pour faire de la farine et par la suite du pain ou d'autres aliments de base. Ici, une matière première vient enrichir une personne tierce par sa transformation. Par extension, tous les éléments qui viennent enrichir les actes et les paroles d'un interlocuteur.

가루로 만들 곡물을 주다

의미

생각할 거리를 주다, 성공할 요소를 제공하다(간혹 대화 도중에 어느 한 사람을 유리하게 하는 말을 하는 것을 의미함).

유래

20세기에 등장. 빵을 만들거나 식재료로 쓰려고 방앗간에 갖다 주는 밀이나 다른 곡물이 연상되는 표현이다. 곡물이 가루로 변형되어 제3의 사람(소비자)에게 좋은 양식이 보급되듯이, 풍부한 화젯거리를 주거나 행동할 수 있는 기회를 제공한다는 의미로 확장된다.

Exemples

- « Utile pour les cadres militants de province, et pour **donner du grain à moudre** aux socialistes étrangers, cette initiative complexe aurait été privée de chair sans la campagne ardente - livre, presse et tréteaux mêlés - conduite par Jaurès et relayée de maintes manières en province par les intellectuels et les Bourses du travail. », Madeleine Rebérioux, *Jean Jaurès cahiers trimestriels*, Société d'études jaurésienne, octobre 1995, p. 17 (https://gallica.bnf.fr/ark:/12148/bpt6k62897804, septembre 2019).

- « Écrire du théâtre, **c'est donner du grain à moudre** à tout ce monde, et si le texte écrit n'est pas totalement injonctif, il précède néanmoins et accompagne le passage à la scène, auquel il survit d'ailleurs. », Isabelle Bonnet, "Le langage théâtral de Jean Giono", *Revue Giono n° 5*, Association des amis de Jean Giono, 2011, p. 248 (https://gallica.bnf.fr/ark:/12148/bpt6k9762582c, septembre 2019).

- « Fed, Chine, pétrole et quatre sorcières, **du grain à moudre** pour les boursiers », John Wiburg, *Les Échos Investir*, 20 septembre 2019 (https://investir.lesechos.fr/, septembre 2019).

- « La peur des représailles de la part de la direction est le facteur qui dissuade le plus la population active de s'engager dans une activité syndicale (35 %). De quoi **donner du grain à moudre** aux organisations syndicales qui pointent le lien entre discrimination ou répression syndicales et faible taux de syndicalisation en France. », Amandine Caihol, *Libération*, 19 septembre 2019 (https://www.liberation.fr/, septembre 2019).

- « Petit conseil aux étudiants en école de journalisme, qui peinent à conclure leur article : si vous ne trouvez pas la phrase de conclusion, c'est que vous l'avez déjà écrite. En rajouter serait superflu. Et bien essayons d'appliquer cette technique à la dernière émission du ***Grain à moudre,*** avec une discussion presque comme les autres, bien qu'en forme de bilan global pour parler d'un monde sens dessus-dessous. », France Culture, "Est-ce que ce monde est sérieux ?", ***Du Grain à moudre,*** 28 juin 2019 (https://www.franceculture.fr/, septembre 2019).

- « Tant que j'ai la niaque et des coups de foudre / Du blé dans la grange et **du grain à moudre** / T'approche pas comme ça, dégage fais moi de l'air / Tu fais peur aux gosses, tu sens le cimetière », Michel Fugain, *Dans cent ans peut-être,* 2013 (https://youtu.be/ginukq2bmRo, septembre 2019).

15 Fermer sa boîte à ragoût (à camembert)

Valeur(s) sémantique(s)

Faire taire quelqu'un ou se taire, surtout quand les propos tenus semblent inadéquats. Argot plutôt vulgaire, d'où une fréquence faible dans les écrits.

Origine(s)

XXe siècle, mais il semble que cette forme argotique contemporaine soit une évolution du "ferme ta gueule" (début XIXe) qui a d'abord connu une phase intermédiaire avec le "camembert" (1930-1940, Claude Duneton, *Le guide du français familier,* p. 513). Dans tous les cas, l'organe de la parole est associé aux odeurs malsaines qui peuvent en sortir. On notera que la boîte à ragoût désigne par rapprochement l'estomac depuis la moitié du XXe siècle. La proximité sonore de ragoût/ragots facilite sans doute l'adoption rapide de la dernière forme !

스튜 통조림(카망베르 깡통 치즈)을 닫다

의미

재갈을 물리다, 입단속시키다(특히 말해서는 안 되는 상황에 쓰임. 문어로는 잘 쓰이지 않는 비속어).

유래

20세기 등장하는데, 19세기 초, 비속어 '아가리 닫어'에서 변형된 것으로 보인다. 1930-40년대에 '카망베르 깡통 닫어'라는 표현이 나온다(Cl. Duneton, *Le guide du français familier,* p. 513). 두 경우 모두, 유해한 냄새가 올라올 수 있는 출구를 언어의 기관과 연결시킨다. 냄새가 썩 좋지 않은 '스튜 통조림'은 20세기 중엽 이후 위장을 지칭했고, 스튜를 뜻하는 '라구(ragoût)'와 험담을 의미하는 '라고(ragots)'가 청각적으로 비슷해서, '스튜 통조림을 닫다'라는 표현이 빠르게 확산되었을 것이다!

Exemples

- « Richard Ramos prié par les Normands de **fermer sa boîte à camembert.** », François Pérou, *France Bleu Orléans,* 2 avril 2019 (https://www.francebleu.fr/, septembre 2019).

- « On peut aussi "**fermer sa boîte à camembert**" et éviter de commenter les moindres faits divers. », commentaire de Baal Hammon à l'article "Tabarka : elle tue son petit ami, qui s'est fiancé à une autre !", *Kapitalis,* 26 septembre 2016 (http://kapitalis.com/, septembre 2019).

- « - H-IL naissât en dix neuf cent soixante-deux... / - naquit / - n'à qui, j'en sais rien n'à qui. / - Donc H-IL naissât en dix... / - naquit / - Quoi ? Quoi n'à qui j'en sais rien tu m'emmerdes, ch't'ai dit qu'j'en savais rien n'à qui. Alors fous-moi la paix et **ferme ta boîte à ragoût.** / - Donc H-IL naissât en dix-neuf cent soixante-deux... / - soupirs... », H-IL le Rhodan, *Canal Blog,* 3 février 2010 (http://hillerhodan.canalblog.com/archives/2010/02/03/16722484.html, septembre 2019).

- « Dans il vient de faire une galette pour "il vient de vomir", le transfert métaphorique n'a pas besoin d'être explicité, pas plus que dans **ferme ta boîte à ragoût** [1994] pour "tais-toi". On peut néanmoins noter que le Dictionnaire de l'argot donne "estomac", et non "bouche" comme équivalent de **boîte à ragoût**, ce qui illustre bien cette profusion polysémique caractéristique des parlures argotiques. », Marc Sourdot, "La dynamique du français des jeunes : sept ans de mouvement à travers deux enquêtes (1987-1994)", *Langue française, n° 114,* 1997, p. 74 (https://www.persee.fr/, septembre 2019).

- « Quoi !! ? Qu'est-ce qui vous regarde ? Connard, trou du cul, gorille, tu oses répondre que quelque chose te regarde, salaud, bouse de vache ! T'es là pour **fermer ta boîte à ragoût** et c'est tout ! Canonnier, approche un peu ta lanterne, que je voie ta tronche de macaque pour la repérer ! Non mais, visez-le, il a des yeux qui me fusillent ! Donnez-moi une barre, je vais lui défoncer la gueule ! », Jean Canolle, *La maison des esclaves 2, Kinkéliba,* Robert Laffont, 1991, p. 31 (https://gallica.bnf.fr/ark:/12148/bpt6k3366296d, septembre 2019).

16 Ôter (enlever/retirer) le pain de la bouche de quelqu'un

Valeur(s) sémantique(s)

Priver quelqu'un de ses ressources, de ce qui lui permet de vivre (argent, situation, travail…).

Origine(s)

XIXe siècle pour la forme actuelle, mais il existe des traces de cette expression depuis le début du XVIIe (Le Robert, *Dictionnaire des expressions et locutions,* p. 847).

Le pain est l'aliment de base nécessaire à la survie d'un être humain depuis de nombreuses générations, et par extension de tout ce qui permet de vivre…

누군가의 입에서 빵을 없애다(제거하다, 꺼내다)

의미

생계수단(돈, 상황, 일)을 빼앗다.

유래

19세기에 나타나지만, 17세기 초부터 쓰인 흔적이 있다(《로베르 관용어구 사전》, p. 847).

오래전부터 빵은 인간 생존에 필요한 기초 양식이기 때문에, 빵이 없으면 생계수단이 막막해진다는 의미로 확장된다…

Exemples

- « Je brise mes promesses / Et je claque les portes / Ces histoires d'amour qui deviennent tristes / Dans les halls de gare je les laisse pour mortes / **J'ôte le pain de la bouche** des terroristes », LIO, *Je casse tout ce que je touche,* 1986 (https://youtu.be/XMHJeLpf7F4, septembre 2019).

- « Ma liberté loin d'être à vendre / Si les derniers seront les premiers pourquoi devrais-je attendre ? / Le refus est clair et net **ose retirer le pain de ma bouche** / Criblé de balles ou de dettes », BRAV, *L'Arche,* 2015 (https://youtu.be/PRcHI3Szj-o, septembre 2019).

- « Des magasins pillés et incendiés, une chasse à l'homme émaillée des pires atrocités les plus inimaginables. C'est l'enfer sur terre qu'imposent actuellement des imbéciles, n'ayons pas peur des mots, à leurs semblables, sous le prétexte que ces commerçants sont venus leur **ôter le pain de la bouche.** », MORIN, *WakatSéra,* 25 septembre 2019 (https://www.wakatsera.com/, septembre 2019).

- « Paul se fâcha, dit Pasquin, et répondit en colère : "Est-il donc juste **d'ôter le pain de la bouche** de ses enfants pour le donner aux chiens ?" », Pierre LAROUSSE, *Grand dictionnaire universel du XIXe siècle : français, historique, géographique, mythologique, bibliographique... T. 12,* 1874, p. 354 (https://gallica.bnf.fr/ark:/12148/bpt6k2053648, septembre 2019).

- « On proposa pour le Duc, qu'il n'y avoit point de bleds en Savoye, & que les habitants estoient reduits à la faim, **qu'oster le pain de la bouche de ses subjets,** pour le donner aux soldats de sa Majesté, estoit chose bien dure. », Jean de SERRES, *Le Véritable inventaire de l'histoire de France, depuis Pharamond jusques à Louis XIV, à présent régnant...,* 1660, p. 411 (https://gallica.bnf.fr/ark:/12148/bpt6k8727031k; septembre 2019).

17 Partir en sucette

Valeur(s) sémantique(s)

Une situation qui tourne mal ou qui devient très risquée, ou encore des évènements qui amènent à l'échec d'un projet.

Origine(s)

XXe siècle, dans le monde des motards, cela désignait le fait d'avoir sa roue arrière (rarement avant) qui glissait, et donc qui rendait la plupart du temps la situation incontrôlable… ça glissait de plus en plus comme pour manger une sucette (le plaisir de la glisse). Sans doute, l'extension à d'autres domaines fut en raison de la description explicite de la perte de contrôle… et de l'accident qui en résulte !

막대사탕으로 떠나다

의미

안 좋게 끝나다(매우 위험스러운 상황으로 변하거나, 계획한 일이 실패하게 되는 상황을 가리킴).

유래

20세기에 등장. 오토바이를 탈 때, 뒷바퀴(드물게 앞바퀴)가 미끄러져 통제할 수 없는 상황에 봉착하는 것을 의미했는데, 막대사탕을 빨면 빨수록 표면이 맨들맨들해 지듯이… 통제 능력이 상실되어 사고가 일어날 수 있는 다양한 상황을 일컫는 의미로 확장되었을 것이다!

Exemples

- « Si c'était à refaire, je prendrai toutes mes affaires / Pour un exil mon frère, j'aurais quitté la Terre / J'ai laissé trop de potes **partir en sucette,** tu sais / J'ai des remords on était pareil, on visait le tu sais / Déçu par la vie, adopté par le mal / Je vis dans un monde où mêmes tes gosses te parlent mal », JAROD, *Inadapté,* 2011 (https://youtu.be/qy5czE96QKs, septembre 2019).

- « Ce système a fait tout pour te faire ressortir ton côté bestial / Fais gaffe ou demain tu seras à la une du journal / Si toutes les occasions de **partir en sucette** tu les additionnes / Ça fait plus que peu pour punir ta petite tête, est-ce que tu visionnes / C'est en prison qu'avant de partir en couilles, tu les collectionnes / On va finir par retrouver ta dépouille, est-ce que tu visionnes ? », RAGGASONIC, *Dans la rue,* 2012 (https://youtu.be/EsLMaQLiKuY, septembre 2019).

- « Projets **partis en sucette** / C'est la merde, mais dis-moi comment on va faire ? / J'dois régler tout ça, mais comment on va faire ? / J'me sens bête un peu, est-ce que t'as capté ? », Aya NAKAMURA, *Sucette,* 2018 (https://youtu.be/It33kl8rh1Q, septembre 2019).

- « Mais je pense que la meilleure communication de Neymar, c'est la manière dont il joue. Il a fait des erreurs. Moi, j'en ai fait aussi. Mais le plus important, c'est ce qui se passe sur le terrain, pas en dehors. Parce que, contrairement aux réseaux sociaux, ce qui se passe sur le terrain **ne peut pas partir en sucette** car c'est un joueur exceptionnel. », Jean-Pierre PAPIN, interview dans *Le Parisien,* 13 septembre 2019 (http://www.leparisien.fr/, septembre 2019).

- « Certes, il y a les Gilets jaunes. Certes, l'Europe semble un peu **partir en sucette** avec cette petite histoire de Brexit et d'Italie récalcitrante. Certes, les indicateurs économiques ne sont pas bons, le chômage ne diminue pas des masses et les tensions mondiales, européennes et nationales ne semblent pas s'apaiser. Certes. Mais au moins, la France reste ce pays accueillant où il fait bon vivre et on l'on se presse pour profiter de ses richesses. », Éditorial *Contrepoint,* 11 janvier 2019 (https://www.contrepoints.org/, septembre 2019).

- « Ce qu'il ne fallait surtout pas, c'est être encore déçu de la défaite concédée la veille face aux Russes et **partir en sucette.** », *Hand mag,* magazine de la Fédération française de handball, janvier 2007, p. 16 (https://gallica.bnf.fr/ark:/12148/bpt6k9797379k, septembre 2019).

18 Pédaler dans la choucroute (dans la semoule/dans le yaourt)

Valeur(s) sémantique(s)

Faire beaucoup d'efforts, mais très souvent désordonnés, et qui n'amènent pas le résultat escompté, bien au contraire !

Origine(s)

XXe siècle, il semblerait que cette expression provienne du monde du cyclisme (Tour de France) pour décrire les coureurs exténués et n'arrivant plus à suivre (leur coup de pédales tournant dans le vide…) et contraint de prendre la voiture-balai – qui était jaune dans les années 60 !
Cependant, il est aisé d'imaginer qu'une personne pédalant dans un de ces éléments culinaires (ceux possibles pour la formule), ne puisse en aucun cas avancer, tout se désagrégeant sous les mouvements, quels qu'ils soient !

슈쿠르트(세몰리나/요구르트) 안에서 페달을 밟다

의미

수포로 돌아가다, 헛수고하다(노력을 많이 했지만, 꾸준하지 않아서 기대한 결과를 얻지 못하는 경우를 의미함).

유래

20세기, 자전거 경기(투르 드 프랑스)에서 유래한다. 기진맥진한 선수들이 페달을 아무리 돌려도 헛돌아… 앞으로 나아가지 못해서, 1960년대 노란색이었던 회수 차량을 탈 수밖에 없는 상황을 묘사한 것 같다!
회수차량은 주변 청소 차량이었기 때문에 '빗자루 차량'이라고 불렸다. 프랑스 전통 양배추 요리 슈쿠르트나 떠먹는 요구르트 또는 곡물요리 세몰리나가 바닥에 깔려 있다고 상상해보자. 페달을 힘차게 밟는다 한들, 부서진 음식물을 헤집고 전진할 수 없는 상황이 쉽게 연상된다!

Exemples

- « **J'ai pédalé dans la choucroute,** / Dans le froid et dans le doute, / Pas tout seul mais en tandem, / Avec la souffrance suprême, / Et je fais le Tour de France, / Mais je le fais dans l'mauvais sens », OLIVE ET MOI, *Encore un tour,* 2008.

- « J'arrive pas à gérer ma vie il a fallu que je m'en rajoute / Je me serai évité des ennuis et là **je pédale dans la choucroute** / Je veux plus de ce mec je veux plus de moi tu m'entends, j'ai… J'ai besoin que ça s'arrête ! / Je veux plus de ce mec je veux plus de moi tu m'entends j'ai besoin que ça s'arrête ! », BOB'S NOT DEAD, *Avatar,* 2016 (https://youtu.be/qfI3sVZLzbU, septembre 2019).

- « Tu aurais pu me la donner tout de suite, au lieu de me laisser **pédaler dans la choucroute** et me mouronner pour rien… », Philippe RAGUENEAU, *Un homme à vendre,* A. Michel, 1979, p. 279 (https://gallica.bnf.fr/ark:/12148/bpt6k48032181, septembre 2019).

- « Et ne croyez pas que j'aie ramassé une insolation ou que je sois en train de **pédaler dans la choucroute** par excès de bourbon dans le sang… », Marc ARNO, *Deux espions sur la piste,* Fleuve Noir 1977, p. 117 (https://gallica.bnf.fr/ark:/12148/bpt6k34073601, septembre 2019).

- « Ce serait du beau tweed, la police fashion aurait peut-être pardonné, mais du daim à franges ! Allô quoi ! *"J'ai l'étiquette d'un réalisateur qui fait des films fous"*, confie Quentin Dupieux, le réalisateur. Avec un tel scénario l'acteur qui a épousé une patineuse aurait pu **pédaler dans la choucroute.** », Sabine DELANGLADE, *Les Échos,* 18 juin 2019 (https://www.lesechos.fr/, septembre 2019).

- « Vous avez voulu Hollande, et bien continuez à **pédaler dans le yaourt** avec ce bon père de la nation. De son côté Sarko n'a pas besoin de revenir en politique : c'est ce que cette photo veut dire. », commentaire de SIN MISSAE à l'article de Tristan QUINAULT-MAUPOLI, « La pose de Sarkozy à scooter, un "message désastreux" selon Guaino », *Le Figaro,* 2 août 2014 (http://www.lefigaro.fr/, septembre 2019).

19 Pour une bouchée de pain

Valeur(s) sémantique(s)

Quelque chose que l'on peut acheter pour une faible valeur monétaire, voire une somme ridicule par rapport à l'objet acquis.

Origine(s)

XVIIIe siècle dans un de nos exemples, mais milieu de XIXe pour Claude DUNETON (*Le Bouquet des expressions imagées,* p. 714). On peut envisager que la quantité demandée (une bouchée) soit bien trop faible par rapport à la valeur réelle ou symbolique du pain pour la vie quotidienne. Il suffit de se représenter une personne qui se contente d'une simple bouchée de pain à cause de sa situation…

빵을 한 입 넣으려고

의미

헐값에 (매우 저렴하게 구입한 것을 지칭함)

유래

18세기로 보기도 하지만, 클로드 뒤네통은 19세기 중엽이라고 주장한다(*Le Bouquet des expressions imagées,* p. 714). 일상에서 중요한 빵의 실제적, 상징적 가치를 생각한다면, 빵 한 입은 매우 적은 양이다. 상황이 열악해서, 빵 한 입 베어 먹고 만족스러워 하는 모습이 쉽게 연상되는 표현이다…

Exemples

- « De la France on s'en foutait / Comme de l'Espagne / Mais l'argent qu'on nous donnait / Fallait qu'on le gagne / En combattant les Anglais / Les Russes ou les Autrichiens / En combattant sans arrêt / **Pour une bouchée de pain** », Jean FERRAT, *Les mercenaires,* 1958 (https://youtu.be/2FkUJW6ed-A, septembre 2019).

- « La commère au potron-minet / Ramassa les os qui traînaient / **Et pour une bouchée de pain** / Les vendit à des carabins », Jean BERTOLA chante Georges BRASSENS, *Le revenant,* 1985 (https://youtu.be/DudGB7_p0cI, septembre 2019).

- « La plupart des ouvriers qui se sont mis en grève ces dernières années sont confrontés aux mêmes difficultés : leur entreprise a été privatisée et offerte **pour une bouchée de pain** à des proches du régime, qui payent les salaires au petit bonheur la chance et empochent les aides publiques et les bénéfices sans investir un sou dans la production. », Maurice SPIRZ, NPA, 26 septembre 2019 (https://npa2009.org/, septembre 2019).

- « Il [Jacques Chirac] lui en faudra, car la révélation du financement des travaux de son château de Bity, en Corrèze, acheté **pour une bouchée de pain** et rénové grâce aux subsides de l'État (il l'avait fait classer par un arrêté, en avril 1969, un mois après l'avoir acheté), le déstabilise. Dans l'Humanité, André Wurmser écrit que "M. Chirac n'est pas coupable juridiquement (...) Moralement, il n'est pas défendable". », Grégory MARIN et Lionel VENTURINI, *L'Humanité,* 26 septembre 2019 (https://www.humanite.fr/, septembre 2019).

-

« Salomon l'a dit : *avoir trop d'égard aux personnes, est une faiblesse criminelle ; un homme de ce caractère transgressera la loi, et vendra la justice* ***pour une bouchée de pain****.* », Francis BACON, *Œuvres de François Bacon. Volume 12 : Essai de morale et de politique,* traduites par Ant. LASALLE, imprimerie L. N. Frantin, 1799-1802, p. 105 (https://gallica.bnf.fr/ark:/12148/bpt6k93956n, septembre 2019).

- « Celui qui en jugeant a égard à la personne, ne fait pas bien ; & un tel homme **pour une bouchée de pain** abandonnera la vérité. », Le MAISTRE DE SACI (traducteur principal), *La sainte Bible contenant l'Ancien et le Nouveau Testament,* traduite en francccois sur la Vulgate. Tome 1, Guillaume Desprez, 1730, Chap. XXVIII, § 3, 2.1, p. 801 (https://gallica.bnf.fr/ark:/12148/bpt6k6532271m, septembre 2019).

20 Rester comme deux ronds de flan

Valeur(s) sémantique(s)

Se retrouver dans une situation de surprise complète. Stupéfaction presque complète suite à quelque chose d'inattendu. Aujourd'hui, cela signifie parfois être sans réaction face à une situation, un événement, des paroles.

Origine(s)

Fin du XIXe, début du XXe siècle, expression prêtée à Georges COURTELINE en 1892 (TLFi en ligne) dans un ouvrage sur les ronds-de-cuir… Cet auteur jouait sur les valeurs sémantiques dans ses créations lexicales et il a peut-être voulu évoquer que les *ronds de cuir sont des tire-au-flanc* reposant souvent sur les côtés de leur arrière-train, les *deux ronds de flan(c)…*

Cependant, au cours du XIXe, dans l'argot : "du flan", signifiait *non, jamais ou des propos sur rien* (Charles BOUTLER, *Argoji, Dictionnaire d'argot classique,* 2013 – http://www.russki-mat.net/argot/Argoji.php, octobre 2019).

두 조각 동그란 플랑처럼 있다

의미

놀라서 말문이 막히다, 입을 다물지 못하다(뜻하지 않은 경악스런 상황을 의미함. 오늘날에는 상대방 말이나 상황/사건에 어떤 반응도 보이지 않는 것을 의미하기도 함).

유래

19세기 말-20세기 초에 등장. 1892년 조르주 쿠르텔닌의 사무원에 대한 작품에 나온 표현이다(《온라인 프랑스어 보고사전》 참조). 의자에 놓는 원형 쿠션을 '롱 드 퀴르(rond de cuir)'라고 한다. 언어의 유희를 즐긴 쿠르텔린은 사무원들을 'ronds-de-cuir'라고 했는데, 엉덩이를 죽치고 삐죽 튀어나온 양쪽 허리살(deux ronds de flanc)을 의자에 받친 채, 게으름 피우는 사람들(tire-au-flanc)을 암시하고자 한 것 같다. 따라서 처음에는 '양쪽 허리살(deux ronds de flanc)'로 , 즉 옆구리를 뜻하는 'flanc'으로 표기했는데, 간식으로 즐겨 먹는, 동음이의어 'flan'으로 바뀌었다. '둥글게 썬 두 조각 플랑처럼 있다'에서 삐져나온 옆구리 살과, 놀라서 털썩 주저앉는 모습이 연상된다. 그런데 19세기에 '플랑(flan)'은 속어로 '아니다, 결코, 의미 없는 말'을 의미했다(Charles BOUTLER, *Argoji, Dictionnaire d'argot classique,* 2013 - http://www.russki-mat.net/argot/Argoji.php, octobre 2019).

Exemples

- « Et Cortot se surpasse lui-même en célébrant sur un pleyel auguste la Sonate en si mineur, toute parfumée d'une onction parsifalienne, si puissante d'idées et de sonorités que Schumann, à qui elle est dédiée, dut **en rester sur deux ronds de flan**... », *Le Monde artiste : théâtre, musique, beaux-arts, littérature, n°* 25, 24 juin 1906, p. 276 (https://gallica.bnf.fr/ark:/12148/bpt6k54591044, septembre 2019).

« "Vas y Dédé, Envoie la Musique !" / Ha ce que c'est Bath, d'être avec les copains et d'faire du Rap / Ha c'est bien chouette d'faire partie du putain Klub Des 7 / Ça roule un peu des mécaniques mais toujours à la bonne Franquette / **Tu vas rester comme deux ronds de flan** : c'est qu'c'est un sacré orchestre ! », Le club des 7, *La cour des grands,* 2009 (https://youtu.be/brqsw0zSVbI, septembre 2019)

- « Thor... devenu alcoolique !... Et avec un bide à bière large de cinq années de consommation frénétique ! **On était comme deux ronds de flan** en découvrant la transformation physique et le nouveau *lifestyle* du Dieu du Tonnerre. », Mélanie T, *Melty,* 29 avril 2019 (https://www.melty.fr/, septembre 2019).

- « Dans cette interview, monsieur le ministre de l'Éducation (le chouchou du Président donc) a dit un truc qui **m'a laissée comme deux ronds de flan.** Vous savez, vous Yves, pourquoi le jeune homme a braqué sa professeure ? Alors, je vois venir, ce n'est pas du tout pour cette obscure raison d'absence au lycée. », Isabelle Saporta, "C'est comme ça", *RTL,* 23 octobre 2018 (https://www.rtl.fr/, septembre 2019).

- « Elle se souvient de ses premiers pas comme institutrice. "Au début, on a un petit peu peur des parents. On n'a pas la maturité... On appréhende. Mais j'ai toujours eu de bonnes relations avec eux". Elle s'amuse de ce cadeau de Noël reçu : un rouge à lèvres parce qu'ils me trouvaient "fade" et l'air un "peu malade" ! "À l'époque, j'étais jeune et timide, je n'ai pas su quoi dire. **Je suis restée comme deux ronds de flan.** Aujourd'hui, j'aurais ri", confie l'ex-institutrice de 42 ans. Car il "faut dédramatiser. Ce n'est rien de grave au fond". », Florence Chédotal, *La Montagne,* 28 octobre 2018 (https://www.lamontagne.fr/, septembre 219).

21 Se faire assaisonner

Valeur(s) sémantique(s)

Recevoir des coups, se faire tuer par une arme à feu ; ou être sévèrement condamné. Ou encore plus récemment, entendre de très fortes critiques (dévalorisantes).

Origine(s)

Début du XXe siècle, mais l'origine de cette formule, explicite aujourd'hui, est inconnue. Il est possible d'imaginer une comparaison entre le fait d'assaisonner une viande pour l'attendrir, la rendre meilleure, et l'objectif poursuivi sur une personne ! Cependant, une salade trop assaisonnée… est cuite… morte !
Ou plus simplement, une proximité phonétique entre *assassiner* et *assaisonner* dès lors que leurs valeurs sémantiques et leurs usages sont équivalents…

양념이 뿌려지다

의미

구타당하다(묵사발 되다), 총으로 살인당하다, 엄벌을 받다(최근에는 심한 비난을 받는다는 의미로 쓰임).

유래

20세기 초에 등장. 기원은 불분명하지만, 명료한 표현이다. 고기에 양념을 해서 육질을 부드럽고 맛있게 하는 행위와 한 사람을 계속 겨냥하는 행위를 비교할 수 있을 것이다. 그런데 샐러드에 소스를 너무 뿌리면… 고유의 맛을 잃고 '절어버린다'…!
아니면 더 단순하게, 의미가 상통하는 '아사시네(죽이다)'와 '아세조네(양념치다)'의 청각적 유사성에서 비롯된 표현으로 볼 수 있다…

Exemples

- « Et on s'épate que les zincs qui se débinent à 200 à l'heure dans tous les sens ne se fassent pas bouziller plus souvent par nos obus, quand une vingtaine de poilus en tas peuvent **se faire assaisonner** comme ça, sans bouger, sans qu'il y en ait un pour écoper seulement d'une égratignure ! », Jacques Mortane, *La Guerre aérienne illustrée,* 2e année, n° 105, 14 novembre 1918, p. 845 (https://gallica.bnf.fr/ark:/12148/bpt6k64748678, octobre 2019).

- « Buffet et Bontemps **se sont fait salement assaisonner** ! Faut dire qu'ils y étaient pas allés avec le dos de la cuillère ! », Pierre Perret, *Le petit Perret,* Jean-Claude Lattès, 1982, p. 21.

- « Philippe Etchebest était en compagnie du gérant de la pizzeria "l'Isle aux pizzas" implantée sur la petite commune périgourdine et qui va **se faire assaisonner** dans un prochain épisode de Cauchemar *en cuisine,* en cours de tournage en Dordogne. », E. P., *20 minutes,* 22 février 2019 (https://www.20minutes.fr/, octobre 2019).

- « Autres usagers bancaires devant s'attendre à **se faire assaisonner** : ceux – de plus en plus rares, reconnaissons-le – s'acharnant à pousser la porte de leur agence. Pour y émettre, par exemple, un ordre de virement. », Marie-Dominique Dubois, *Capital,* 1er août 2016 (https://www.capital.fr/, octobre 2019).

- « Faut pas m'raisonner / J'sais qu't'es désolée / Tu veux frissonner / **J'vais t'assaisonner** / J'traîne et j'fais qu'zoner / Eux ils font qu'zoomer / Sombre destinée (ouai, ouai, ouai) », Ridsa, *C'est carré,* 2019 (https://youtu.be/o-XTab5MyrA, octobre 2019).

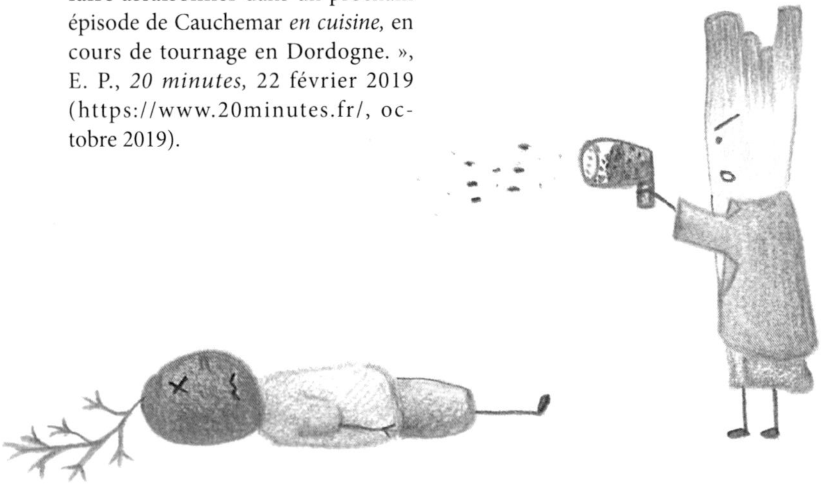

22 Tenir la dragée haute à quelqu'un

Valeur(s) sémantique(s)

Aujourd'hui tenir tête et résister à quelqu'un ou à une situation qui semble en état de domination. Mais il est possible aussi d'avoir : « Lui faire payer cher ce qu'il demande, le faire attendre. » (TLFi en ligne) ; « faire sentir son pouvoir à quelqu'un » ou « faire attendre longtemps quelque chose à quelqu'un » (Le Robert, *Dictionnaire des expressions et locutions,* p. 430).

Origine(s)

XVIIIe siècle avec comme hypothèse la plus probable le fait que cette expression provienne d'un jeu d'enfant où l'on accrochait bien haut une sucrerie (une dragée) au bout d'un fil et qu'il leur fallait sauter bien haut pour l'obtenir. Mais l'expression "prendre une *dragée*" signifie recevoir une balle ou un petit plomb de chasse pour François Rabelais : « ...une ballote de fer bien qualibrée, & vingt & quatre grains de **dragée** de fer... », *Le Quart Livre,* p. 488, 1552 ! La menace de la dragée permet sans doute une résistance plus haute ?

(아몬드나 호두에 설탕을 입힌) 당과를 높이 매달다

의미

오늘날에는 저항을 의미한다. 자신을 지배하는 상황이나 지배자에 맞서, 고개를 숙이지 않는 것을 의미한다. 요구하는 것에 대해 비싼 대가를 치르게 하다(《온라인 프랑스어 보고사전》), 또는 자신의 권력을 느끼게 하거나 원하는 것을 오래 기다리게 하는 것을 의미하기도 한다(《로베르 관용어구 사전》, p. 430).

유래

18세기에 당과(dragée)를 줄 끝에 매달아, 아이들이 높이 뛰어 잡게 하는 놀이에서 유래한다는 설명이 가장 타당해 보인다. 그런데 'dragée를 먹다'는 총이나 사냥용 산탄을 맞는다는 의미다. 구어로 'dragée'는 총알과 관련 있는데, 프랑스아 라블레의 《제4서》에 "잘 장전된 금속 총알과 24개의 작은 쇠덩어리(dragée)가 있다…"(p. 430, 1522)고 적혀 있다. 'dragée'가 위협적 도구였던 만큼, 저항도 강한 것이 아닐까? 위협에서 저항으로, 의미가 전복된 흥미로운 표현이다.

Exemples

- « En vendant ton butin, prends garde au marchandage / Ne vas pas tout lâcher en solde au receleur / **Tiens leur la dragée haute** en évoquant l'adage / Qui dit que ces gens-là sont pis que les voleurs », Georges BRASSENS, *Stances à un cambrioleur,* 1972 (https://youtu.be/D9cDyN9qYww, octobre 2019).

- « "Les seules capables de **tenir la dragée haute** aux grandes plateformes de diffusion sont les majors. Les indépendants ont-ils déjà pu négocier une virgule des contrats proposés par Apple avec iTunes?", nuance de son côté Yves Riesel, fondateur d'Abeille musique et de la plateforme musicale Qobuz, qui a choisi lui de ne pas mettre son catalogue sur YouTube. », Benjamin FERRAN, *Le Figaro,* 1er juillet 2014 (https://www.lefigaro.fr/, octobre 2019).

- « À peine moins agile que l'ancienne version, plus confortable, mieux finie, offrant un espace moins confiné, cette nouvelle Série 1, fondée sur la plate-forme du monospace Active Tourer et des SUV X1 et X2, s'est donné les moyens de **tenir la dragée haute** à ses principales concurrentes (Audi A3, Mercedes Classe A). », Alain CONSTANT, *Le Monde,* 8 octobre 2019 (https://www.lemonde.fr/, octobre 2019).

- « M. Soubet : Et ils le feront d'autant plus facilement qu'ils sauront ce qui vous manque et qu'ils connaîtront vos besoins. Alors ils vous feront payer le blé plus cher ; ils vous **tiendront la dragée haute**, soyez-en persuadés, et vous feront passer sous leurs fourches caudines. », *Journal officiel de la République française.* Débats parlementaires. Chambre des députés : compte rendu in-extenso, 9 janvier 1894, p. 293 (https://gallica.bnf.fr/ark:/12148/bpt6k97568312, octobre 2019).

- « Il s'agit, dans cette Europe régie de plus en plus par des principes germano-européens, d'établir une nouvelle donne dans les relations politiques et économiques entre les États-Unis et l'Europe, le tout dans un partenariat où l'Allemagne pourrait **tenir la dragée haute** face à Washington. », Pierre HILLARD, *La Pensée : revue du rationalisme moderne,* Fondation Gabriel Péri, Avril/juin 2003, n° 334, p. 29 (https://gallica.bnf.fr/ark:/12148/bpt6k6204598c, octobre 2019).

VI.

Victuailles (chairs et viandes). Pauvres bêtes… si au moins elles pouvaient nous parler.

Les animaux, symboles de la nature, sont souvent admirés et considérés pour leur proximité ou leur indépendance vis-à-vis des êtres humains. Hélas, parfois une de leurs qualités réelles ou fictives prend une couleur anthropomorphique et cela les avantage rarement.

이제 육류의 세계로 가봅시다! 동물과 말할 수 있다면 좋으련만…

자연의 상징, 동물은 인간과 친근하면서 독자적 생존 능력이 있어 감탄을 자아낸다. 사람과 실제로 비슷하거나, 비슷하다고 가정하는데, 동물에게 부여된 특성이 단점으로 작용하는 경우가 많다.

1 Avaler des couleuvres – Faire avaler des couleuvres

Valeur(s) sémantique(s)

Subir des offenses publiques sans pouvoir s'y opposer. Obliger quelqu'un à supporter des paroles, souvent considérées comme inexactes ou falsifiées et donc le tromper.

Origine(s)

XVIIe siècle (23 mai 1667 pour une trace écrite, voir plus bas).
Certains penchent pour une similitude avec le terme de "couleur" qui depuis le XVe siècle pouvait avoir comme sens « raison spécieuse, fausse apparence qu'on donne à quelque chose » (Le Robert, *Dictionnaire des expressions et locutions,* p. 333). Mais, il semblerait plus probable, que la valeur sémantique liée à l'animal comme symbole du vice, des mensonges et des mauvaises intentions, comme nombre de serpents (notamment dans la Bible, ou dans le *Roman de Renart*), soit une explication plus pertinente.

뱀을 삼키다(삼키게 하다)

의미

저항도 못 하고 공개적으로 모욕당하다, 위조된 이야기나 부정확한 사실을 받아들이게 하다.

유래

17세기에 등장(1667년 5월 23일 마담 드 세비네에게 보내는 뷔시 라뷔탱 백작의 편지에서 발견할 수 있다. 아래 인용문 참조).
15세기 이후 '거짓 모습, 그럴듯한 이유'를 의미하기도 한 '색깔(couleur)'과 '뱀(couleuvre)'의 유사성에서 비롯된 표현이라고 주장하기도 하지만(《로베르 관용어구 사전》, p. 333), 뱀의 상징성(특히 성경이나 《여우 이야기》에서 악, 거짓, 나쁜 의도를 상징)에서 비롯된다는 설명이 더 타당할 것 같다.

Exemples

- « Si d'un état agréable j'étois passé tout d'un coup à un état malheureux, je sentirois tout ce que vous sentez ; mais **on m'a fait avaler** huit ans durant **tant de couleuvres,** dont je ne me vantois pas, que je regardois la fin de ces misères, de quelque façon qu'elle pût arriver, comme je regardois avant cela d'être maréchal de France... », lettre (72) du comte de BUSSY-RABUTIN à Mme DE SÉVIGNÉ, du 23 mai 1667 dans les *Lettres de Madame de Sévigné, de sa famille et de ses amis, tome 1,* Hachette, 1862, p. 491 (https://fr.wikisource.org/wiki/Lettre_du_23_mai_1667_(Sévigné), octobre 2019).

- « L'indifférence, j'en conviens, est une qualité des hommes d'État, mais des hommes d'État sans conscience. Il faut savoir regarder d'un œil sec tout événement, **avaler des couleuvres** comme de la malvoisie, mettre au néant, à l'égard des autres, morale, justice, souffrance, pourvu qu'au milieu des révolutions on sache trouver sa fortune particulière. », François-René de CHATEAUBRIANT, *Mémoires d'outre-tombe. [1849-1850]* Nouvelle édition par Edmond Birée, Tome 5, Garnier Frères Libraires-Éditeurs, 1899-1900, p. 211 (https://gallica.bnf.fr/ark:/12148/bpt6k9671522t, octobre 2019).

- « Ah **ils nous en ont fait avaler des couleuvres** / De Prague à Budapest de Sofia à Moscou / Les staliniens zélés qui mettaient tout en œuvre / Pour vous faire signer les aveux les plus fous », Jean FERRAT, *Bilan,* 1980 (https://youtu.be/3hfYHLgqSZw, octobre 2019).

- « Il m'a fallu l'épreuve de "c'est chacun pour soi" / **Avaler des couleuvres,** I.A.O, I.A.O / Mon karma est tenace / On est selon "Bouddha" / Héritier de nos actes, I.A.O, I.A.O », Mylène FARMER, *Méfie-toi,* 1999 (https://youtu.be/1dsJSezLx_8, octobre 2019).

- « On laissera pas la haine dominer / Ces menteurs veulent nous embobiner / Ils veulent nous **faire avaler des couleuvres** / Leur œuvre, c'est d'amplifier nos douleurs / Ils veulent qu'on s'oppose, névrose, qu'on explose / Moi je viens de la ville rose, obligé d'aimer les couleurs », BIGFLO & OLI, *Dans mon lit,* 2017 (https://youtu.be/cTlcFC2OcJQ, octobre 2019).

2 Avoir mangé/bouffer de la vache enragée

Valeur(s) sémantique(s)

Être mis à l'épreuve par une situation difficile. L'expression est souvent liée à des difficultés économiques et sociales pour une personne qui n'arrive pas à sortir de sa condition de pauvreté. Parfois pour désigner une personne excitée !

Origine(s)

XVIIe siècle* selon un de nos exemples (XVIIIe pour d'autres sources). Cela représentait la vie ardue d'une personne réduite à consommer de la viande de vache malade à cause de ses difficultés socio-économiques. Mais aussi (par extension ?), une personne obligée de subir des épreuves jugées difficiles pour survivre. Aujourd'hui, le sens d'énervement, provient sans doute de la maladie de la *vache folle,* qui aurait atteint certains êtres humains…

* Existe déjà en 1610 dans François Béroalde de Verville, *Le moyen de parvenir,* p. 229 (https://gallica.bnf.fr/ark:/12148/bpt6k6363210k, octobre 2019).

미친 암소를 먹었다

의미

시험대에 오르다(특히 경제적, 사회적 어려움으로 가난한 환경에서 벗어나지 못하는 것을 의미함. 간혹 흥분한 사람을 지칭하기도 함).

유래

17세기에 등장*(18세기로 보는 경우도 있다). 경제적 어려움으로 병든 소고기를 먹어야 하는 힘든 삶을 상징한다. 넓게는 힘든 시련을 겪어야 하는 상황을 가리킨다. 오늘날에는 광우병에 걸린 소처럼 흥분한다는 의미로도 쓰인다…

* 1610년 베로알드 드 베르빌의 《출세 방법》(229쪽)에 이미 나오는 표현이다 (https://gallica.bnf.fr/ark:/12148/bpt6k6363210k, octobre 2019).

Exemples

- « Jeune adulte, [Luc Besson] il **"bouffe de la vache enragée"** pour s'imposer comme indispensable homme à tout faire sur les plateaux de cinéma, réalise à 23 ans *Le Dernier Combat,* son premier film. Le lecteur découvrira que le Besson adulte est l'exact décalque de Luc enfant. », Jérôme Béglé, *Le Point,* 24 septembre 2019 (https://www.lepoint.fr/, octobre 2019).

- « Ah c'qu'on en a **mangé** / **De la vache enragée** / Ah c'qu'on s'en est **gavé** / **De la vache enragée** / On s'en est **pourléché** / **De la vache enragée** / On s'en est empiffré / On en a dégusté », Brigitte Fontaine, *La vache enragée,* 1966 (https://youtu.be/vmrl_JwK61E, octobre 2019).

- « J'avais des trous sous mes godasses / Et les pantalons râpés / C'est vrai que j'en ai souvent bavé / Mais, croyez-moi / **On peut manger de la vache enragée** / Ou pire que ça », Hugues Aufray, *Des femmes et du tabac,* 2001 (https://youtu.be/G7I_YI08lJs, octobre 2019).

- « Cette gaieté entraînante que le soldat français manifeste infailliblement au moment où la mort le serre de plus près, on ne la connaît bien que lorsqu'on a souffert avec lui, que lorsqu'on a comme lui et avec lui **mangé longuement de la vache enragée**, suivant son énergique expression. », F. De Saulcy, *L'Athenaeum français,* 23 juillet 1853, n° 30, p. 690 (https://gallica.bnf.fr/ark:/12148/bpt6k9644925j, octobre 2019).

- « Arlequin : Ouy. Faut-il que cela t'étonnes ? / Hé, combien d'Enfans de Bellone/ A Paris, comme moy, cet Esté sont venus / Demander becquée à Vénus ? / Ah ! que depuis mes adieux à l'Armée, / **J'ay bien mangé, mon cher, de la vache enragée,** / Et bien encouru des malheurs ! / Tu me regardes bien ? J'ay perdu mes couleurs, / Comme tu vois, je suis plus noir qu'à l'ordinaire. », Théâtre italien de Evaristo Gherardi, mis au théâtre par Monsieur Mongin, *Les promenades de Paris. Comédie en trois actes,* 1695, p. 147 (https://gallica.bnf.fr/ark:/12148/bpt6k64725310, octobre 2019).

3 Bouffer/manger du lion

Valeur(s) sémantique(s)

Être plein d'audaces, plein de témérité, oser faire des actes impensables, parfois à la limite de l'agressivité. Avoir fait le plein d'énergie.

Origine(s)

XIXe-XXe siècle, mais depuis 1100, le lion est le symbole de la force (TLFi en ligne). Puis, sans doute par une extension ancienne, manger cet animal pour un être humain doit/devait, comme dans beaucoup de croyances populaires dans le monde, faire acquérir les qualités de cet animal. Croyances qui perdurent et font que cet animal est une espèce menacée, donc en voie de disparition aujourd'hui ! Les croyances ne sont pas toujours symboliques…

사자를 먹다

의미

대담하고 무모하다(간이 붓다), 상상할 수 없는 (때로는 공격적으로 비칠 수 있는) 행동을 과감하게 하다.

유래

19-20세기에 등장. 그런데 1100년부터 사자는 힘의 상징이었기 때문에(《온라인 프랑스어 보고사전》 참조), 사자를 먹으면 사람도 사자처럼 기운이 왕성해진다는 미신이 있었다. 미신은 지속되었고, 오늘날 사자는 멸종 위기에 있다! 믿음이 항상 상징 영역으로 머무는 것은 아니다…

Exemples

- « Mais celui qui se dépeint auprès de L'Express comme "un combattant qui repart à l'attaque, plein d'enthousiasme, prêt à dévorer cette primaire" n'entend plus retenir ses coups. **"Il faut bouffer du lion"**, assure-t-il [Bruno Le Maire], en croquant une pomme. Ou, à défaut, ses rivaux. », Alexandre SULZER, *L'Express,* 18 octobre 2016 (https://www.lexpress.fr/, octobre 2019).

- « Box-office du 21 au 27 août : Tarantino continue de **bouffer du lion** », Jérémy GALLET, *aVoiraLire,* 30 août 2019 (https://www.avoir-alire.com/, octobre 2019).

- « C'est des cabas / Toujours en r'tard / C'est des mat'las / Sur le dollar / Les femmes, les femmes / C'est des câlins à l'œil vison / C'est des chrétiens / Qui **bouffent du lion** / Les femmes, les femmes », Léo FERRÉ, *Les femmes,* 1961 (https://youtu.be/k7qq5xhJ5vE, octobre 2019).

- « Au troisième acte, tout s'arrange. Juliette, qui se fait toujours passer pour Nini Bécot, retrouve son mari dans l'amant de cette chanteuse, et cet homme terrible – *qui a dû* ***bouffer du lion*** – consent à divorcer pour lui permettre d'épouser Lefolichon, qui ne demande que cela, afin que la jeune Yvonne puisse se marier avec Lucien Gobinois. », Léon MIRAL, *Le Rappel,* 18 avril 1912, p. 2 (https://gallica.bnf.fr/ark:/12148/bpt6k7548645v, octobre 2019).

- « La dominante du thème astral, pour la journée, était que les natifs du bélier allaient **bouffer du lion,** tandis que, paradoxalement, ceux du lion n'avaient rien à craindre des natifs du bélier », Fabienne BOUTON, *Dérapages,* manucrit.com, 2001, p. 218.

4 Être serré comme des sardines/des harengs

Valeur(s) sémantique(s)

Se retrouver entassé dans un espace sans aucune liberté de mouvements ; les personnes collées les unes contre les autres.

Origine(s)

XIXe-XXe siècle, dérivation moderne de l'expression "être serré comme des harengs (en caque)" déjà présent dans l'argot du XVIIe siècle (Le Robert, *Dictionnaire des expressions et locutions,* p. 185). Le hareng et la sardine appartenant à la même famille de poisson !

La production de sardines en boîte (début XIXe siècle) en usine par Pierre-Joseph Colin à partir de 1823 a sans doute eu des effets… linguistiques !

정어리(청어)처럼 붙어 있다

의미

콩나물시루 같다, 빽빽하다(사람들이 많아서 꼼짝달싹하지 못하는 상태).

유래

19-20세기에 등장. 17세기 속어 '절인 청어처럼 붙어있다'에서 파생된다(《로베르 관용어구 사전》, p. 185). 청어와 정어리는 같은 물고기과다.

1823년부터 피에르-조제프 콜랭이 정어리를 통조림으로 제조했는데, 이에 따라 새로운 언어유희가… 등장한다!

Exemples

- « **Serrés comme des sardines** /Panthères aux idées noires / Éléphants sans mémoires / Kangourou qui s'encroûtent / Orangs-Outans out / Décrépits perroquets / Okapis au piquet », ALDEBERT & GRAND CORPS MALADE, *Joli zoo,* 2017 (https://youtu.be/nU7sroQtFdY, octobre 2019).

- « Mais qu'est ce qui s'passe dans nos p'tites têtes / **On s'entasse tous comme des sardines** / Dans les grosses boîtes que l'on conserve / Le p'tit poisson doit suivre sa ligne / Dans les grosses boîtes que l'on conserve / Le p'tit poisson doit suivre sa ligne », RIDAN, *L'agriculteur,* 2004 (https://youtu.be/mEZ3-XRrEEs, octobre 2019).

- « Boudins, strings, ambre solaire / Mecs à frime, slips-panthère / Revenue la saison du barbecue géant / **Serrés comme des sardines** sur mon beau sable blanc », Louis CHEDID, *La complainte du maître nageur,* 2001 (https://youtu.be/EZBXJrmecWo, octobre 2017).

-

« Ainsi, les élèves des écoles pré-primaires, primaires et secondaires devront, comme depuis des décennies, se résoudre à se **"serrer comme des sardines dans une boîte"** au sein des structures existantes pour cette année académique 2019-2020. », Morel MONDJO MOUEGA, *Gabon Media Time,* 2 octobre 2019 (https://www.gabonmediatime.com/, octobre 2019).

- « Dans le fond — tout à fait dans le fond de la salle de la cour d'assises de la Seine — on remarque un espace clos par une barrière en bois où les gardes municipaux laissent pénétrer jusqu'à concurrence des places disponibles — une centaine peut-être, à condition de **se serrer comme des sardines en boîte** — les citoyens et les citoyennes qui ont eue la patience de faire la queue dans la galerie de Harlay ou même, cela s'est vu dans certaines grandes affaires, sur le trottoir de la place Dauphine. », Abel MANOUVRIEZ, *Candide,* n° 619, 23 janvier 1936, p. 15 (https://gallica.bnf.fr/ark:/12148/bpt6k46770915, octobre 2019).

- « Et dire que j'étais là, comme les autres, comme deux ou trois cent mille badauds, encombrant les boulevards, **serrés comme des sardines** dans leur caque, entassés comme des saumons de plomb dans la cale d'un vaisseau hollandais, pourquoi, je vous le demande ? », Raimond DE MIRAVALS, *Causeries parisiennes,* Imprimerie de P. Gimbert, 14 mars 1867, p. 19 (https://gallica.bnf.fr/ark:/12148/bpt6k105492n, octobre 2019).

5 Se demander si c'est du lard ou du cochon

Valeur(s) sémantique(s)

Hésiter, ne pas savoir si les éléments comparés sont vraiment différents. Parfois, il existe un sentiment de tromperie possible quant à la qualité vraie ou fausse des éléments proposés.

Origine(s)

Sans doute fin du XVIIIe siècle, puisqu'on en trouve une trace dans Jules CORBLET, *Glossaire étymologique et comparatif du patois picard, ancien et moderne*, Dumoulin, 1851, p. 136 (https://gallica.bnf.fr/ark:/12148/bpt6k6342451b, octobre 2019). Expression qui proviendrait donc du nord de la France et de ses usages divers du porc… La partie pour le tout, ou le tout pour la partie, difficile de choisir – surtout que dans le cochon tout est bon !

돼지인지 돼지비계인지 자문하다

의미

무엇이 문제인지 몰라 주저하다, 비교 대상이 정말 다른지 모르겠다(간혹 참인지 거짓인지 몰라 아리송하다는 느낌이 있음).

유래

쥘 코르블레의 방언사전(*Glossaire étymologique et comparatif du patois picard, ancien et moderne*, Dumoulin, 1851, p. 136)에 나오는 표현이므로 18세기 후반으로 추정된다(https: //gallica. bnf. fr/ark:/12148/bpt6k6342451b, octobre 2019). 북프랑스 다양한 돼지 요리에서… 유래한 것 같다. 돼지는 어느 부위든 맛이 있어서 선택이 어렵다. 전체(돼지)를 선택해야 할까, 부분(돼지비계)을 선택해야 할까?

Exemples

Note

- « Ne vous y fiez pas, répliqua le brigadier. Avec ce sacré Pontaillac, **on ne sait jamais si c'est du lard ou du cochon !** », Jean-Louis DUBUT DE LAFOREST, *Les derniers scandales de Paris : grand roman dramatique inédit,* Fayard Frères, 1885, p. 5 (https://gallica.bnf.fr/ark:/12148/bpt6k820917, octobre 2019).

- « Il pensait que c'était un naturalisé américain quoi. Tout le monde était mort de rire, sauf Jackson qui ne savait pas **si c'était du lard ou du cochon.** Bon, Guy Drut a vite déminé, la situation : "non non il est très Français, il vient de la Réunion". », B. V., J. L., A. L. G, *20 minutes,* 26 septembre 2019 (https://www.20minutes.fr/, octobre 2019).

- « Ce matin les futures sont en hausse de 0,25 % et pour être franc, on ne sait plus quoi faire, ni quoi penser. **On aimerait bien savoir si** ce deal **c'est du lard ou du cochon,** mais au prix du porc, on se pose des questions. », Thomas VEILLET, *Investir,* 15 octobre 2019 (https://www.investir.ch/, octobre 2019).

- « Parce qu'entre nous c'était un peu bizarre... / J'me barre ! / C'est trop tard ! Pour y croire / Bien trop tard ! Oui, y'en a marre ! / C'est trop tard ! **Si c'est ton "art"...Ou du cochon** moi j'ai pas d'opinion. / T'es con ! », ALIZÉE, *C'est trop tard,* 2003 (https://youtu.be/_L9ZWh6Uvrs, octobre 2019). NB : l'expression originale est détournée pour jouer sur des proximités phonétiques, et plus loin une interrogation sémantique !

6 Se faire avoir par les bœufs-carottes

Valeur(s) sémantique(s)

Se faire convoquer dans une procédure policière de contrôle interne et avouer devant la police des polices (IGS, Inspection générale des services crée en 1854, aujourd'hui IGPN, Inspection générale de la police nationale, crée en 1986).

Origine(s)

XXe siècle dans son usage moderne avec la médiatisation de l'IGS et de l'IGPN. Cependant, il faut se rappeler l'expression vue plus haut *"se faire carotter"* qui était, *passer des aveux par tous les moyens* notamment pour la police au XVIIIe ! De plus, *"travailler comme un bœuf"* existe depuis 1547 pour décrire un travail obstiné et patient. Il existe aussi un outil, similaire à une matraque, qui se nomme un *nerf de bœuf,* en usage pour des séances de torture dans le passé. La combinaison de ces trois éléments sémantiques antérieurs explique que les bœufs-carottes sont des agents dont l'acharnement permet d'avoir des aveux de collègues… et donc d'établir des sanctions.

소-당근에 속다

의미

경찰 내부감감독부에 소환되다(1854년에 설치된 업무감독부 IGS 명칭이 1986년부터 경찰 내부감독부 IGPN로 변경됨).

유래

경찰 내부감찰이 대중매체에 알려진 20세기에 현재 의미로 사용된다. 소와 당근에 함축된 의미를 생각하면 이해할 수 있다. 앞서 살펴본 '당근하게 하다'는 18세기에 경찰이 수단방법 가리지 않고 자백을 받아내는 행위를 의미했다. 한국인에게도 익숙한 표현 '소처럼 일하다'는 1547년부터 인내심을 갖고 끈질기게 노력하는 것을 의미한다. '소의 신경'이라 불리는, 곤봉과 유사한 도구는 과거에 고문할 때 쓰였다. 이러한 세 가지 의미를 융합하면, 악착스럽게 동료의 자백을 받아 내어… 징계를 내리는 '소-당근'의 역할이 설명된다.

Exemples

- « Il n'y a pas de domaine réservé, ni de zone interdite : même les célèbres brigades centrales, la Brigade Criminelle, la Brigade de Répression du Banditisme (BRB), la Brigade des Stupéfiants et du Proxénétisme (BSP), la Brigade des Mineurs ou celle de Recherches et d'Intervention (BRI), peuvent faire l'objet des discrètes attentions des **"bœufs-carottes"**. D'ailleurs, plusieurs policiers des Brigades centrales sont actuellement inculpés et emprisonnés. », Jean-Marc ANCIAN, *La Polices des polices,* Balland, 1988, p. 47-48 (https://gallica.bnf.fr/ark:/12148/bpt6k3329205d, octobre 2019).

- « Qui est la "police des polices" ? Comme son nom l'indique, sa mission est de "faire la police dans la police" et de veiller au respect des règles régissant la profession. Réputés pour faire "mijoter" leurs collègues en auditions, les **"bœuf-carottes"** ou "bœufs" sont répartis en deux services : l'IGS (inspection générale des services) et l'IGPN (inspection générale de la police nationale). », Céline RASTELLO, *L'Obs,* 16 janvier 2012 (https://www.nouvelobs.com/, octobre 2019).

- « Les deux policiers de terrain, un brigadier-chef de 45 ans et un collègue de son groupe de la BAC jour ont vu débarquer les **"bœufs-carottes"** chez eux, mardi à six heures du matin. Tous deux travaillent dans "le 18", comme on dit, arrondissement parmi les plus criminogènes de la capitale, où, plus qu'ailleurs, la tentation de basculer du mauvais côté peut se faire sentir. », Pierre de Cossette, Europe 1, 15 juin 2019 (https://www.europe1.fr/, octobre 2019).

- « Mon shlass dans ta musculature / Ma mitraillette refait la déco / Bolosse, transac', filature / **Bœuf-carottes** avant fouille du dépôt / Rentabilité, main de fer dans un gant de velours / C'est le retour du venimeux volubile en île vers/ J'ai trop de fer, hashtag #sidérurgie », Hayce LEMSI, *Faya,* 2015 (https://youtu.be/pqnEv8risKI, octobre 2019).

7 Tailler une bavette

Valeur(s) sémantique(s)

Bavarder, discuter longuement sans but précis, mais l'usage l'associe souvent à médire ou parler de rumeurs.

Origine(s)

Depuis le XVIIe siècle (1690 dans *le Furetière,* TLFi en ligne) dans ses valeurs d'aujourd'hui, mais héritage de siècles antérieurs. Ainsi, la *bave* était associée à la *salive* sortant de la bouche des orateurs populaires en argot… ce qui a donné le *bavard*, le *bavardage* et *bavarder* (Alain Rey, *200 drôles d'expressions,* Le Robert, 2015, p. 46-47), mais aussi l'expression "baver sur quelqu'un" pour avoir des propos plus que négatifs sur une personne.

Cependant, même si l'aspect péjoratif de l'expression a disparu au fur et à mesure, il reste en arrière-plan, car les discussions ne sont jamais très sérieuses ou complexes…

쇠고기 등심 아래 부위를 자르다

의미

수다 떨다, 노가리 까다, 분명한 목적 없이 오래 토론하다(주로 험담하거나 소문에 대해 이야기한다는 의미와 연관됨).

유래

17세기부터(《온라인 프랑스어 보고사전》, 《퓌르티에르 사전》에서 1690년) 현재 의미로 사용되는데, 그 이전에 있던 표현에서 비롯된다. 등심 아래 부위를 뜻하는 '바베트'는 아이의 침받이도 의미하는데, '바브bave'는 속어로 연설자 입에서 튀어나온 '침방울'을 의미했다. '바브'에서 '바바르bavard'(수다스러운), '바바르다주bavardage'(수다), '바바르데bavarder'(수다떨다)라는 단어가 파생되고(Alain Rey, *200 drôles d'expressions,* Le Robert, 2015, p. 46-47), '누군가에게 침을 뱉는다'(baver sur quelqu'un :험담을 늘어놓는다)라는 표현이 생긴다.

'수다 떨다'에 함축된 경멸적 뉘앙스가 점차 없어지긴 했지만, 여전히 남아있다. 진지하고 복잡한 토론은 아니므로…

Exemples

- « Celui-ci [le bistrot] s'est effiloché au rythme de l'érosion du petit commerce. En même temps que le Rendez-Vous des Amis baissait le rideau, le boucher cessait de **tailler une bavette,** l'épicier annonçait la fin des haricots et le boulanger éteignait son four. », Philippe Bour, éditorial, *Le Républicain Lorrain,* 12 septembre 2019 (https://www.republicain-lorrain.fr/, octobre 2019).

- « C'est bien sûr dans cet esprit que s'inscrit l'unique bouchon de Bangkok, créé en 1996 par Serge Martiniani, un Lyonnais trempé dans le métier depuis son plus jeune âge qui en tient les rênes d'une main de velours et avec une passion sans cesse réinventée. Serge est d'ailleurs présent dans l'établissement chaque midi et soir pour accueillir en personne la clientèle et les indéfectibles habitués qui viennent autant pour la qualité de la cuisine que **pour tailler une bavette** avec l'affable patron. », Régis Levy, *Lepetitjournal Bangkok,* 12 septembre 2019 (https://lepetitjournal.com/, octobre 2019).

- « Il continua : Que font-ils ? / Rien du tout / Comment, rien ?... / Ma foi, non... – la dame est assise sur un sopha... – le monsieur exécute un cavalier seul sur ses pattes, en face d'elle, et ils m'ont l'air de **tailler une bavette** de longueur... / Sont-ils calmes ? / Tranquilles comme Baptiste ?... – une paire d'amis, quoi !... », Xavier de Montépin, *Une dame de pique. Le protée parisien,* E, Dentu, 1879, p. 57 (https://gallica.bnf.fr/ark:/12148/bpt6k64989875, octobre 2019).

- « C'est vrai aussi... vous êtes parti, tout de suite, après le dîner. On a pas eu le temps de **tailler une bavette...** Voulez-vous que je vous aide à éplucher vos graines ? », Octave Mirbeau, *Journal d'une femme de chambre*, E. Fasquelle, 1900, p. 241 (https://gallica.bnf.fr/ark:/12148/btv1b8623284d, octobre 2019).

- « Et puis, si t'as l'esprit ouvert, on y invite les gars du crew / L'animalerie : provinciale comme les gars du cru / Viens nous check en fin d'concert, **on taillera une bavette** / Mais pas d'rap français : c'n'est qu'un tas d'lavettes / Sales gones de trente balais, on vieillit pas comme Mc Leod / Mate les autres : ils croient au Père Noël pendant qu'on braque les hôtes », Lucio Bukowki & Anton Serra, *Travail de titans,* 2015 (https://youtu.be/w31WJI4X-k4, octobre 2019).

8 Un panier de crabes

Valeur(s) sémantique(s)

Se retrouver au milieu d'un groupe de personnes sans aucune solidarité (voire parfois les unes contre les autres) et où le chacun pour soi règne !

Origine(s)

Milieu du XXe siècle pour l'expression entière souvent assimilé à l'image de crabes s'entredévorant dans un casier de pêche. Mais elle est issue d'un héritage sémantique antérieur. Il existe un lien étymologique avec le latin *cancer* et le grec *karkinos* qui signifient crabe, écrevisse. De plus, Cl. GALIEN (130-216) aurait comparé le cancer du sein à la forme d'un crabe. Cette charge sémantique négative a sans doute traversé les siècles, surtout que le terme crabe a désigné au début du XXe siècle une mauvaise personne.

게 바구니

의미

서로 헐뜯는 집단(연대감이 전혀 없고, 간혹 상호 대립 관계에 있다는 뜻으로, 자신을 위해 군림하려는 집단을 일컬음).

유래

20세기 중엽에 등장. 낚시 통발 안에서 서로 잡아먹는 새우 이미지와 동일시된 표현이지만, '게'와 관련된 의미에서 비롯된다. 라틴어 'cancer'와 게, 가재를 뜻하는 그리스어 'karkinos'가 어원적으로 연관성이 있다. 게다가 클로드 갈리앙(130-216)이 유방암을 게의 형태로 비교했을 거라는 주장도 있다. 이러한 부정적 의미가 계속 전해 내려 왔는데, 설상가상으로 20세기 초에 나쁜 사람을 '게 같은 놈'라고 했다.

Exemples

- « Il travaille un petit peu quand son corps est d'accord / Pour lui faut pas s'en faire il sait doser son effort / Dans **le panier de crabes** il joue pas les homards / Il cherche pas à tout prix à faire des bulles dans la mare », Hervé CRISTIANI, *Il est libre Max,* 1981 (https://youtu.be/voL_HRogbig, octobre 2019).

- « Quand la haine prend le cœur des amis, ça part en *bad vibe* / Ceux avec qui, on a partagé les choses s'aigrissent / Les appétits s'aiguisent, et y'a pas de place / Les agneaux se laissent pousser les griffes / Mais seule la gamberge vite te hisse hors **du panier de crabes** / Dans la nasse on dit "il est trop gentil" / Ou bien "il joue un jeu, c'est un gros bandit" », IAM, *Mon encre si amère,* 2013 (https://youtu.be/ueH2MNKmIds, octobre 2019).

- « "Il me faut votre fortune entière" / Fritz sauta, comme s'il s'était assis sur **un panier de crabes.** "Puis, j'exige que vous donniez votre démission de capitaine des armées impériales" / Les yeux de Fritz s'ouvrirent comme des devantures de magasin », Alfred JULIA, *La liberté,* 10 décembre 1881, p. 2 (https://gallica.bnf.fr/ark:/12148/bpt6k47822371, octobre 2019).

- « Étant donné que le thème de nos *Journées Giono* 2004 est "Histoire et politique-fiction", vous êtes en droit de me demander ce que viennent faire les femmes dans **le panier de crabes** militaires et policiers de la Révolution en Italie. Beaucoup plus qu'on ne pourrait le supposer *a priori.* », Jacques CHABOT, "Amour, bonheur, folie", Bulletin *de Jean Giono, n° 62,* Association des amis de Jean Giono, 2004, p. 34 (https://gallica.bnf.fr/ark:/12148/bpt6k9762549r, octobre 2019).

- « "Des gens ont créé des formations politiques de façon désorganisées avec des idéologies disparates. Ils se mettent ensemble sans avoir d'objectifs clairs. Les approches et les méthodes ne sont pas suffisamment partagées. Ça devient alors **un panier à crabes** où tout le monde se dévore", a déclaré Walla Kperkouma, secrétaire général de l'ADDI. », Blaise MOMBENGA, *Journal du Togo,* 29 octobre 2019 (https://www.journaldutogo.com/, octobre 2019).

VII.

Manger, boire, se mettre à table.
La faim venant, il faut manger mais aussi ne pas oublier de boire !

Après tous ces hors-d'œuvre, ces corps durs et mous que tout un chacun peut consommer, cette faune mis à toutes les sauces, le palais à besoin de se restaurer pour faire honneur aux saveurs sémantiques…

허기지면 시장기를 달래고,
술(음료)도 마셔봅시다!

갖은 소스로 양념한 단단하고 말랑말랑한 녀석들을
전식으로 맛보면 시장기가 절로 도는데요.
맛과 함께 재치 넘치는 언어적 의미도… 함께 음미해 봅시다.

1 Aller mettre/rouler sa viande dans le torchon

Valeur(s) sémantique(s)

Aller se coucher et se mettre sous les draps pour dormir.

Origine(s)

XIXe-XXe siècle, image du corps humain comparé à un jambon mis dans un torchon pour le laisser reposer un certain temps, mais bien loin du temps de sommeil d'une personne.

Il semblerait que l'expression soit redevenue populaire suite à son usage dans un film de 1988 : *La vie est un long fleuve tranquille.*

행주 안에 고기를 둘둘 말다/감싸다

의미

잠자러 가다, 이불 속으로 들어가다.

유래

19-20세기 등장. 행주에 싸서 햄을 숙성시키는 것을 이불 속 몸으로 비유한 표현이다. 물론 숙성시키는 데 필요한 시간은 숙면시간보다 훨씬 짧다.

1988년에 개봉된 영화 〈삶은 고요하고 긴 강이다〉에 나온 표현으로, 대중에게 다시 알려지는 계기가 된 것 같다.

Exemples

- « Tu es un sucre Momo. Oh, putain, Mimi, elle en tient une bonne, j'suis crevé. **J'vais mettre la viande dans le torchon.** On débarr's'ra d'main. » Étienne CHATILIEZ, *La vie est un long fleuve tranquille,* 1988 (https://youtu.be/zwbUocVejJE, novembre 2019).

- « C'est triste, un bar, quand c'est fini la fête / Il est trop tard pour envoyer les bûchettes / Je sais, c'est bon, **faut mettre la viande dans le torchon** / Mais avant de se coucher, on veut la tournée du patron », Sébastien PATOCHE, *La tournée du patron,* 2013 (https://youtu.be/ih2wyp8GbVQ, novembre 2019).

- « Après une douche chaude, un apéro en l'honneur de l'ATAC et de la cuvée spéciale Améthyste, une grillade improvisée, on a tous la banane au moment de **rouler la viande dans le torchon.** », Julien CONAN, *Velovert,* 21 juin 2016 (http://www.velovert.com/, novembre 2019).

- « Aussi, quand le premier soir, le moment vint, pour le frocard repu, plein comme une outre et gonflé à crever, de **monter fourrer sa viande dans le torchon,** ainsi que s'exprime un de nos meilleurs littérateurs, il ne fut pas peu surpris de trouver dans l'antichambre une longue file de petites servantes accortes, grassouillettes et l'œil polisson. », Le RAT-THIGON, *La Calotte,* 15 mars 1907 n° 27, p. 5 (https://gallica.bnf.fr/ark:/12148/bpt6k58352623, novembre 2019).

- Albert Simonin, le chroniqueur de la vie des demi-sel, et Frédéric Dard, l'auteur de *Messieurs les hommes,* se sont trouvés au premier regard, eux qui savent partir dans *les bars de solitude à la recherche de leur passé, à l'heure où les bourgeois se **foutent la viande dans les torchons,*** comme l'écrira trente-cinq plus tard Frédéric, dans sa préface au premier livre de la "bibliothèque San-Antonio", consacrée à *Le Hotu,* de son cher Albert. Ils travailleront à l'adaptation du *Cave se rebiffe,* mais la pièce ne sera jamais jouée. Dans quel tiroir dort-elle aujourd'hui ? Mystère. », Éric BOUHIER, *Dictionnaire amoureux de San Antonio,* Plon, 2017 (http://maxima-library.org/mob/b/395190?format=read, novembre 2019).

2 Avoir/mettre l'eau à la bouche

Valeur(s) sémantique(s)

Avoir envie (ou donner l'envie à quelqu'un) de savourer quelque chose ; et, par extension tout ce qui déclenche chez une personne un désir irrationnel de possession.

Origine(s)

XVIe siècles, avec un sens désir charnelle au départ. Cependant, il est probable que cette forme linguistique fut construite sur l'image de l'eau qui coule physiquement de la bouche devant un plat dont les saveurs provoquent le désir et l'envie, et cela bien avant Ivan PAVLOV ! Par ailleurs, les sentiments provoquent souvent des larmes, parfois de joies, mais aussi des suées…

입에 물이(을) 있(넣)다

의미

군침이 돌다(돌게 하다), 맛보고 싶다(뭔가를 갖고 싶은, '구미가 당기는' 비합리적 욕구가 일어나는 의미로 확장됨).

유래

처음에는 육체적 욕구와 관련된 표현으로 16세기에 나타난다. 그렇지만 맛있는 음식을 보고 입에서 실제로 흘러내리는 물의 이미지에서 비롯되었을 것이다. 조건 반사를 발견한 이반 파블로프 이전이다! 게다가 감정이 복받쳐 눈물도 흘리고, 기뻐서 울기도 하고 진땀을 흘리기도 한다…

Exemples

- « Écoute ma voix, écoute ma prière / Écoute mon cœur qui bat, laisse-toi faire / Je t'en prie ne sois pas farouche / Quand **me vient l'eau à la bouche** », Serge GAINSBOURG, *L'eau à la bouche,* 1960 (https://youtu.be/Stz8SQ_xeNk, novembre 2019).

- « Sur un banc bien stable / De l'avenue Junot / Il se met à table / Sort son livarot / Et malheur aux mouches / Qui **ont l'eau à la bouche** / Il fait toujours mouche / Il les tue d'un rot / Clodi clodo », Claude NOUGARO, *Clodi Clodo,* 1999 (https://youtu.be/NGYCDu7yYss novembre 2019).

- « Comme un flot grossi par la fonte / Des glaciers grondants / Quand **l'eau de ta bouche remonte** / Au bord de tes dents », Charles BAUDELAIRE, *Le serpent qui danse,* 1857 chanté par DODE, 2009 (https://youtu.be/QMMkBeV3VuA, novembre 2019).

- « Le Français a dépassé la légende Alfredo Di Stefano et il est également mis à l'honneur. Mais pour un club toujours tourné vers l'avenir, la performance du jeune Brésilien **met forcément l'eau à la bouche.** Rodrygo a tout fait au club stambouliote hier soir, avec deux buts au cours des 8 premières minutes de jeu et un en fin de rencontre sur un contre éclair. Un but du gauche, un de la tête et un du droit pour finir. », Aurélien LÉGER-MOËC, *Foot Mercato,* 7 novembre 2019 (http://www.footmercato.net/l, novembre 2019).

- « A ceste heure verra lon si vous faites bien ce que l'on vous defend. O quantes dames **auront bien l'eau à la bouche,** quad elles orrot les bons tours que leurs copagnes auront faitzc. » Bonaventure DES PERRIERS, *Les Nouvelles récréations et joyeux devis de feu Bonaventure Des Périers, valet de chambre de la royne de Navarre,* G. Rouille, 1561, p. 8 (https://gallica.bnf.fr/ark:/12148/btv1b8600146w, novembre 2019).

- « L'ami revient bien satisfait, et le mari se couche auprès de sa femme. Le récit que lui avoit fait son ami lui **avoit fait venir l'eau à la bouche** ; il veut en passer son envie. Sa femme lui dit en riant : "Seigneur Dieu ! vous êtes de belle humeur ce soir. », Gédéon TALLEMANT DES RÉAUX, *Les historiettes de Tallemant Des Réaux : mémoires pour servir à l'histoire du XVIIe siècle* (vers 1657), édition d'Alphonse Levasseur, 1834, p. 337 (https://gallica.bnf.fr/ark:/12148/bpt6k31568t, novembre 2019).

3 Avoir des grenouilles (dans le ventre)

Valeur(s) sémantique(s)

Sons produits par le ventre qui gargouille soit après avoir absorbé une grande quantité de liquide, soit lorsqu'une personne à très faim, comme le chant d'une grenouille !

Origine(s)

XVIIe siècle par similitude sonore entre les bruits des grenouilles au printemps et tout l'été et ceux d'un ventre en train de fonctionner ou en train de fabriquer des gaz… La version raccourcie date du début du XXe siècle. Cependant, il faut noter que cette expression tend à disparaître !

(배 안에) 개구리 녀석이 있다

의미

배에서 꼬르륵 소리가 나다(지나치게 마셨거나 몹시 배고플 때 한국어로 꼬르륵 소리가 난다고 한다면, 프랑스 문화권에서는 개구리가 개굴개굴 우는 것 같다고 함).

유래

17세기에 등장. 봄과 여름 내내 들리는 개구리 울음소리와 배에서 나는 꼬르륵 소리(가스가 차거나 음식을 받아들일 준비를 할 때 나는 소리)의 유사성에서 비롯된다. 20세기 초부터 '배 안에'를 생략하고 간략하게 말했는데, 점점 사라지는 표현이다!

Exemples

→ ***Note***

- « Coa, coa, cooooaaaa ! Celui qui ***a des grenouilles dans le ventre*** avoue avec son concert batracien qu'il a pêché par gourmandise voire qu'il a même abusé de la Dive Bouteille. Et seule la plus noble décence empêche d'imaginer que le stade ultime de son transit intestinal se fait en quelque sorte annoncer par ces trompettes de la renommée... Coa, coa, cooooaaaa ! », Olivier GENEVOIS, *Les mots délicieusement surannés* (https://www.mots-surannes.fr/?p=7510, novembre 2019).

- « Par Mahomet ! dit Tranchemont, fans de petits secours, **j'aurois eu toute la nuit des grenouilles dans le ventre** : mais, mon bon derviche ! ne pourrions-nous avoir des figues ? », Jacques CAZOTTE et Denis CHAVIS (traducteurs), *Le Cabinet des fées, Tome 39,* "La suite des Mille et une nuits, contes arabes", Bardes, Manget & Compagnie, 1790, p. 448 (https://gallica.bnf.fr/ark:/12148/bpt6k65817663, novembre 2019).

- « Madame Putois ayant demandé de l'eau, le zingueur indigné venait d'enlever lui-même les carafes. Est-ce que les honnêtes gens buvaient de l'eau ? Elle voulait donc **avoir des grenouilles dans l'estomac** ? Et les verres se vidaient d'une lampée, on entendait le liquide jeté d'un trait tomber dans la gorge, avec le bruit des eaux de pluie le long des tuyaux de descente, les jours d'orage. Il pleuvait du piqueton, quoi ? », Émile ZOLA, *L'Assommoir,* tome 1, Édition 3, G. Charpentier, 1877, p. 277 (https://gallica.bnf.fr/ark:/12148/bpt6k6541103d, novembre 2019).

4 Avoir l’estomac dans les talons

Valeur(s) sémantique(s)

Avoir très faim, être en manque de nourriture.

Origine(s)

XIXe siècle, argot du peuple parisien qui transforme l’expression “avoir l’estomac dans les mollets” selon Alfred DELVAU (*Dictionnaire de la langue verte : argots parisiens comparés,* 1866, p. 23).

L’image est explicite, dans la mesure où, sans nourriture, la taille de l’estomac se réduit tellement, qu’il se déplace vers les talons à la fois en raison de l’attraction terrestre et de ses dimensions plus que réduites !

위가 뒤꿈치 안에 있다

의미

배고파 죽겠다.

유래

19세기 파리 시민이 사용한 속어다. 알프레드 델보에 의하면 ‘배가 장딴지에 있다’가 변형된 표현이다(*Dictionnaire de la langue verte : argots parisiens comparés,* 1866, p. 23). 영양이 공급 안 되면, 위가 많이 축소되고 중력의 법칙에 따라 결국 아래로(뒤꿈치 쪽으로) 내려앉게 된다는 이미지가 선명하게 그려진다.

Exemples

- « Voici l'histoire d'une allumette / Qui n'était plus dans sons assiette / Alors un lui a fait sa fête / Vous pouvez juger l'acte bestial / Mais nous ne sommes pas des chacals / C'est immoral *d'avoir la dalle* / C'est l'estomac dans les talons / Qui nous a fait perdre la raison / Alors on a fait un gueuleton », LES NÉGRESSES VERTES, *La faim des haricots,* 1988 (https://youtu.be/KDziMeLuGII, novembre 2019).

- « Je plane / **L'estomac dans les talons,** mais en attendant / Je plane / J'suis vainqueur par abandon, mais en attendant / Je plane », BABYLON CIRCUS, *Je plane,* 2013 (https://youtu.be/XI0_wM9rRi8, novembre 2019).

- « J'bégaie quand j'mange des cococoquillettes / **L'estomac dans les talons** / Les lobes dans les chaussettes / Les jours pairs, je me change en dindon / J'ai la chair de coq, une araignée dans l'plafond ! », ALDEBERT, *Y'a rien qui va,* 2013 (https://youtu.be/zRzta-TmZH8, novembre 2019).

- « Guillaume flotte dans sa chemise blanche. **L'estomac dans les talons,** il avale son chocolat chaud en quelques gorgées et dévore le Kinder qui l'accompagne. De squat en squat, cela fait un an que ce gamin chétif, au visage délicat, vit dans la rue. », Sébastien GIRADEL, *Sud-Ouest,* 3 novembre 2019 (https://www.sudouest.fr/, novembre 2019).

- « Faute de temps ou d'envie, le petit-déjeuner passe régulièrement à la trappe. [...]. Seulement problème. Arriver à l'heure de la pause du midi **avec l'estomac dans les talons,** vous encourage fortement à vous ruer sur quelque chose de gras, de salé et/ou de sucré, de le regretter et surtout, de ne pas satisfaire vos besoins quotidiens afin de se maintenir en forme. Les clefs pour éviter le scénario catastrophe. », Tiphaine HONNET, *Madame Figaro,* 13 février 2019 (http://madame.lefigaro.fr/, novembre 2019).

- « Notre curiosité satisfaite, il nous fallut prendre le chemin du bord **avec l'estomac dans les talons,** après nous être rafraîchis de la boisson pure, mais peu réconfortante de la source. », Paul RÉVEILLÈRE, *Autour du monde, par Paul Branda,* Librairie Fischbacher, 1884, p. 160-161 (https://gallica.bnf.fr/ark:/12148/bpt6k86302722, novembre 2019).

5 Avoir/crever la dalle (en pente)

Valeur(s) sémantique(s)

Avoir très faim (ou très soif) par manque de nourritures ; ne pas avoir de quoi manger régulièrement et être dans un état proche de la dénutrition. L'usage de *crever* rend encore plus fort ce genre de manque !

Origine(s)

XIXe siècle pour la formule complète et dans son sens actuel. Cependant, dès la moitié du XVe, la dalle signifiait le *gosier* ; *évier* en 1331, mais aussi *une petite rigole* pour l'écoulement des eaux au XVIIe (TLFi en ligne). Par ailleurs, *une dalle* désigne la surface d'une table à manger. Il est donc presque logique que toutes ces valeurs sémantiques s'agrègent pour donner l'usage contemporain de cette expression.

넙적한 돌이 (경사져) 있다/
(경사진) 넓적한 돌에 구멍 뚫다

의미

몹시 허기진다(목마르다), 굶주리다, 거의 영양실조 상태다(동사 '구멍 뚫다'로 결여상태를 더욱 강조함).

유래

19세기에 현재 의미로 쓰이는데, 15세기 중엽부터 목구멍을 의미한 '넙적한 돌'은 1331년에는 개수대를, 17세기에는 물이 흘러 내려가는 작은 수로를 의미했다(《온라인 프랑스어 보고사전》 참조). 한편 '넙적한 돌'은 식탁의 표면을 일컫는다(예전에는 돌식탁이었다). 이러한 의미를 결합하면, 현재 의미로 귀결된다. 즉 흘러내리는 이미지, 구멍 난 식탁 이미지로 결여 상태를 거의 논리적으로 시각화하고 있다.

Exemples

- « **Tu n'as** pas sommeil : Le froid, la soif, **la dalle**, t'as tout / Mais tu n'as pas sommeil / Ta mère, ta femme, ta fille, t'as nous / Mais tu n'as pas sommeil », Stromae, *Sommeil,* 2013 (https://youtu.be/SBw_Cl5sR_M, novembre 2019).

- « **J'ai la dalle ce soir / J'ai la dalle ce soir** / Je boufferai n'importe quoi / Même du fond de tiroir / Je veux tout ce que t'as sur toi », L.E.J., *J'ai la dalle,* 2015 (https://youtu.be/RaK8HLqMPA8, novembre 2019).

- « Je ne vois plus d'égalité / Et encore moins de fraternité / On survit dans le ghetto / C'est la merde / **J'ai la dalle** / J'veux du bif / J'vous emmerde / Dans mon monde j'vous emmène », Amèle Bent, *Croyez en moi,* 2007 (https://youtu.be/57G_cCUAyPk, novembre 2019).

- « D'abord, moi **j'ai la dalle en feu,** répliqua le petit maigre, c'est-à-dire Ladèche. / Il est en retard, dit Pierre en entrant chez le marchand de vins. / Ah ! il n'a pas besoin d'être à l'heure juste. / C'est que, avant d'aller la-bas, faut que je lui conte ce que je sais. / Tu lui diras en marchant ; Monsieur, une chopine et deux verres, commanda Ladèche. », Alexis Bouvier, *Le Roman : journal des feuilletons marseillais, n° 805,* 1881, p. 421 (https://gallica.bnf.fr/ark:/12148/bpt6k55560488, novembre 2019).

- « Elle ne dit pas : "vous faites erreur", mais : "Vous vous fourrez votre parapluie dans l'œil !" Quand le temps lui dure, "elle s'embête comme un rat mort à cinq francs l'heure !" Quand elle se sent de l'appétit, "**elle a la dalle en pente**, le tuyau creux". », Hugues Le Roux, "Nos filles", *Le Figaro, n° 231,* 19 août 1897, p. 1 (https://gallica.bnf.fr/ark:/12148/bpt6k2841094, novembre 2019).

- « Quand on entend que les actionnaires du CAC 40 se versent des dividendes en hausse de 12,8 % quand on a un peuple en train de **crever la dalle**, ce n'est plus possible, tout cela. Et à un moment, toute la colère peut se transformer en haine… », propos de Jean-Jacques Latil rapportés par *Sud Radio* le 11 janvier 2019 (https://www.sudradio.fr/, novembre 2019).

- « Julien, habitant de Pantin de 35 ans, est formel (et repu) : "Le meilleur brunch que j'ai mangé depuis longtemps !" Mieux vaut **"avoir la dalle"** pour s'installer à l'une des 374 places que compte la salle. », Émeline Collet, *Le Parisien,* 6 novembre 2019 (http://www.leparisien.fr/, novembre 2019).

6 Avoir la gueule de bois

Valeur(s) sémantique(s)

Sensations au lendemain d'un excès d'alcool qui provoquent maux de tête, tête lourde, bouche pâteuse, gorge sèche, odeurs d'alcool non digérées… et bien d'autres malaises !

Par extension un retour à la réalité après de grands espoirs.

Origine(s)

Depuis la fin du XIIe siècle, gueule signifie d'abord la tête et/ou la bouche d'un animal et par extension le visage d'une personne (TFLi en ligne). L'association de *gueule* au *bois*, en tant qu'objet dur, lourd et sec serait du XIXe siècle pour désigner un état physique bien particulier…

나무 아가리다

의미

머리가 무겁고 입안이 마르다, 목이 칼칼하다 과음 다음 날, 술 냄새를 풍기며 두통 등 불편한 증상을 느끼는 것을 의미함. 넓게는 커다란 희망이 있었지만, 다시 현실로 돌아오는 것을 의미함.

유래

12세기 말부터 아가리는 대가리(동물의 머리)나 동물의 입을 지칭하는데, 넓게는 사람의 얼굴을 가리킨다(《온라인 프랑스어 보고사전》 참조). 19세기, '나무 아가리'의 딱딱하고 무겁고 마른 이미지로, 과음 후 나타나는 몸 상태를 일컬은 것 같다…

Exemples

- « Mais voilà, j'habite en France / Et la France c'est pas du tout ce qu'on dit / Si les Français se plaignent parfois, / C'est pas **d'la gueule de bois** / C'est en France qu'il y a Paris / Mais la France c'est aussi un pays / Où y a quand même pas cinquante millions d'abrutis ! », Michel SARDOU, *J'habite en France,* 1970 (https://youtu.be/UrZg88lJ_bQ, novembre 2019).

- « L'autre jour je m'réveille avec **la gueule de bois** / J'avais une sale tronche et les yeux cernés / J'ai r'gardé mes yeux et j'leur est dit comme ça / Allez rendez-vous vous êtes cernés », RENAUD, *Sans Déc',* 1979 (https://youtu.be/QQAb9cvwumA, novembre 2019).

- « La Gaule **a la gueule de bois**, et ça va changer l'époque / Changer l'époque / Faut que le monde sache que, même dans la merde, chantent les coqs / Pousse pas, pousse pas », L.E.J., *Liberté, égalité,* 2018 (https://youtu.be/3CSyUALR31E, novembre 2019).

- « Sur le sentier perdu / Sont les pas disparus / Des amitiés déçues / Et des espoirs déchus / Le ciel nous a trahis / Nous ne sommes plus d'ici / **J'ai la gueule de bois** / Dit-elle encore une fois », Jean LELOUP, *Le sentier,* 2019 (https://youtu.be/OJo-cU4jcilY, novembre 2019).

- « Rien ne saurait donner idée de **la gueule-de-bois** dont je détiens le record, et le mal de tête qui m'opprime défie toute comparaison. C'est comme si des équipes entières de terrassiers étaient occupées, sous mon crâne, à me percer d'une oreille à l'autre une espèce de boulevard Haussmann. », Georges COURTELINE, *Un Client sérieux,* E. Flammarion, 1897, p. 102 (https://gallica.bnf.fr/ark:/12148/bpt6k61498945, novembre 2019).

- « Pour déterminer si cette consommation est problématique, les chercheurs de l'université ont pris en compte la fréquence de cette consommation, le comportement face à l'alcool, et ses conséquences dans la vie quotidienne et sur le plan physique. Car le problème est global, les jeunes mettent en danger leur sécurité, mais aussi et surtout leur santé. Car au-delà **de la gueule de bois** et des comas éthyliques, on parle aussi d'effet à long terme, voire de problème d'addiction. », T. VH, *La Dernière Heure,* 18 novembre 2019 (https://www.dhnet.be/, novembre 2019).

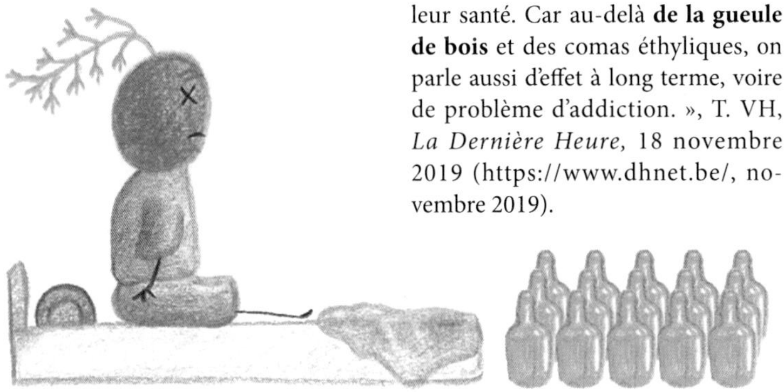

7 Avoir le ventre creux

Valeur(s) sémantique(s)

Avoir le ventre vide suite à une privation de nourritures et donc avoir très faim.

Origine(s)

XVIe siècle d'après le plus ancien exemple trouvé sur le site Gallica, et cette expression est présente dans le livre d'Antoine OUDIN, *Curiositez françoise,* 1640 et donc sans doute en usage bien avant sa rédaction. L'image est explicite, ce qui permet de comprendre son ancienneté et sa pérennité.

배가 오목하다

의미

먹지 못해 배가 홀쭉하다, 뱃가죽이 등에 붙다.

유래

갈리카 웹 사이트에 의하면 16세기에 등장하는데, 앙투안 우댕의 《흥미로운 프랑스어》(1640)에 나온다. 따라서 17세기 이전에 쓰인 표현일 것이다. 시각적 이미지가 분명해서, 오래전부터 즐겨 사용된 표현이다.

Exemples

- « Et pour les doux fouteaux les espineux buissons, / Qui leur vont escardant les blanchastres toisons, / Et s'en vont tous les soirs d'une voix pitoyable / Bêlant **le ventre creux**, de l'herbage à l'estable. », Jean De Vitel, *Les premiers exercices poétiques,* imprimerie Léon, 1588, p. 106 (https://gallica.bnf.fr/ark:/12148/bpt6k5833450z, novembre 2019).

- « On dit aussi, qu'il **a le ventre creux, le ventre bien creux,** pour dire, qu'il a besoin de manger. », Dictionnaire de l'Académie française. *Le Grand Dictionnaire de l'Académie françoise, dédié au Roy, Seconde édition,* tome premier, 1695, p. 172 (https://gallica.bnf.fr/ark:/12148/bpt6k8727998v, novembre 2019).

- « Tout vieux qu'il était, sa colère était terrible, et j'avais senti si souvent la force de son bras, que, n'osant pas lui demander mon souper, qu'il me donnait toujours de mauvaise grâce, j'allai me jeter sur ma paille, **essayant de dormir le ventre creux** ; mais la faim chassait le sommeil, et de temps en temps j'entr'ouvrais les yeux pour voir si mon maître ne m'appellerait pas pour me donner ma ration. », Adolphe Loève-Veimars, "Belphégor" dans, *Dodecaton, ou Le livre des douze.* Tome 1, Victor Magen Éditeur, 1837, p. 227-228 (https://gallica.bnf.fr/ark:/12148/bpt6k5480105k novembre 2019).

- « Vous êtes-vous déjà imaginé passer la nuit à - 25 degrés, épuisé par le stress de la rue, **le ventre creux** par une alimentation défaillante et avec des vêtements humides, voire trempés ? Croyez-vous sincèrement qu'il est possible d'avoir accès à un refuge en claquant des doigts ? », Caroline Leblanc et Kristelle Alunni-Menichini, *Le Devoir*, 19 novembre 2019 (https://www.ledevoir.com/, novembre 2019).

- « Dans les cafés voisins, nous étions quelques-uns / Qui attendions la gloire / Et bien que miséreux, **avec le ventre creux** / Nous ne cessions d'y croire / Et quand quelque bistrot, contre un bon repas chaud / Nous prenait une toile », Charles Aznavour, *La bohème,* 1966 (https://youtu.be/fVfnEyLOkrM, novembre 2019).

- « À quoi tu joues beau ténébreux, avec tes yeux couleur d'automne / Tes joues qui fondent, **le ventre creux** / Qu'est-ce que tu veux, Buster Keaton ? », Stacey Kent, *La Vénus du mélo,* 2010 (https://youtu.be/cECqQWw6Xmw, novembre 2019).

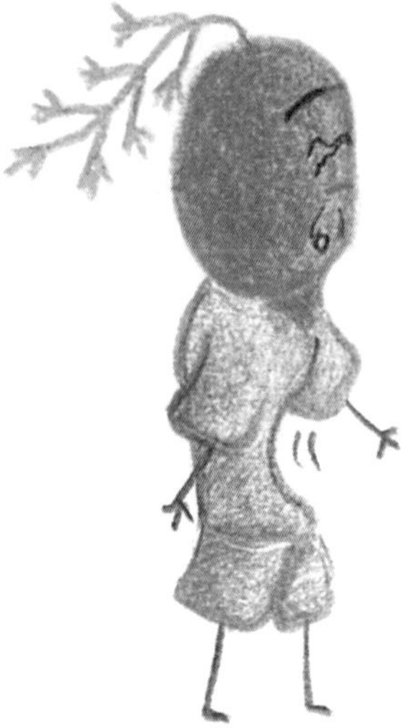

8 Avoir les crocs – Avoir la dent creuse

Valeur(s) sémantique(s)

Variante pour exprimer sa plus ou moins grande faim via un élément nécessaire à la mastication de nourritures.

Origine(s)

XVIIe siècle pour la *dent creuse* ; XIXe siècle pour les *crocs*. Dans les deux cas, l'image signale que la dent ou les crocs (version argotique pour le côté animal de l'être humain), présents dans la bouche, n'ont pas assez d'éléments nutritifs pour satisfaire leur vitalité et donc remplir l'estomac de la personne concernée.

짐승의 송곳니가 있다 /이빨이 움푹 파였다

의미

걸신들리다.

유래

17세기에 '이빨이 움푹 파였다', 19세기에 '짐승의 송곳니가 있다'라는 표현이 생긴다. 두 경우 모두, 먹을 것이 충분하지 않아 필요한 만큼 씹을 수 없고, 배도 채울 수 없는 상태를 못 먹어서 '움푹 파인 이빨'과 드러낸 '짐승의 송곳니'(인간을 동물화한 비속어)로 시각화한다.

Exemples

- « Pas d'amalgame, / Je suis le macadam / Drôle d'oiseau, drôle de drame / À ce petit jeu j'ai fait mes gammes / Notre amour sera cannibale, / On se mange les yeux gare à ton âme / Je suis poli, mais polygame/ **Et j'ai les crocs,** oh oh », Thomas DUTRONC, *Croc madame,* 2015 (https://youtu.be/YAXer0_FCaA, novembre 2019).

- « M. Abel Hermant était joyeux : certaines expressions, telles que : faire du gringue, **avoir les crocs**, on n'a pas avalé la même ficelle, l'avaient fort réjoui, pourquoi ne pas les faire admettre dans le Dictionnaire de l'Académie. », Paule DE SAINT VICTOR, *Ambassades et consulats : revue de la diplomatie internationale,* novembre 1936, p. 35 (https://gallica.bnf.fr/ark:/12148/bpt6k64868371, novembre 2019).

- « Allo ? Oui, oui. Ici **la dent creuse.** Oui, oui, j'suis emmerdé avec un fil de haricot là ! Est-ce que vous pouvez demander à la langue de me donner un coup de main ? Impossible, con, la langue est occupée, elle colle un timbre. Est-ce que vous pouvez m'envoyer un doigt en dépannage ? », Roland MAGDANE, *Les organes,* 1981 (https://youtu.be/c0Ksvj8XjCQ, novembre 2019).

- « La 34e R. A. est le régiment où l'on "masse" dur avec rien. Le commandant Plousery est un homme de ressource, un type épatant doublé d'une peau de vache ; il offre 15 jours de tôle à celui qui se plaint **d'avoir la dent creuse.** Un autre spécimen de grosse brute, l'adjudant-chef Grosjean, imbécile dégénéré, fait faire la pelote aux tolards. », *L'Humanité,* 19 septembre 1926, p. 2 (https://gallica.bnf.fr/ark:/12148/bpt6k402198s, novembre 2019).

- « J'aurais plus aucun frais / D'blanchisseuse / Et j'aurais pour jeûner / **La dent creuse** », *Léo* FERRÉ, *T'en as,* 1956 (https://youtu.be/4ZhmgPre1dA, novembre 2019).

- « Pour avoir une vie paisible, oublies ! Car tout le monde est speed, armé du savoir faire du vice, j'te le dis, en toute modestie / Hors de question de crever la bouche ouverte, **la dent creuse** / Je parle, misérable de moi, car je suis encore l'un d'entre eux », DIOMAY, *Poésie,* 2006 (https://youtu.be/eldjU_SKAHU, novembre 2019).

9 Avoir les dents du fond qui baignent

Valeur(s) sémantique(s)

Être tellement imbibé d'alcool que l'on est pris de nausées, ou d'envies de vomir, et/ou d'être incapable d'avaler autre chose. Par extension, cela s'applique aussi à quelqu'un qui a beaucoup trop mangé (voire un excès de quelque chose).

Origine(s)

XXe siècle, image populaire (voire vulgaire) qui se construit sur l'idée que les molaires (dents du fond) sont saturées, voire recouvertes, par les abus de boissons ou de nourritures. L'expression n'est pas très agréable à visualiser si on la prend au pied de la lettre !

이빨 안쪽이 물놀이 한다

의미

과음으로 구토하다, 토하고 싶거나 먹을 수 없는 상태다(넓게는 과식을 했거나, 행동이 지나친 것을 의미함).

유래

20세기에 등장. 과음과 과식으로 어금니(안쪽 이빨)까지 꽉 들어찬 상태가 연상되는 통속적 표현이다. 더러운 느낌도 있어서 상상만 해도 그리 유쾌하지 않다!

Exemples

- « Mais il faut de pareilles libations pour reprendre la route, euphorisés jusqu'à la moelle des os, et ensuite pendant les vingt-quatre heures suivantes, l'infusion de thym ou de légumes sera bienvenue, pour faire passer la sensation déplaisante que "la nourriture vous reproche" et vous fait **"les dents du fond qui baignent"**... », Anne VERNON, *Hier à la même heure,* Acropole, 1988, p. 215 (https://gallica.bnf.fr/ark:/12148/bpt6k48011130?rk=42918;4, novembre 2019).

- « J'suis comme ta gastro entérite / Au moment des fêtes / Des fois j'écoute vos sons, j'me dis mon Dieu qu'ont ils fait / Si tu t'sens lourd **c'est qu't'as les dents du fond qui baignent** », TOUS SALOPARDS, *La digestion,* 2017 (https://youtu.be/yf0i7ls3dT8, novembre 2019).

- « J'suis plus étanche, je monte sur la table / J'm'en fous j'suis plein comme un cartable / Remets-moi la petite sœur, même s'il est 5 heures / C'est le patron qui régale / Même si **j'ai les dents du fond qui baignent** / J'm'en fous j'suis rond comme une châtaigne / Remets-moi le petit frère, fais pas ta barre de fer / C'est le patron qui régale. », Sébastien PATOCHE, *La tournée du patron,* 2013 (https://youtu.be/ih2wyp8GbVQ, novembre 2019).

- « Néanmoins, j'ai tellement bouffé certains clichés que, pour donner dans la poésie... Disons que **j'ai les dents du fond qui baignent.** Que je lise ne serait-ce que le début d'un quart de sous-entendu du cliché et mes attentes concernant le bouquin se verront croître de façon exponentielle : s'il contient une grosse ficelle que je ne supporte plus, alors je serai beaucoup plus exigeante envers le livre que s'il n'était que fraîcheur et originalité. », LADYDANDY, 25 février 2014, *madmoiZelle* (https://www.madmoizelle.com/, novembre 2019).

- « Encore **les dents du fond qui baignent** ? Après les fêtes, les menus détox reviennent à la charge pour éliminer le trop-plein. Mais ils ne sont pas l'apanage du « retour à la normale. » D'ailleurs, aucune étude ne permet encore de prouver les bienfaits scientifiques des cures de détox. », Pierre DESTRADE, *Le Journal du Centre*, 4 janvier 2018 (https://www.lejdc.fr/, novembre 2019).

10 Avoir les yeux plus grands/gros que le ventre

Valeur(s) sémantique(s)

Avoir plus d'envie de manger que de capacité à manger ce que l'on a choisi. Par extension, voir trop grand et faire des choix qui dépassent ses propres capacités et par conséquent avoir trop d'ambitions.

Origine(s)

XVIe siècle, via une évolution d'une expression due à De Michel De Montaigne dans ses *Essais* (voir ci-dessous). Cette expression a traversé les siècles sans modifications majeures, si ce n'est du point de vue de l'orthographe.

배보다 눈이 훨씬 크다

의미

먹을 수 있는 양 이상을 먹고자 한다(넓게는 과욕을 부리다, 능력을 넘어서는 선택을 한다는 의미).

유래

16세기 몽테뉴의 《수상록》 1권에 나온다(아래 예문 참조). 철자가 조금 다를 뿐, 지금까지 사용되는 표현이다.

* 한국어로 '배보다 배꼽이 더 크다'는 상식적으로 작아야 하는 것이 더 많은 상황을 일컫는데, 한도를 넘어선다는 의미에서 '배보다 눈이 훨씬 크다'와 유사성이 있고, 두 경우 모두, 위장이 있는 배를 기준점으로 삼은 표현이어서 흥미롭다.

Exemples

- « I'ay peur que **nous auons les yeus plus grands que le ventre,** comme on dict, et le dit on de ceux asquel l'appetit et la faim font plus desirer de viande qu'ils peuuvent empocher. », Michel De Montaigne, *Essais*, tome 1, Féret & Fils, 1580 (1870), p. 166-167 (https://gallica.bnf.fr/ark:/12148/bpt6k102435w, novembre 2019).

- « M. Le comte d'Harcourt et les écrivains de son parti ont un grave défaut dont je ne voudrais pas médire, car il tient pas un côté à un sentiment honorable ; mais enfin ils ont ce défaut que le bon sens populaire caractérise par ces mots : **Avoir les yeux plus grands que le ventre.** », Alfred-Auguste Cuvillier-Fleury, *Journal des débats politiques et littéraires,* 19 septembre 1847, p. 3 (https://gallica.bnf.fr/ark:/12148/bpt6k447774s, novembre 2019).

- « C'est ce qui s'appelle **avoir les yeux plus grands que le ventre.** Un livreur, âgé de 21 ans, a subtilisé fin mars à la société de livraison dont il est employé, près de 940 chèques-restaurants. L'équivalent de plus de 8 600 € à utiliser pour l'achat de nourriture. De quoi faire des réserves pour quelques mois... », Nathalie Oudayer, *Ouest France,* 1er juillet 2019 (https://www.ouest-france.fr/, novembre 2019).

- « L'âge idiot, c'est à vingt fleurs / Quand le ventre brûle de faim / Qu'on croit se laver le cœur / Rien qu´en se lavant les mains / **Qu'on a les yeux plus grands qu'le ventre** / Qu'on a les yeux plus grands qu'le cœur / Qu'on a le cœur encore trop tendre / Qu'on a les yeux encore pleins d´fleurs », Jacques Brel, *L'âge idiot,* 1966 (https://youtu.be/_hTW0CpmQk4, novembre 2019).

- « Pendant c'temps j'mange que des coups durs car c'est les seuls qui partagent les restes / **Les yeux plus gros que le ventre,** c'est pas dur vu que les autres sont vides / À nos places même un végétarien ne voudrait pas lâcher l'steak / J'suis pas la victime, ni l'type dépressif / J'essaie d'vivre à fond mais cette douleur au ventre s'acharne et baisse / Nos chances d'avancer, faut que j'pense à manger », Paco, *Boulimique,* 2014 (https://youtu.be/_NUpB7EycYM, novembre 2019).

- « Bienvenue dans le bal **des yeux plus gros que le ventre** / On se retient tu nous déconcentres / Tu t'attaches on te prend la main / Gourmandise quand tu nous tiens / Des rêves, on en a plein la tête », Pihpoh, *Creux,* 2016 (https://youtu.be/R-s3W0R7v9Q, novembre 2019).

11 Avoir que dal(le) – Piger/comprendre que dal(le)

Valeur(s) sémantique(s)

Ne plus avoir rien du tout (surtout au plan monétaire). Ne rien comprendre dans des paroles ou écrits. *Que dalle* (dal) est équivalent dans les deux cas à *rien du tout !*

La graphie pour *dal(le)* ne semble pas fixée… et semble être à la source des confusions quant à son étymologie (TLFi, Le Robert, Larousse).

Origine(s)

Fin XIXe-XXe siècle, mais une origine plutôt obscure dans la plupart des sources. L'explication la plus pertinente rattache cette expression au terme *romani dail/dal* qui signifierait *rien.*

Peut-être, peut-on imaginer la dalle d'une table à manger (ou une gorge) complètement vide… *il n'y a que la dalle* simplifié en *que dal* !

끄달만 있다(끄달만 이해하다)

의미

돈 한 푼 없다(쥐뿔도 없다), 아무것도(개뿔도) 모른다('끄 달que dalle'은 구어로 '전혀, 아무것도'라는 뜻!).

두 가지 표기법(dal 또는 dalle)이 가능해서… 어원상 혼돈할 여지가 있다(프랑스어 보고사전, 로베르 사전, 라우스 사전 참조).

유래

19세기 말-20세기에 나타나는데, 유래는 불분명하다. '아무것도'를 의미했을 집시 언어 'dail/dal'에서 유래한 표현으로 보는 것이 가장 타당하다.

어쩌면 돌식탁의 돌(또는 목구멍)이 완전히 비어있는 상태를 상상할 수 있지 않을까? '끄달만 있다Il n'y a que la dalle'(아무것도 없다)에서 '끄달que dal'(돌/목구멍 말고 아무것도)로 단순화되었을 것이다!

Exemples

- « Regardez les étoiles / Et nous sentir humain / Se dire **on est que dalle** / Oh que rien / On fera comme on peut / On aura des gamins », VIANNEY, *Le Galopin,* 2016 (https://youtu.be/w_4YXE5UYEE, novembre 2019).

- « Étudiant **en que dalle** / Tu glandes dans les facultés / T'as jamais lu le Capital / Mais y a longtemps que t'as pigé / Qu'y faut jamais travailler », RENAUD, *Étudiant, poil aux dents,* 1981 (https://youtu.be/kHor-vQ7AZ38, novembre 2019).

- « Des politiques à la télé qui débattent, des vidéos débats, des coups de poing, des battes et des patates / Dans la tête, et des bavures et des balles qui se perdent dans le bâtiment, c'est devenu banal et des petits qui cannent **pour que dalle** », BIGFLO & OLI, *Ça va trop vite,* 2017 (https://youtu.be/vfE6Pgr_pAY, novembre 2019).

- « Tu dévides le jars ? / Comme dabe et dabuche, mais **j'entrave que dal** à ce que m'bonis t'écolles ! / [cela signifie] Tu parles l'argot ? / Comme père et mère, mais je ne comprends rien de ce que tu me dis ! », Napoléon HAYARD, *Dictionnaire d'argot,* 1907, p. 33 (https://gallica.bnf.fr/ark:/12148/bpt6k74275t, novembre 2019).

- « Pardon que j'interrompe un peu la narration, c'est pas pour te faire lanterner, mais va falloir que je te mette un peu au jus, sinon **tu vas piger que dalle**, j'te connais. », Franck JOHANNÈS, *M. Le Mag, Le Monde,* 25 mars 2017 (https://www.lemonde.fr/, novembre 2019).

- « Et, malheureusement, les femmes, **ne comprenant que dal** des manigances de ces marionnettistes modernes, pour paraphraser Platon, exultent, folâtrent, gambadent comme des poulains au petit matin de Diakhao sous les caresses clémentes du brouillard et du climat frisquet. », Mamadou Ciré SY, *Xi Baa Ru,* 1er décembre 2019 (https://www.xibaaru.sn/, décembre 2019).

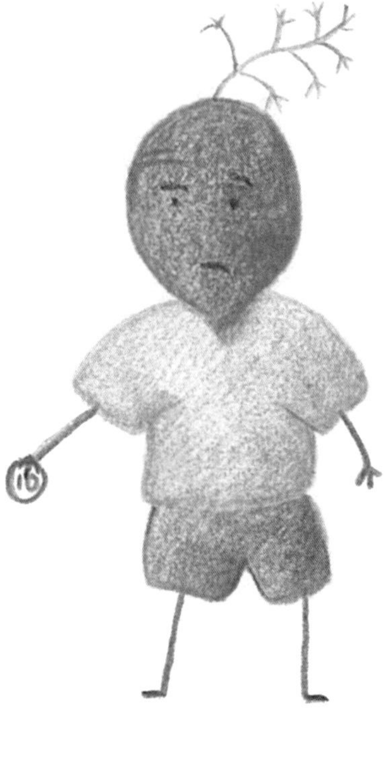

12 Avoir un appétit d'oiseau (moineau) – Manger comme un moineau (oiseau)

Valeur(s) sémantique(s)

Manger très peu, ou en très petites quantités. Par extension, tout ce qui a une faible consommation (d'énergie).

Origine(s)

Milieu du XVIIIe siècle (Le Robert, *Dictionnaire des expressions et locutions,* p. 766) sur la fausse impression qu'un oiseau (ou moineau) mange peu en raison de sa taille alors que proportionnellement c'est presque le contraire.

(참)새 식욕이다, (참)새처럼 먹다

의미

소식하다(넓게는 소비가 열악한 것, 에너지 소모가 적은 것을 의미함).

유래

18세기 중엽, (참)새는 작기 때문에 적게 먹는다는 착각에서 비롯된 표현이다(《로베르 관용어구 사전》, p. 766). 그렇지만 덩치에 비해 많이 먹기 때문에 사실과 거의 반대되는 표현이다.

Exemples

- « Un **appétit de moineau** pour la Toyota Prius rechargeable. », titre d'article, Damien CHALON, *L'Automobile & l'entreprise,* 30 septembre 2016 (https://www.automobile-entreprise.com/, novembre 2019).

- « Elle a un **appétit de moineau** et fait la fine bouche devant vos lasagnes maison… Lui, il grignote à longueur de temps et se gave de céréales au chocolat… Nos astuces et nos conseils pour survivre aux galères des repas. », Françoise DEVILLERS, *Avantages,* 29 novembre 2019 (https://www.magazine-avantages.fr/, novembre 2019).

- « Vous seriez aussi gêné que moi. Je vous connais, votre imagination a une envergure d'aigle et **un appétit de moineau.** », Jules RENARD, *Comédies : le plaisir de rompre, le pain de ménage, Poil de carotte, Monsieur Vernet,* P. Ollendorf, 1904, p. 86 (https://gallica.bnf.fr/ark:/12148/bpt6k5533689s, novembre 2019).

- « On peut dire qu'à peine elle faisait œuvre de nature. Elle **mangeait moins qu'un moineau.** Elle dormait peu, vers le matin. », Jules MICHELET, *Journal,* 1861, p. 587 (TLFi en ligne).

- « Neuf minutes pour dévorer le plus gros burger de Thaïlande. Environ 6 kg et plus de 10 000 calories voici le plus gros burger de Thaïlande ! Servi à Bangkok, la capitale du pays, ce burger n'est **pas fait pour ceux ayant un appétit d'oiseau.** Défi supplémentaire : finir le plat en moins de neuf minutes pour espérer repartir avec une récompense équivalente à environ 330 $… », *Euronews,* 31 octobre 2019 (https://fr.euronews.com/, novembre 2019).

- « On a connu à Paris, pendant longtemps, un parasite qui affectoit de **n'avoir qu'un appétit d'oiseau,** et que les diners sans façon sembloient chercher à cause de sa petite dépense. Une fois atteler à une table, c'étoit un ogre ; et voilà de quelle manière il s'y prenoit pour manger comme quatre. », *L'Ami de la religion et du Roi : journal ecclésiastique, politique et littéraire,* n° 3425, 17 avril 1841, p. 140 (https://gallica.bnf.fr/ark:/12148/bpt6k5740913h, novembre 2019).

- « La lecture constituait mon loisir favori… **Quoique d'un appétit d'oiseau** quant aux nourritures terrestres - la viande et les légumes m'écœuraient… -, je dévorais chaque livre que l'on me mettait entre les mains. », Jean-Marie PAISSE, *Le Petit chose. Bulletin de l'association des amis d'Alphonse Daudet,* Amis d'Alphonse Daudet n° 81, janvier 1999, p. 49 (https://gallica.bnf.fr/ark:/12148/bpt6k9788403t, novembre 2019).

13 Avoir un verre dans le nez

Valeur(s) sémantique(s)

Être ivre et ne plus savoir ce que l'on fait. Perte de contrôle d'une personne après un surplus d'alcool…

Attention, expression à ne pas confondre avec celle-ci : *tirez les vers du nez…*

Origine(s)

Début du XXe siècle, familièrement cela permet de décrire la transformation plus ou moins importante du visage par métonymie lorsqu'une personne boit trop. Cela se traduit visuellement par les joues et l'extrémité du nez rouges chez les poivrots dans la bande dessinée.

술잔이 콧속에 있다

의미

코가 삐뚤어지도록 마시다(과음 후 '필름이 끊기는' 상태를 가리킴).

주의: 프랑스어로 '술잔verre'과 '벌레ver'는 동음이의어다. '코에서 벌레를 꺼내다'(의미: 말문을 열게 하다, 유도심문하다)라는 표현과 혼동해서는 안 된다.

유래

20세기 초 나타난 구어. 과음으로 안색이 변하는 것을 코 색깔의 변화로 묘사한 환유적 표현이다. 만화에서 술꾼은 불그스레한 뺨과 코끝으로 시각화된다.

Exemples

- « Ce savoyard, que je nommerai Capaz, était un colosse que trois hommes n'auraient pu réduire. Doux, timide à jeun, dès **qu'il avait un verre dans le nez,** ce n'était plus un homme : des bras comme des leviers, un encolure de buffle, des mains à couvrir une assiette. », M. N., *Le Cri du peuple,* n° 184, 28 avril 1884, p. 2 (https://gallica.bnf.fr/ark:/12148/bpt6k4683069c, novembre 2019).

- « Ça, je peux le dire hardiment : pour ce qui est d'avoir une santé et de faire la blague **avec un verre dans le nez,** à moi le pompon, y a pas d'erreur… », Georges COURTELINE, *Un Client sérieux,* E. Flammarion, 1897, p. 93 (https://gallica.bnf.fr/ark:/12148/bpt6k61498945, novembre 2019).

- « Ouais j'ai pris de la bouteille, j'ai poussé le bouchon / Gouté le bourbon, joué le bouffon, faut que j'évite la boulette / **J'ai déjà un verre dans le nez,** je vais bientôt serpenter / Vu que je pense plus qu'à faire santé, et là j'épie la poulette », BLONDIN, *Éoliennes,* 2015 (https://youtu.be/FWDWn5tWl0U, novembre 2015).

- « Dans sa blouse de satin / Des verres fumés dans une soirée / Funny je m'en suis douté / **Avec un petit verre dans le nez** / Y'a le tour de s'faire aimer / Y m'a passé sa Porche / Y venait de la faire laver cool », Robert CHARLEBOIS, *J'avoue,* 1992 (https://youtu.be/Zzx2LYWBviM, novembre 2019).

- « Encore une fois cette année, les résidents de Sainte-Agathe, Val-David et Val-Morin pourront compter sur Opération Nez rouge Pays-d'En-Haut pour être raccompagnés en toute sécurité à la maison, **s'ils ont un verre dans le nez** à la sortie de leur party des Fêtes. », Maxime COURSOL, *L'information du Nord – Sainte-Agathe,* 12 novembre 2019 (https://linformationdunordsainteagathe.ca/, novembre 2019).

- « En réalité, c'est l'alcool qui vous fait vous sentir sexy, car rien ne prouve qu'il réveille votre sex-appeal. Il pourrait jouer sur la confiance en soi : on parle réellement mieux une langue étrangère **avec un verre dans le nez.** On sait même, après avoir trompé des cobayes avec un placebo, que le simple fait de CROIRE qu'on a bu de l'alcool suffit à se trouver craquant. », Dorian FERRON, *Néon Mag,* 9 juillet 2019 (https://www.neonmag.fr/, novembre 2019).

14 Avoir une faim de loup

Valeur(s) sémantique(s)

Avoir une forte envie de manger, de dévorer quelque chose pour satisfaire sa faim. Image d'un loup qui sort de son antre par nécessité de survie !

Origine(s)

Milieu du XIXe siècle dans sa forme actuelle, mais sans doute l'héritage de l'histoire où les loups sortaient de leur milieu naturel à cause du manque de proies – notamment pendant les périodes de famines. La Grande famine de 1693-1694 qui aurait fait 2 millions de victimes. Cela se retrouve aussi dans une expression du XVIIe siècle : *manger comme un loup.*

사자의 배고픔

의미

뭐든 먹고 싶다, 허기진 배를 채우고 싶다(살기 위해 동굴 밖으로 나오는 사자의 이미지가 있다!).

유래

19세기 중엽에 나타난 표현이지만, 먹이가 부족해서, 특히 기근이 지속된 기간(1693-1694년에 2백만 명이 희생되었다)에 사자가 서식지 밖으로 출현한 역사적 사실에서 유래한다. 17세기 관용어 '사자처럼 먹다manger comme un loup'도 같은 맥락에서 이해할 수 있다.

Exemples

- « Et je me mets à table / Faut pas se laisser abattre / **J'ai une faim de loup** / Moi je mange comme quatre / Et je bois comme un trou », Thomas Fersen, *Croque,* 2004 (https://youtu.be/lOAqzpbWu_I, décembre 2019).

- « Il faut encore que l'amour couve / Jusqu'à ne plus tenir en nous / Et que **j'ai une faim de loup** / Pour assouvir ta faim de louve », Maxime Le Forestier, *Les lianes du temps,* 1973 (https://youtu.be/7oNp7kfRX1Q, décembre 2019).

- « Je ne puis oublier l'appétit dévorant, **la faim de loup** qui m'assaillit en entrant en convalescence. Le premier jour qu'on m'apporta une tranche d'agneau, je la dévorai comme un lion dévore sa proie. », Edward John Trelawney (trad. par Juan Floren), *Mémoires d'un cadet de famille,* Librairie De Dumont, 1833, p. 164 (https://gallica.bnf.fr/ark:/12148/bpt6k5625002c, décembre 2019).

- « Pas convaincu ? L'Ademe fournit des exemples, comme celui d'une ville moyenne d'Ile-de-France où les cantines proposent des versions *"appétit de moineau"* ou ***"faim de loup"*** à la cantine pour réduire le gaspillage. », Catherine Simon, *La Nouvelle République,* 29 novembre 2019 (https://www.lanouvellerepublique.fr/, décembre 2019).

- « Le lendemain, je me présente à la salle à manger avec un voile sur la tête et un manteau qui ramasse la poussière des tapis. Je suis la seule cliente et **j'ai une faim de loup.** Un serveur me demande gentiment : *Do you want a croissant ?* », Michèle Ouimet, *La Presse,* 24 novembre 2019 (https://www.lapresse.ca/, décembre 2019).

15 Boire comme un trou/une éponge

Valeur(s) sémantique(s)

Expressions qui qualifient une personne qui boit beaucoup d'alcool sans être affecté, apparemment, de ses effets. Ici, le trou met en valeur la disparition des liquides ingurgités ; *l'éponge,* la capacité d'absorption de l'individu concerné.

Origine(s)

XVIe siècle, via François RABELAIS. Cependant, il existait aussi au même moment *boire comme un templier* qui est une formule tombée en désuétude peu à peu avec la disparition de cet ordre religieux (mais les clichés survivent longtemps). Aujourd'hui, il suffit de commencer par *boire comme…* pour établir une équivalence de qualité entre les termes.

구멍 난 것처럼/스펀지처럼 마시다

의미

술고래다(술을 많이 마셔도 겉으로는 드러나지 않는 사람을 지칭함. 구멍을 통해 사라지는 술의 양과, 스펀지처럼 술을 다량 흡수할 수 있는 능력이 강조됨).

유래

16세기에 라블레에서 유래. 그런데 당시 과음한다는 뜻으로 '성당 기사처럼 마시다'라는 관용어가 있었는데, 수도사가 차츰 사라지면서 (편견은 계속 남아있지만) 사용되지 않는다. 오늘날에는 과음상태를 '~처럼 마시다'로 다양하게 표현한다.

Exemples

- « Dans tous les trous du cul du monde / **Boire comme un trou** jusqu'à la tombe / Faut qu'ils aillent chercher les pompiers / Tous les soirs pour nous ramener / Moi j'y peux rien faut qu'j'fasse trinquer / Putain tout c'qui passe à côté », Damien SAEZ, *Rue d'la soif,* 2017 (https://youtu.be/ZxwgJxT5YvQ, décembre 2019).

- « Bon d'accord il est tard et t'en as un peu marre des bistrots / **T'as beau boire comme un trou,** t'arrives pas à être saoul, t'as pas d'pot / Mais faut pas m'planter là, moi j'suis fait comme un rat allumé / Je m'en fous arrache toi, la tournée c'est pour moi, enfoiré », RENAUD, *Si t'es mon pote,* 1985 (https://youtu.be/7xloigWAzkQ, décembre 2019).

- « Nos pères beurent bien et vuiderent les potz. C'est bien chié chanté, beuvons ! Voulez-vous rien manfer à la riviere ? Cestuy cy va laver les trippes. **Je ne bois en plus qu'une esponge. Je bois comme un templier.** Et je taquam sponsus. », François RABELAIS, *Gargantua et Pantagruel,* Édition du Monde Moderne, 1930 (*Gargantua,* Livre I, Chap. 4, Édition Juste, 1535), p. 12 (https://gallica.bnf.fr/ark:/12148/bpt6k96112224, décembre 2019).

- « Ragotin fit tout à fait bien les honneurs de sa maison et **but comme une éponge.** », Paul SCARRON, *Le roman comique,* 1651-1657, tome 2, p. 15 (https://www.littre.org/definition/%C3%A9ponge, décembre 2019).

- « Malgré tout, se ré-entraîner à **boire comme un trou** n'est pas quelque chose que l'on recommanderait : quand on est un adulte, ce genre de comportement s'appelle "l'alcoolisme" et est beaucoup moins bien toléré que pendant la jeunesse. », Rédaction du magazine CQ, 26 décembre 2018 (https://www.gqmagazine.fr/, décembre 2019).

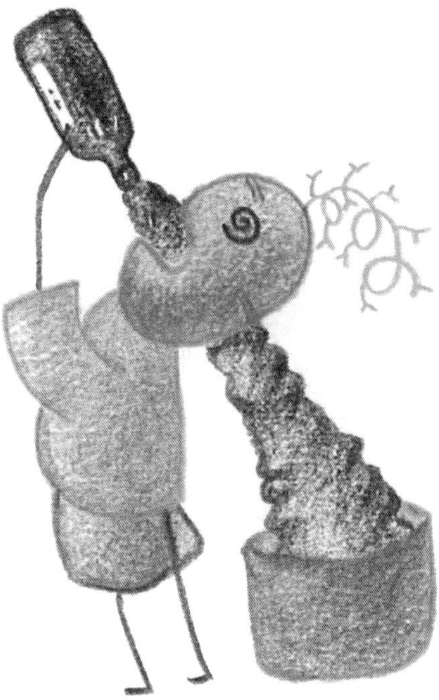

16 Danser devant le buffet

Valeur(s) sémantique(s)

N'avoir plus rien à manger (par épuisement des réserves). Cela pourrait provoquer des agitations corporelles plus ou moins volontaires…
NB : le buffet désigne aussi le ventre, notamment dans l'expression *en avoir dans le buffet* pour parler de quelqu'un de courageux.

Origine(s)

XIXe siècle, attesté en 1863 dans le LITTRÉ selon le TLFi en ligne, mais dans la version disponible du LITTRÉ (tome 1) sur le site web *Gallica* de la Bibliothèque Nationale de France, la date donnée est 1873 (p. 437).
Le buffet avait la fonction d'être le garde-manger (le *frigo* aujourd'hui), et parfois le meuble de rangement de la vaisselle, donc, il ne restait plus qu'à danser devant le vide des réserves.

찬장 앞에서 춤추다

의미

(비축 식량이 바닥나서) 음식 구경을 못하다, 쌀독에 거미줄 치다(허기져서 먹을 것을 찾아 분주히 움직이는 모습이 연상되는 표현…).
주의: '찬장에 뭔가가 있다en avoir dans le buffet(뱃심이 좋다, 대담하다)'라는 표현에서 알 수 있듯, 찬장은 '배 ventre'를 의미하기도 한다.

유래

19세기에 등장. 《온라인 프랑스어 보고사전》에 의하면, 《리트레 사전》에서 1863년으로 확인되지만, 프랑스 국립도서관의 디지털 도서관 갈리카에 올라온 《리트레 사전》 제1권에서는 1873년으로 확인된다(p. 437).
찬장은 오늘날 냉장고처럼 식품 보관 기능을 했고, 간혹 그릇을 넣어둔 곳이었다. 따라서 먹을 것이 떨어진 찬장 앞에서 춤추는 일만 남았다는 의미다.

Exemples

- « Les SDF, les retraités, les smicards, les "sans dents" bref tous ceux qui vont ce soir "**danser devant le buffet**"... À BIENTÔT... C-S-GÉNEREUSEMENT VOTRE ! votre p'tit Précieux... », commentaire de col-mar, 31 décembre 2018 dans "Emmanuel Macron et son épouse ont séjourné au fort de Brégançon", *Le Bien Public,* 31 décembre 2018 (https://www.bienpublic.com/, décembre 2019).

- « Donc, avec des calculs politiques ou pas, plus stratégiques ou pas, ce mini-remaniement est un peu farfelu. Les vrais problèmes sont ailleurs. Arrêter de duper les peuples malgaches qui continuent à **danser devant le buffet.** », commentaire de ELOIM, 26 août 2017 dans "Des promotions, des sanctions et des choix discutables", Ny Aina RAHAGA, *La Tribune de Madagascar,* 26 août 2017 (https://www.madagascar-tribune.com/, décembre 2019).

- « Tout penauds, tout pleurnicheurs, / Les vrais pêcheurs / Rentreront chez eux bredouilles / **Danser devant le buffet,** / Se faisant traiter d'andouilles / Par leur compagne. Bien fait ! », Georges BRASSENS, Jean BERTOLA, *Le Pêcheur,* 1991 (https://youtu.be/mhrd8jDiHoc, décembre 2019).

- « Mieux vaut chanter le ventre plein que de **danser devant le buffet,** ayant le battant vide », Aristide SACLÉ, *La Chanson illustrée,* 1870, n° 48, p. 3 (https://gallica.bnf.fr/ark:/12148/bpt6k5758729f, décembre 2019).

- « Frédéric. C'est que ce n'est pas gai d'être toujours à tirer la langue ; ça m'ennuie, à la fin, de **danser devant le buffet.** », François VIDOCQ, *Mémoires de Vidocq, chef de la police de la Sureté jusqu'en* 1927, tome 4, Tenon, 1829, p. 246 (https://gallica.bnf.fr/ark:/12148/bpt6k83125z, décembre 2019).

17 Être plein/bourré comme une huître

Valeur(s) sémantique(s)

Être complètement ivre et en perdre conscience. Il faut penser à huître bien grasse qui déborderait de sa coquille par excès de consommation… Par extension, cela s'applique à tout ce qui déborde des limites admises !

Origine(s)

XIXe siècle, sans doute avec la démocratisation de la consommation de ces coquillages dans les grands centres urbains, notamment lors des fêtes de Noël et du nouvel an.

Les huîtres sont difficiles à digérer lors des phases de reproductions (*elles sont pleines* désignant les femelles qui attendent leur descendance). Il est possible d'envisager que l'analogie s'établisse entre l'état des huîtres et de leurs effets digestifs malsains à ce moment-là ?

굴처럼 가득/꽉 차다

의미

배터지도록 마시다(너무 많이 먹어서 통통한 굴이 껍질 밖으로 삐져나올 것 같은 이미지다… 넓게는 허용된 범위를 넘어서는 모든 것을 지칭함!).

유래

대도시에서, 특히 크리스마스 축제나 연말연시에 굴 소비가 대중화됨에 따라 19세기에 나타난 표현일 것이다. 굴은 생식기 때 소화하기 어렵다('굴이 꽉 차다'는 새끼를 밴 상태를 가리킴). 따라서 소화에 좋지 않은 '꽉 찬 굴'의 상태로 과음을 비유한 것이 아닐까?

Exemples

- « Misérables ! vous avez trempé vos mains dans le sang de cet homme !... Vous méditiez de me faire passer pour le criminel... Oh ! les coquines !... / Vous êtes toqué, répond Bruscambille. / C'est notre ami Chaducul, ajoute Blanc-Partout. / Il n'est pas mort. / Il a roulé sous la table, parce qu'**il était plein comme une huître.** », Léo TAXIL, *Les trois cocus, roman comique,* Librairie populaire, 1884, p. 176-177 (https://gallica.bnf.fr/ark:/12148/bpt6k65783760, décembre 2019).

- « La population tout entière est indignée de la conduite du commissaire central qui selon son habitude **était plein comme une huître.** Elle espère que M. le Gouverneur voudra enfin se décider à la débarrasser de cet amant de la dive bouteille. », El HAAK, *Le Patriote Algérien,* 25 avril 1888, n° 173, p. 1 (https://gallica.bnf.fr/ark:/12148/bpt6k6231918m, décembre 2019).

-

« Sous l'influence du cannabis, au lieu de signaler la satiété, ces neurones envoient le message inverse en sécrétant des endorphines. Résultat : le cerveau croit que l'organisme a faim, **même s'il est plein comme une huître.** », Anissa BOUMEDIENE, *20 Minutes,* 19 février 2015 (https://www.20minutes.fr/, décembre 2019).

- « *C'est quoi, un éthylotest ?* Un dispositif qui révèle votre taux d'alcoolémie. Utile avant de prendre le volant. Encore que si vous ne vous rappelez pas si vous avez bu plus de deux verres, c'est peut-être que **vous êtes déjà plein comme une huître.** », Mathieu SICARD, 28 juin 2012, *L'Obs, Le Plus* (http://leplus.nouvelobs.com/, décembre 2019).

- « Puis arrive ce fameux 19 décembre 2008. Le dernier jour de boulot de l'année. Une soirée bien arrosée au bistrot avec les collègues. À minuit, je suis sorti **bourré comme une huître.** Le sol était gelé. J'ai glissé et je me suis assommé. J'étais dans les vapes. Mon boss me giflait pour me réveiller. », Yves MERZ, *24 heures de Lausanne,* 5 mai 2012 (https://www.24heures.ch, décembre 2019).

- « Des vieilles mémés cuitées agressent des vieux pépés / Des vigiles ivres morts frappent un clodo qui dort / Un beauf **plein comme une huître** viole sa fille à minuit / Un jeune complètement schlass se déchaine au nunchak / Une bergère pompette qui joue de la trompette », BÉRURIER NOIR, *Commando Pernod,* 1985 (https://youtu.be/nh7nqF-5TK98, décembre 2019).

18 Il y a à boire et à manger

Valeur(s) sémantique(s)

Situation contradictoire où il y a un équilibre entre de bonnes et mauvaises choses, de bons et mauvais aspects. Par extension, et plus familièrement, il y a tout et n'importe quoi…

Origine(s)

XIXe siècle, l'expression au départ désigne un liquide trouble et épais. La qualité sémantique du *trouble* est gardée pour s'appliquer à toutes les situations présentant des aspects contradictoires qui met une personne dans une position délicate pour faire un choix.

Aujourd'hui, *il y a à boire et à manger* sur les réseaux sociaux et l'internet.

먹을 것과 마실 것이 있다

의미

장단점이 있다(좋은 점과 나쁜 점이 동일하게 있는, 모순된 상황을 가리킴. 넓게는 아무거나, 모든 것이 섞여 있는 상황을 의미하는 구어다).

유래

19세기에 등장. 처음에는 농도가 진한 뿌연 음료를 가리켰다. '혼돈'의 의미는 계속 남아 있어서, 선택이 어려운 모순적 상황을 가리킨다.

오늘날 인터넷과 소셜 네트워크에는 '먹을 것과 마실 것'이 공존한다.

Exemples

- « Dans la catégorie "albums posthumes", c'est un peu comme dans la catégorie "albums pas posthumes" en fait, **il y a à boire et à manger.** Du bon, du très bon, du médiocre, du fan service, du foutage de gueule. », Cécile MAGNIER, *Sourdoreille,* 21 novembre 2019 (http://sourdoreille.net/, décembre 2019).

- « Les jeux vidéo et le cinéma, c'est une longue histoire d'amour. Entre *Street Fighter, Super Mario Bros., Mortal Kombat, Prince of Persia, Assassin's Creed, Tomb Raider, Resident Evil, Silent Hill, Double Dragon,* ou encore *Hitman,* **il y a à boire et à manger.** On ne compte plus les purges qui ont été diffusées dans les salles obscures, alors que les licences concernées sont loin d'être dégueulasses. », Laurely BIRBA, *JeuxActu.com,* 22 novembre 2019 (https://www.jeuxactu.com/, décembre 2019).

- « J'ai fait ici une grande tartine sur l'*Histoire de César*, dont je ne suis pas trop mécontent **il y a à boire et à manger,** comme on dit en style académique, et, la semaine prochaine, je reviens à Paris pour la lire au *Journal des Savants.* », Prosper MÉRIMÉE, *Lettres à une inconnue,* tome 3, Calman-Lévy, 1874, p. 269 (https://gallica.bnf.fr/ark:/12148/bpt6k297234, décembre 2019).

- « Il y a ***à boire et à manger*** dans la bible ; c'est un pape qui l'a dit : le Congrès était-il obligé d'être plus *orthodoxe* que lui ?... Mais ce que ce Pape n'avait pas fait, c'est au Congrès de le faire. », *Antidote au Congrès de Vienne, Tome 1,* Chez les marchands de nouveautés (en Belgique), 1816, p. 93 (https://gallica.bnf.fr/ark:/12148/bpt6k65712433, décembre 2019).

- « Oubliez-moi, j'ai pas les mots pour parler à un môme / Et encore moins d'un monde qui **donne à boire et à manger** à un monstre / Oubliez moi, j'ai ni l'moral ni l'envie / Et puis ce soir m'attend le mal je file en ville », FURAX, *Oubliez-moi,* 2014 (https://youtu.be/fMrLoZM5wfI, décembre 2019).

19 Manger le morceau

Valeur(s) sémantique(s)

Aujourd'hui, par extension, dire tout ce que l'on sait de ce qui devait rester secret. Mais surtout, auparavant et toujours, révéler à une institution policière ou judiciaire des méfaits et donc dénoncer et/ou trahir ses complices.

Origine(s)

XIXe siècle, tout comme *se mettre à table* (cf. infra), expression argotique du milieu carcérale pour décrire une personne qui parle après avoir subi plus ou moins des tortures. Selon certaines sources, cela proviendrait du fait que les policiers ne nourrissaient pas le suspect jusqu'à ce qu'il avoue et donc *mange le morceau* de pain accompagnant alors son assiette !

그 조각을 먹다

의미

경찰이나 법 기관에 악행을 고발하다, 공모자를 배신하다(오늘날 넓은 의미로 비밀을 털어놓는 행위를 말함).

유래

'식탁에 앉다'(앞부분 참조)처럼 19세기에 등장. 수감자들의 은어로, 고문을 당한 후 자백하는 것을 묘사한 표현이다. 한편 용의자가 고백할 때까지 (즉 식사에 곁들여지는 '빵 조각'을 먹을 때까지) 경찰이 먹을 것을 주지 않았던 사실에서 비롯되었다는 의견도 있다!

Exemples

- « Hector Malot avait annoncé un roman : *Journalistes et Gens de lettres* ; tout au long de sa carrière, il avait amassé force notes et ce devait être son dernier livre. Au moment de le mettre sur chantier, il eut des scrupules : “J'ai eu plutôt à m'en louer qu'à m'en plaindre, ce serait mal à moi qui suis du bâtiment **de manger le morceau**…”, et il remisa le dossier. », Marie-Aude Bonniel, *Le Figaro Histoire,* 12 décembre 2018 (https://www.lefigaro.fr/, décembre 2019).

- « Le nouveau continent de la marchandise et du profit est gigantesque : il couvre en fait, grâce l'ambiguïté du terme “social”, non seulement les dégâts engendrés par le capitalisme mais toute action dite d'intérêt général, et il s'identifie, en définitive, à l'État lui-même. Ce qui n'a rien d'un hasard, ni du point de vue théorique – il est dans l'essence même du capitalisme de tout marchandiser – ni du point de vue historique : cette nouvelle offensive n'est envisageable qu'en notre époque où tous les postes-clefs de la décision publique, du supranational au local, ont été colonisés par les représentants de la finance mondialisée et leurs serviteurs. Il arrive d'ailleurs à certains, souvent les mieux placés, de “**manger le morceau**”. », Pierre Bitoun, Lou Hubert, *Le Comptoir,* 26 mars 2018 (https://comptoir.org/, décembre 2019).

- « Ils n'oublient pas de faire les menaces les plus fortes à celui qui seroit assez lâche pour **manger le morceau,** c'est-à-dire, découvrir le larcin. », Louis-Sébastien Mercier, *Le nouveau Paris, volume 2,* 1797, p. 74 (https://gallica.bnf.fr/ark:/12148/bpt6k64383950, décembre 2019).

- « Puis s'approchant d'un porte-clef placé à l'entrée du corridor : “Roch, lui dit-il, faites venir le concierge ; j'ai besoin de parler à l'accusateur public. — Comment ! l'accusateur public ! voudrais-tu **manger le morceau** (faire des révélations). Ah ! Joseph, quelle réputation tu vas laisser à nos enfants !” », Les Chauffeurs, scène extraite des *Mémoires de Vidocq, La Semaine, journal hebdomadaire,* 19 octobre 1828, p. 1 (https://gallica.bnf.fr/ark:/12148/bpt6k54441546, décembre 2019).

20 Manger sur le pouce

Valeur(s) sémantique(s)

Manger très rapidement, le plus souvent quelque chose avec les mains et/ou debout. Par extension, faire quelque chose rapidement.

Origine(s)

Fin XVIIIe siècle, description, presque visuelle, d'une situation où l'on mangeait quelque chose sur une tranche de pain (ou entre des tranches) avec ses mains et dont le pouce permettait le maintien, ainsi qu'au maniement du couteau.

Dans le milieu ouvrier après la révolution industrielle, il était fréquent de couper de la charcuterie avec du pain et du vin et cela faisait office de déjeuner minimale et rapide.

엄지손가락 위에 놓고 먹다

의미

(주로 서서 손으로) 허겁지겁 먹다(행위가 신속하다는 의미로 확장됨).

유래

18세기 말에 등장. 즉석에서 빵 조각에 뭔가를 얹어 먹거나, 샌드위치를 만들어 손으로 집어 먹는 상황을 묘사한 시각적 표현이다. '엄지손가락 위에' 얹어 먹는다는 이미지로 소량으로 먹는 가벼운 식사를 강조한다.

산업혁명 이후 노동자들은 점심으로 미리 준비된 식사가 아니라, 햄을 즉석에서 잘라 빵과 먹고, 포도주를 마시며 요기를 때우는 경우가 많았다.

Exemples

- « Cette Mexicaine de 40 ans, mère de six enfants, fait partie des quelque 10 000 vendeurs ambulants emblématiques de New York, pour la plupart immigrés et sans-papiers comme elle. Loin de se limiter aux seuls hot-dogs et bretzels, ils contribuent à la diversité gastronomique de cette ville-monde, rivalisant de plats exotiques allant des *falafels* aux *momos* tibétains pour faire saliver des New-Yorkais habitués à **manger sur le pouce.** », AFP, *Métro Belgique,* 1er janvier 2020 (https://fr.metrotime.be/, janvier 2020).

- « **Manger sur le pouce** devant l'écran de votre ordinateur ou vous rendre à la cantine pour taper la causette avec vos collègues : quelle est la meilleure habitude à adopter sur le temps de midi ? », Caroline LALLEMAND, *Le Vif*, 9 décembre 2019 (https://www.levif.be/, janvier 2020).

- « Abdalla : Oh, il n'y a pas de quoi ! n'faut pas faire de façons ; c'est sans cérémonie. À la cuisine, là, **un morceau sur le pouce** ; quant à vous, seigneur, on pourra vous offrir un poulet délicieux, un excellent gigot et du vin. », T. L. VALLIER, *Arlequin esclave à Bagdad,* Gobelet, 1798, p. 21 (https://gallica.bnf.fr/ark:/12148/bpt6k58133806, janvier 2020).

- « Hélène : Mal ? que je pense mal de vous ? Comme si je ne voyais pas pourquoi vous apporter tout cela ? Cette table, c'est pour vous, n'est-ce pas ? / Kersac : Certainement ! Je déteste **manger sur le pouce.** », Sophie DE SÉGUR (Mme la comtesse de Ségur), *Jean qui grogne er Jean qui rit,* Hachette, 1895 (nouvelle édition), p. 224 (https://gallica.bnf.fr/ark:/12148/bpt6k659884, janvier 2020).

- « Qu'importe où et quand / Mon existence péage / Carte moins de 25 ans / Les sandwichs **sur le pouce** / Les amphis à l'index / Tous ces mots dans la bouche », Renan LUCE, *Mes racines,* 2006 (https://youtu.be/K4oC_BdexHw, janvier 2020).

- « Je déteste **manger sur le pouce** / Un festin, une nappe à carreaux, que la vie est douce / J'avoue, je kiffe tout c'qui touche la bouffe / Et quand mes convives se remplissent toute la bouche », Greg FRITE, *Instagraille* (générique), 2015 (https://youtu.be/K4Yn-7meeeA, janvier 2020).

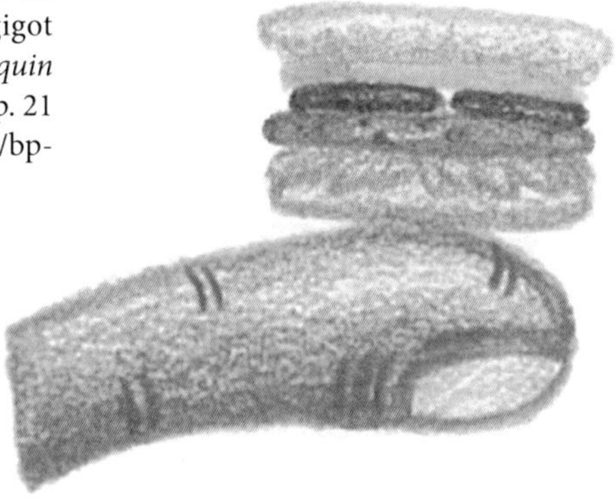

21 N'avoir rien à se mettre sous la dent

Valeur(s) sémantique(s)

Être très pauvre et donc ne pas avoir assez à manger. Par extension, ne pas avoir assez de moyens pour vivre. Aujourd'hui, permet aussi de décrire un manque de quelque chose.

Origine(s)

XVIIIe siècle, dans sa forme affirmative pour dire qu'il était l'heure de manger. La dent représente par synecdoque la mastication d'aliments lors d'un repas... Par opposition, le manque de nourriture et par extension une situation d'extrême pauvreté et ne pas pouvoir manger.

이빨 아래 넣을 게 아무것도 없다

의미

입에 거미줄 치다, 목구멍에 풀칠하다(넓게는 생계수단이 충분하지 않다는 의미. 요즘은 뭔가 결핍된 상태를 묘사하는 표현).

유래

18세기에는 긍정문으로, 식사 (준비된 음식을 씹는) 시간을 의미한 제유적 표현이었다··· 따라서 부정문은 식량의 부족, 나아가서 극도로 가난해서 먹을 수 없는 상황을 가리킨다.

Exemples

- « Ça se peut, dit Rube en réponse à ma question, et cela ne leur est pas difficile, car **il n'y a rien à se mettre sous la dent** ici, si ce n'est pourtant des cailloux. », Thomas Mayne Reid, Les chasseurs de chevelures, G. Barda, 1841, p. 79 (https://gallica.bnf.fr/ark:/12148/bpt6k61836561, janvier 2020).

- « Rien du tout, répondit Sancho ; à moins que nous ne trouvions de ces herbes que vous dites que vous connaissez dans les champs, faites tout exprès pour les misérables chevaliers errans comme nous, qui **n'ont rien à se mettre sous la dent.** », Miguel de Cervantes Saavedra (1547-1616), *Le Don Quichotte de Cervantès,* traduit par H. Bouchon Dubournial, Éd. Ardant Frères, 1852, p. 116 (https://gallica.bnf.fr/ark:/12148/bpt6k6121146n, janvier 2020).

- « À la maison / **Ils n'ont rien à manger / À se mettre sous la dent** / Les petits. / Ils font les marchés / Derrière les maraîchers / Ils ramassent les fruits / Pas pourris. », Thomas Fersen, *Les bouches à nourrir,* 1993 (https://youtu.be/QQwzfpkDjZ4, janvier 2020).

- « **Rien à se mettre sous la dent** / Depuis fort longtemps / Le père la mère et le fils / Fumaient du maïs / La famille fléau désastreux / Était sur eux / Et jusqu'à leur chien bon Dieu / Qui fumait sa queue », Pierre Perret, *Le prince passe,* 1994 (https://youtu.be/gIQv2Y55pFQ, janvier 2020).

- « J'ai un proverbe qui me sort du casque : / "Quand on est rien on rêve d'être monégasque" / C'est pas le partage qui le prône / Pas les têtes qui portent des couronnes / C'est mon dentiste qui l'a dit, c'est évident/ "Les pauvres **n'ont rien à se mettre sous la dent**" », Zebda, *Les proverbes,* 2011 (https://youtu.be/mzTpO0Iyee8, janvier 2020).

- « C'est le PDG de OnePlus, Pete Lau, qui a révélé l'événement sur Twitter et sur la page officielle Weibo de OnePlus. Cet appareil "conceptuel" pourrait être le premier d'une série de smartphones d'avant-garde proposés par la firme qui a fêté récemment son sixième anniversaire. Un petit clip vidéo a été diffusé par OnePlus mais ses trois secondes (!) sans aucune photo **n'offrent strictement rien à se mettre sous la dent** pour le moment. », Rédaction, *Tom's guide,* 18 décembre 2019 (https://www.tomsguide.fr/, janvier 2020).

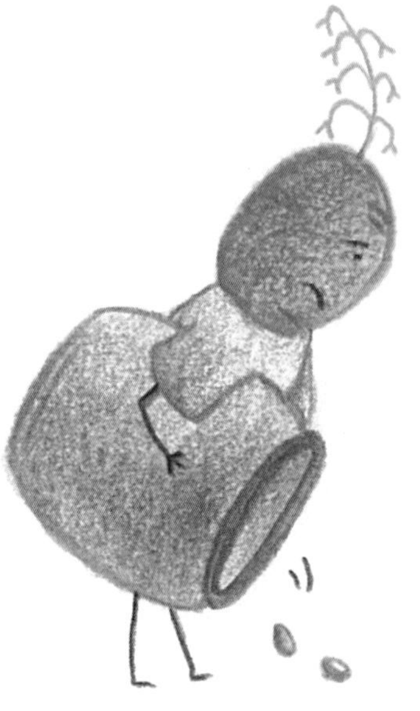

22 Prendre une murge – Se murger

Valeur(s) sémantique(s)

Boire une grande quantité d'alcool, souvent jusqu'à perdre conscience...

Origine(s)

Milieu du XXe siècle, avec des origines floues et invérifiables !

Un murger désigne un mur de séparation et protection fait des rocailles récupérées dans les vignes. Cette ascendance viticole semble d'une certaine logique. Mais, il y a aussi l'hypothèse (non validée) d'une rue Alphonse MURGE à Paris qui aurait été bordée de bars à vins au début du XXe siècle (rue introuvable dans les archives des plans de Paris) et par métaphore aller boire et se saouler dans cette rue (selon *Le Robert* numérique et d'autres). Par ailleurs, les *Murge* sont une région d'Italie où l'on trouve des vignobles. Sans doute de possibles souvenirs de certains migrants italiens allant dans les *Murge* pour se reposer ou faire la fête, et donner une descendance en français ?

***Mûr je** suis, le sol m'attire via les vapeurs d'alcool qui me liquéfient...*

뮈르주를 먹다, 뮈르제 하다

의미

술이 떡이 되도록 마시다…

유래

20세기 중엽에 등장. 유래가 모호하고 확인되지 않는다!

포도밭에서 주운 조약돌로 만든 분리 보호벽을 '뮈르제(murger)'라고 한다. 포도와 관련된 점에서 어느 정도 논리적이다. 그런데 파리에 있는 알퐁스 뮈르즈 거리에서 비롯되었다는 의견도 있는데, 확인되지 않은 사실이다. 옛 파리 지도에 기록되어 있지 않지만, (《로베르 전자사전》과 기타 출처에 의하면) 20세기 초, 포도주 술집이 늘어선 뮈르주 거리는 술을 마시고 취하는 장소로 비유되었다고 한다. 한편 Murge는 포도밭이 있는 이탈리아 지방 이름이다. 어쩌면 바캉스나 축제 때 이곳을 다녀온 이탈리아 이민자들의 기억에서 파생되어, 프랑스어로 거듭난 것이 아닐까?

* 뮈르주(Murge)와 뮈르 주(Mûr je, 익은/성숙한 나)는 발음이 유사하다. 뮈르 주(Mûr je)가 되면, 즉 술에 '익어'버리면, 술기운으로 몸을 가누지 못한다…

Exemples

- « Complètement **murgés**, les condés font une ronde enfantine autour du véhicule, se prenant par la main et chantant une comptine, les semelles de leurs chaussettes à clous engluées d'hémoglobine. », Jacques PENNA, *Le grand bougnat : aventures auvergnates,* Plasma, 1981, p. 198 (https://gallica.bnf.fr/ark:/12148/bpt6k3329562g, janvier 2020).

- « Je continue de payer à boire à Deng, copine de Toy, elle n'a pas d'argent et elle a décidé de **se murger** parce qu'elle n'a pas d'argent... », Xavier COTON, *Nyctalope : journal d'une obsession,* Sortilèges, 1995, p. 199 (https://gallica.bnf.fr/ark:/12148/bpt6k33242513, janvier 2020).

- « N'attends pas **pour te prendre une murge** et arrête de dire que les boîtes de nuit c'est nul, tu y passeras tous tes week-ends. Fais pas ta vieille, décoince-toi, bouge-toi et sors-toi les doigts du cul ! Et putain, épile-toi les sourcils, parce que le mono-sourcil c'est pas joli ! », Clémence dans Laurence FESQUET, "Témoignages...", *Neon*, 15 juin 2018 (https://www.neonmag.fr/, janvier 2020).

- « Cela fait plusieurs mois déjà qu'entre elle et lui rien ne va plus [...] Laeticia n'est plus un faire-valoir, elle n'est plus entière dédiée à son homme [...] **Il ira se prendre une murge** en attendant d'avoir des nouvelles. Qu'il finira par obtenir le lendemain. », RÉDACTION, *l'avenir.net,* 18 octobre 2018 (https://www.lavenir.net/, janvier 2020).

- « J'ai honte de **toutes les murges** et des consommations de drogue que j'ai faites », *poursuit-il.* « C'est une maladie (...) Les gens qui disent « sale drogué », c'est comme si on disait « sale cancéreux ». Ça n'a pas de sens. », RÉDACTION, *Le Soir,* 5 mai 2019 (https://soirmag.lesoir.be/, janvier 2020).

- « Se mettre une race, une mine. **Se prendre une murge,** une cuite, une biture. Chez les adolescents cool, il n'y a pas de fête sans alcool. Avec ou sans pétards, mais toujours à boire. C'est ainsi : pour *s'enjailler,* il faut s'échapper, perdre pied. Ou alors, chez les garçons, voir qui résiste mieux à ce petit jeu. », Marie-Pierre GENECAND, *Le Temps,* 8 septembre 2019 (https://www.letemps.ch/, janvier 2020).

23 S’en (se) lécher les babines – Se torcher les babines

Valeur(s) sémantique(s)

Signifie qu’une personne anticipe le plaisir qu’elle pourra avoir par la consommation de quelque chose (le plus souvent alimentaire mais pas seulement). Cela manifeste parfois une forte envie. Par extension, cela s’applique aussi au plaisir immédiat de quelque chose.

Origine(s)

XVIe siècle dans sa première forme avec le verbe *torcher* (s’essuyer) dans un emploi argotique. XIXe siècle pour la version avec le verbe *lécher,* qui donne une expression moins argotique, plus orientée vers les plaisirs et qui peut ainsi s’étendre à d’autres domaines. Quant aux *babines* qui désignent *les lèvres* pour le monde animal, cela permet de rapprocher ces désirs attendus de l’animalité cachée de l’être humain !

입술을 핥다, 입술을 닦다

의미

군침이 돌다, 입맛을 다시다, 구미가 당기다(대부분 먹고 싶다는 뜻이지만, 강한 욕구를 의미하기도 하고, 넓게는 무언가에 즉각적으로 느끼는 즐거움을 의미함).

유래

16세기에는 비속어인 ‘닦다(torcher)’를 사용했다. 19세기에는 덜 비어적인 ‘핥다(lécher)’를 써서, 즐거움이나 다른 영역으로 확대된다. 동물의 입술을 가리키는 ‘바빈babines’이란 단어로 인간의 감춰진 동물적 욕구를 드러낸다!

Exemples

- « Chocopalace : une exposition à **s'en lécher les babines !** », VEDIA, Titre, *Vivre ici.be,* 16 décembre 2019 (http://www.vivreici.be/, janvier 2020).

- « Ses matous ? De beaux spécimens qui font ronronner cuivres, harmonicas, calebasse et percussions, une bande de chats pas sauvages du tout et qui se revendiquent du fameux Disney de 1970 : jouer jusqu'à plus soif et **s'en lécher les babines** tellement c'est bon. », RÉDACTION, *Le Dauphiné libéré,* 28 novembre 2019 (https://www.ledauphine.com/, janvier 2020).

- « Afin de pimenter le centre-ville de Caen à l'entrée de l'automne, Novembre gourmand revient pour une 4e édition. Au menu, une expo à dévorer des yeux, des rendez-vous pour **se lécher les babines** avec 35 chefs, et tout un panel d'animations autour des produits normands. Ça démarre lundi 4 novembre 2019. », Nathalie LECORNU-BAERT, *Ouest France,* 14 octobre 2019 (https://www.ouest-france.fr/, janvier 2020).

- « Moi vouloir être chat / Retrouver sur les gouttières / Mes copines de litière Mais toujours rester à toi / Prendre des mines chafouines / **Me lécher les babines** / Quand viennent tes copines », Pow Wow, *Le chat,* 1992 (https://youtu.be/OHhpS7paTHs, janvier 2020).

- « M. de Bréauté commença donc à se **pourlécher les babines** et à renifler de ses narines friandes, mis en appétit non seulement par le bon dîner qu'il était sûr de faire, mais par le caractère de la réunion que ma présence ne pouvait manquer de rendre intéressante et qui lui fournirait un sujet de conversation piquant le lendemain au déjeuner du duc de Chartres. », Marcel PROUST, *Le Côté de Guermantes* 2, Gallimard, 1921, p. 430 (TLFi en ligne).

- « Mais il la mangea si diligemment qu'il n'eut loisir de **se torcher les babines,** là ou il demeura de petis gobeaux de ceste caudelee, & en ce point s'en alla veoir un sien voisin, selon la coustume qu'ils avoyent de voysiner en leurs maisons, comme de baudouiner par les chemins. », Bonaventure DES PÉRIERS, *Les Nouvelles récréations et joyeux devis de feu Bonaventure Des Périers, valet de chambre de la royne de Navarre,* G. Rouille, 1561, p. 199 (https://gallica.bnf.fr/ark:/12148/btv1b8600146w, janvier 2020).

24 S'en mettre/foutre plein la lampe

Valeur(s) sémantique(s)

Boire ou manger beaucoup jusqu'à en faire déborder son estomac…

Origine(s)

L'estomac se trouve représenté pour les grands buveurs par le terme de *lampe* depuis 1683 (TLFi en ligne) ; nom qui dérive du verbe lamper/laper pour boire à grandes gorgées. L'expression dans sa forme complète est du début du XXe siècle. Le passage de *foutre à s'en mettre* traduit une atténuation d'une formule naît sans doute dans un contexte historique difficile.

램프를 많이 (처)넣다

의미

배 터지게 (처)먹거나 마시다, 게걸스럽게 먹다.

유래

1683년부터 술고래들은 위장을 속어로 램프라고 했는데(《온라인 프랑스어 보고사전》 참조), 벌컥 마신다는 의미의 동사 '랑페lamper/라페laper'에서 파생된 명사다. '램프를 많이 넣다'는 20세기 초에 등장한다. 세계 경제대공황 때 동사 '처넣다 foutre'에서 '넣다s'en mettre'로 표현이 완화된다.

Exemples

- « À l'entracte on a eu droit / À des Dragibus / Et des fraises Tagada / Et gratos en plus / **On s'en est mis plein la lampe** / On s'est régalé », Renaud, *Parc Montsouris,* 2019 (https://youtu.be/hpSYN6cliug, janvier 2020).

- « Un pyromane par nonchalance / A du génie et **s'en met plein la lampe** / Ignore les remontrances / Sa majesté et sa clémence », Alain Bashung, *Pyromanes,* 1989 (https://youtu.be/8sXYOx0IVrI, janvier 2020).

- « Quelque-fois du pinard, mais le souvent, on se l'accroche nib de gnole. Puis on va becqueter ; comme le cuistot fait la becquetance de maous pépère, **on s'en fout plein la lampe**. », Lazare Sainéan, *L'argot des tranchées : d'après les lettres des poilus et les journaux du front,* E. De Boccard, 1915, p. 116 (https://gallica.bnf.fr/ark:/12148/bpt6k54554698, janvier 2020).

- « Il y a aussi, toujours comme au Châtelet, le jeune couple d'amoureux charmants : M. Pierre Bertin, secrétaire, et Mlle Yvonne Revnolds, fille du vieil industriel, qui s'adorent, tandis que les autres personnages ne songent qu'à **"s'en mettre plein la lampe"**. », G. De Pawlowski, *Le Journal,* 23 mai 1919, p. 3, (https://gallica.bnf.fr/ark:/12148/bpt6k7601685b, janvier 2020).

- « Il faut aussi éviter les restaurants "buffet à volonté" comme certains chinois par exemple. Notre cerveau reptilien s'affole et nous "tapons" dans tout ce qui est proposé, en quantité. Pour certains aussi, c'est la volonté de **s'en mettre plein la lampe** "parce qu'on a payé". », commentaire de La Seringue à un article du *Figaro Madame,* 26 février 2019 (http://madame.lefigaro.fr/, janvier 2020).

- « Ce magnifique duo de conteuses a, pendant plus de deux heures, disserté sur "la bouffe" ou nourriture terrestre ou nourriture céleste : **s'en mettre plein la lampe**, bouffer, bafrer, ingurgiter, se sustenter, goûter, becter... », Rédaction, *La Dépêche du Midi,* 26 septembre 2016 (https://www.ladepeche.fr/, janvier 20202).

25 Se serrer la ceinture

Valeur(s) sémantique(s)

Ne pas manger à sa faim. Par extension, réduire tous ses besoins jusqu'au minimum vital par obligation ou encore se passer de ce qui n'est pas essentiel. Parfois l'expression à l'oral est abrégée en « Ceinture ! ».

Origine(s)

XIXe siècle. La ceinture (XIIIe siècle) comporte relativement récemment des trous que l'on ajuste en fonction de la taille de sa ceinture. La métaphore est aisée à comprendre dès lors que la privation de nourriture par obligation réduit le poids et le tour de ceinture de la personne concernée.

허리띠를 꽉 죄다

의미

배고파도 먹지 않는다, (넓은 의미로) 어쩔 수 없이 근검절약하거나 생필품이 아닌 것은 구매하지 않는다. (한국인에게도 익숙한 은유적 표현 '허리띠를 졸라맨다'는 의미. 축약에서 '허리띠!'라고 말한다).

유래

19세기에 등장. 허리띠(13세기)에 구멍을 내어 사이즈를 조절한 것은 그리 오래되지 않는다. 먹지 않으면 체중이 감소되고 허리가 가늘어져서 더 꽉 동여맬 수 있으니, 이해하기 쉬운 은유법이다.

Exemples

- « Hélas pour les pauvres, **un serrage de ceinture** programmé et reconductible ad vitam aeternam. Et pour les riches, l'assurance de ne jamais devoir partager leur gamelle… Que du bonheur ! », Jean-Marc Guillaumond, Blog *Minidits,* Mediapart, 6 janvier 2020 (https://blogs.mediapart.fr/, janvier 2020).

- « Il semble qu'il y ait les retraites-chapeau et les **retraites-ceinture**. Aujourd'hui, dans l'expression "retraite par points", à tort ou à raison, on entend retraite par bons points, par mauvais points, les redoublants qui n'ont toujours pas leurs points de l'année dernière, les premiers de cordée qui sautent des classes, les bonnets d'âne qui sont pénibles avec leur pénibilité. », Mathieu Lindon, *Libération,* 13 décembre 2019 (https://www.liberation.fr/, janvier 2020).

- « Il restait bien peu pour leur entretien et leurs menus-plaisirs, encore ne leur fallait-il pas chômer le dimanche. Quand par malheur le travail quotidien était interrompu, après avoir épuisé leur crédit, ils n'avaient d'autre alternative que de **se serrer la ceinture** ou de sacrifier leurs épaules à leur ventre, en vendant l'une après l'autre les différentes pièces de leur vêtement, jusqu'à leur dernière chemise. », Louis De Baudicourt, *La colonisation de l'Algérie, ses éléments,* Jacques Lecoffre et C°, 1856, p. 150 (https://gallica.bnf.fr/ark:/12148/bpt6k58095273#, janvier 2020).

- « Dans ce monde où la violence chante à tue-tête / Où dans leur table ronde immonde la morale est muette / J'me dois de penser au futur même si le passé me hante / Même si j'dois **m'serrer la ceinture** jusqu'à m'en casser les hanches / Je pense qu'on a trop dormi frère, ça devient lamentable / J'me dois d' être un somnifère dans la boisson du marchand de sable », Soprano, *Avant de s'en aller,* 2012 (https://youtu.be/F7829YWxCtw, janvier 2020).

- « Habitué, aux coups, vas-y tu peux y aller même pas mal / Ça y est c'est bon l'insupportable est devenu banal / Habitué, à **se serrer la ceinture,** à taffer pour des centimes / À finir les mois sans thunes », Mokless, *On s'habitue à tout,* 2005 (https://youtu.be/M5ZU2CylTT4, janvier 2020).

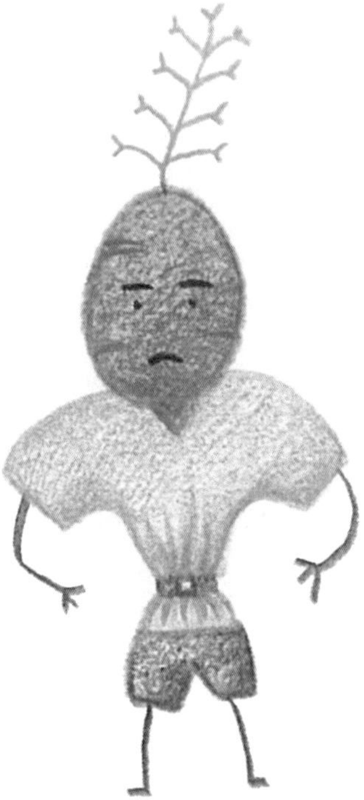

26 Ventre affamé n'a pas/point d'oreilles

Valeur(s) sémantique(s)

Une personne qui a faim n'écoute rien, seuls ses besoins alimentaires la guident. Par extension, une personne qui n'entend pas les voix de la raison en dehors de ce qu'elle considère comme essentielle pour elle.

Origine(s)

Simplification d'un proverbe latin attribué à CATON le censeur (IIe siècle avant J.-C.) dont la formule complète aurait été : « Il est difficile de discuter avec le ventre, car il n'a pas d'oreilles » (Le Robert, *Dictionnaire des expressions et locutions,* p. 1154). L'image est d'une simplicité des plus efficaces !

굶주린 배는 귀가 (전혀) 없다

의미

배고프면 먹고 싶다는 생각뿐, 아무것도 들리지 않는다. 배고프면 눈에 뵈는 것이 없다(넓게는 이성의 소리에 귀 기울이지 않고, 오로지 듣고 싶은 것, 자신이 중요하다고 생각하는 것에 이끌리는 것을 의미함).

* 포도청에 끌려갈지언정 먹는 문제를 가장 시급하게 해결해야 한다는 의미에서 '목구멍이 포도청이다'와 유사성이 있다.

유래

기원전 2세기 로마 감찰관 케이톤(Caton)이 만든 라틴어 속담, '배에 귀가 없으니 토론하기 어렵다'를 축약한 것으로(《로베르 관용어구 사전》, p. 1154), 단순 명료한 시각적 표현이다!

Exemples

- « À ses yeux, il s'agit uniquement d'un "effet d'annonce". "**Vous savez, ventre affamé n'a pas d'oreilles.** *Ceux qui attendent depuis des années avec l'espoir, ils ont fait des études, leurs parents ont déboursé de l'argent, ils ont souffert sur les bancs de l'école. Mais ce sont des analphabètes qui vont occuper les 20 000 places, vous allez voir, je vous le garanti"*, a révélé Mahamat Ahmad-Alhabo. », Malick MAHAMAT TIDJANI, *Al Wihda Info,* 10 septembre 2019 (https://www.alwihdainfo.com/, janvier 2020).

- « Dans la course pour recruter des talents IT, ils se sont mis à créer des bureaux de plus en plus fous. Ils y ont mis des toboggans, des montgolfières et même de la nourriture à volonté. Comme disait l'autre : ***"ventre affamé n'a point d'oreilles".*** », Sarah AKEL, *Change The Work,* 10 février 2019 (https://changethework.com/, janvier 2020).

- « Mes Courtisans me remonstrent assez que patience passe sçience, mais **vn ventre affamé n'a point d'oreilles.** », Charles SOREL, *Le Berger extravagant,* T. Du Bray, 1627-1628, p. 397 (https://gallica.bnf.fr/ark:/12148/bpt6k6566849x, janvier 2020).

- « La pernicieuse facilité du Vaudeville a fait saisir ses pipeaux à une troisième classe d'auteurs, celle des affamés : Je n'examinerai pas si le proverbe a raison, lorsqu'il prétend que **ventre affamé n'a pas d'oreilles** ; j'observerai seulement que ceux-ci entendoient sonner l'heure quelquefois du dîner sans pouvoir se mettre à table... », Hector CHAUSSIER, *Les Crimes du vaudeville,* Roux, 1801, p. 18 (https://gallica.bnf.fr/ark:/12148/bpt6k5660737j, janvier 2020).

- « **Ventre affamé n'a pas d'oreilles** / Mais moi j'ai faim et puis j'entends / J'ai faim de toi et je t'attends / Dans la nuit qui porte conseil », Jacques DUTRONC, *Proverbes,* 1969 (https://youtu.be/wvK5FedLiS0, janvier 2020).

- « **Ventre affamé n'a pas d'oreille** / Chez nous on n's'entend pas pour dire / Que pour tout l'monde luit le soleil / Faut boire le vin que papa tire », Linda LEMAY, *Les torchons,* 2005 (https://youtu.be/WIJrSmM-dEw, janvier 2020).

VIII.

Esthétique.
À la recherche du violon d'Ingres perdu.

Il est bien souvent difficile de parler directement des qualités et surtout des défauts physiques d'une personne (surtout quand les propos sont insultants, ce qui est fréquent). Se nourrir de tout et de presque n'importe quoi permet de s'exprimer sur les corps (tout comme les esprits) de chacun et de sa beauté toute relative…

잃어버린 《앵그르의 바이올린》
(육체의 아름다움)을 찾아볼까요?

신체적 특징을 솔직하게 말하기가 쉽지 않다. 특히 단점을 말할 경우, 모욕적인 경우가 많아, 직설적으로 표현하기 어렵다.
모든 것을 먹을 수 있는 만큼, 먹거리를 이용해서
간접적으로 몸에 대해(정신에 대해 말하듯),
상대적 개념인 아름다움에 대해 표현할 수 있다…

1 Avoir un œil au beurre noir

Valeur(s) sémantique(s)

Avoir reçu un coup dans l'œil et par la suite le pourtour de ce dernier change de couleur, devient bleu foncé, noir…

Origine(s)

XVIe siècle (F. Rabelais ?). Le beurre noir est une "sauce" en cuisine où l'on fait cuire du beurre à feux doux avec un peu de vinaigre jusqu'à ce qu'il brunisse légèrement. Le beurre ne devient noir que brûlé et non consommable. Il semblerait qu'au temps de Rabelais, les œufs étaient pochés de cette façon… le rapprochement du jaune d'œuf au milieu du blanc dans un beurre trop cuit, avec un œil est facile à imaginer.

검은 버터 눈이다

의미

한 방 맞아서 눈 주위가 검푸르스름하다…

유래

16세기에 등장(라블레?). 흑색 버터는 약한 불에 식초를 넣어 갈색으로 조금 변할 때까지 녹여 요리에 사용하는 '소스'다. 버터가 검게 타면 먹을 수 없다. 라블레 시절, 달걀을 익힐 때 사용한 방식이었던 것 같다… 타 버린 버터 속 노른자가 눈으로 비교된 상상하기 쉬운 이미지다.

Exemples

- « Mais, quand ce vint autour du Chicanous, ils le festoyerent à grands coups de gantelets, si bien qu'il resta tout étourdy et meurtry, **un œil poché au beurre noir**, huit côtes froissées, le brechet enfondré : les omoplates en quatre quartiers, la mâchoire inférieure en trois lopins : & le tout en riant. », François Rabelais, *Les œuvres de François, augmentée de la vie de l'auteur... Tome 2,* Adrein Moetjan (Amsterdam), 1659 (1532), Livre IV, Chap. XIII, p. 59 (https://gallica.bnf.fr/ark:/12148/bpt6k8728022x?rk=21459;2, janvier 2020).

- « Tant de coup de canif lancés dans le contrat ; Les gros mots de l'orage annonçant les approches ; Les F avec les B mêlés dans les reproches ; Une coiffe arrachée... **un œil au beurre noir,** Et l'enfer tout entier hurlant dans le manoir. », Jean-François Pellet, *Le barde des Vosges. Recueil de poésie,* A. Costes, 1829, p. 216 (https://gallica.bnf.fr/ark:/12148/bpt6k6460982s, janvier 2020).

- « Je t'aime / Même **l'œil au beurre noir** / Je t'aime / Même la main cassée / Et même si t'as trop bu ce soir / C'est vrai que / C'est moi qui ai commencé », Alma, *L'amour fou,* 2017 (https://youtu.be/PqKIuwOBIKg, janvier 2020).

- « J'te trouve vraiment belle même après quelques coups / D'fourchette sur les joues, tu restes tellement belle / Innocente et si j'te démolis trop d'dents / Je t'offrirais une paille pour ton sirop d'menthe / Digne d'un accueil d'honneur, quoi ? Mais arrête de pleurer / Ton mascara risque de salir **ton œil au beurre noir** / Admets qu'ensemble, on s'sent bien », Lomepal, *Toi et moi,* 2014 (https://youtu.be/mXtuWDrDv20, janvier 2020).

- « À l'époque des faits, Charlize Theron vit en Afrique du Sud, près de Johannesburg. Elle a toujours connu son père alcoolique et grandit dans une ambiance angoissante et malsaine – elle a cinq ans quand elle voit sa mère Gerda avec **un œil au beurre noir** pour la première fois. », Marc Fourny, *Le Point,* 19 décembre 2019 (https://www.lepoint.fr/, janvier 2020).

2 Avoir des yeux de biche/gazelle

Valeur(s) sémantique(s)

Des yeux pleins de douceur et brillants tout en donnant un regard agréable, surtout à propos d'une femme. Qualité d'un regard qui attire… et par extension la personnalité hypothétique de la femme ainsi décrite. Maquillage effilé par un trait léger noir pour agrandir le regard.

Origine(s)

XVIIIe siècle et sans doute pour décrire les yeux de femmes en provenance des colonies de cette époque pour différencier et valoriser leur regard. Le terme gazelle provenant de l'arabe !

La comparaison avec le monde animal et celui des humains est assez fréquente ; les métaphores s'appuient sur des qualités supposées ou réelles glissant d'un monde à l'autre.

암사슴/영양 눈이다

의미

눈빛이 부드럽고 반짝이다(특히 호감 가는 여자의 눈을 가리킴. 시선을 끄는 매력적인 눈으로… 넓게는 어떤 유형의 사람인지 추측하기 어려운 경우를 일컫는다. 눈을 크게 보이기 위해 화장으로 눈 끝을 검은 선으로 강조한 눈을 가리킴).

유래

18세기, 당시 식민지 여성의 매혹적인 눈을 묘사한 표현인 것 같다. '영양'은 아랍어에서 유래한 말이다.

인간이 동물과 비교되는 경우가 많다. 추측된 또는 사실적 가치에 근거해서, 동물이 인간으로, 인간이 동물로 비유된다.

Exemples

- « Elle a une allure frêle, **des yeux de gazelle** et une voix de petite fille timide... Ne vous y fiez pas : Aïda M'Dalla est la PDG efficace du groupe Allure Coiffure, à Dijon. », J. Rémy, *Le Bien Public*, 7 novembre 2013 (https://www.bienpublic.com/, janvier 2020).

- « Dormir avec du mascara, ce n'est pas ce qu'il y a de mieux pour **avoir des yeux de biche** ! Vous avez d'ailleurs plus de chances de vous retrouver avec des yeux de panda... Dormir avec votre mascara sèche vos cils et les fragilise. À vous de voir si vous prenez le risque de les perdre petit à petit. », Rédaction, *Afrika Mag* via Médiacongo, 9 janvier 2020 (https://www.mediacongo.net/, janvier 2020).

- « Pour parfaire votre **maquillage œil de biche,** mettez un peu de blush rosé sur les pommettes, un peu de Chuby stick sur vos lèvres et un coup de brosse spécial sourcils pour intensifier le regard et le tour est joué. », Guillemette Deroy, Cosmopolitan, 9 janvier 2019 (https://www.cosmopolitan.fr/, janvier 2019).

- « Une taille de guêpe, **des yeux de biche** / La chevelure d'une pouliche / Quand elle bavarde, c'est une pie / Et c'est une baleine quand elle rit / Ma sœur, ma sœur », David Sire, *Le Zoo*, 2009 (https://youtu.be/lsfelKthZFs, janvier 2020).

- « Malika sur les périphs / Elle vend d'la grande secousse / Quand elle annonce les tarifs / Y'en a pour toutes les bourses / **Les yeux de biche** et les dents blanches / Elle les a / La taille fine, les rondes hanches / Elle les a », Pierre Perret, *Malika*, 2006 (https://youtu.be/R9FAexfNEGU, janvier 2020).

- « Une femme Arabe en particulier n'est belle, qu'autant qu'**elle a des yeux de gazelle.** », Jean-Baptiste-Claude Delisle de Sales, *Histoire nouvelle de tous les peuples du monde*, 1779-1785, p. 179 (https://gallica.bnf.fr/ark:/12148/bpt6k6544758c, janvier 2020).

- « Je serai d'autant plus satisfait de la voir, que je la connais fort peu ; elle m'est apparue à l'église et dans les endroits où le hasard m'a fait la rencontrer, comme une enfant charmante mais en évoquant son image je ne retrouve guère dans mon souvenir que de beaux cheveux blonds et **des yeux de biche** effarée. », Hector Malot, *Les batailles du mariage. Un bon jeune homme*, E. Dentu, 1877, p. 44 (https://gallica.bnf.fr/ark:/12148/bpt6k65023803, janvier 2020).

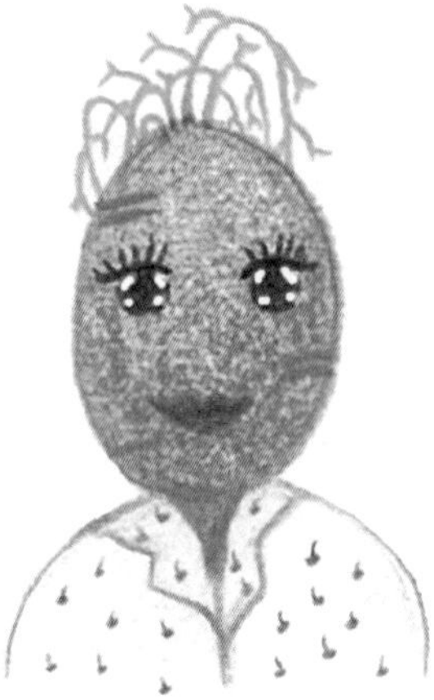

3 Avoir/faire des yeux de merlan frit – Regarder avec des yeux de merlan frit

Valeur(s) sémantique(s)

Avoir les yeux levés, presque retournés pour apercevoir le blanc (des yeux) et ainsi signifier un regard niais transi par l'amour... Outil de séduction parfois !

Origine(s)

XIXe siècle. Cependant, le terme de *merlan* est attesté depuis 1530 (TLFi en ligne), et ce poisson commun (aujourd'hui) était/est roulé dans la farine avant d'être frit. Après cette cuisson le poisson est doré, mais ses yeux tout blancs, la bouche ouverte ! Auparavant (1745), l'expression était : « ils font des yeux de *carpe* frite ! » (Claude DUNETON, *La puce* à *l'oreille,* 2001, p. 100-102) ; poisson commun de l'époque sans doute.

튀긴 대구 눈이다 /튀긴 대구 눈으로 쳐다보다

의미

눈을 치켜뜨고 바보처럼 쳐다보다(흰자위가 많이 보이는 눈으로, 사랑으로 눈 먼 상태를 말한다… 간혹 상대를 매혹하는 크게 뜬 눈을 지칭하기도 한다)!

유래

19세기에 나타나는데, '대구(메를랑)'라는 단어가 1530년부터 사용되었다(《온라인 프랑스어 보고사전》 참조). 지금처럼 흔했던 대구를 튀기기 전에 밀가루를 입혔는데, 익으면 노릇노릇해지고, 눈이 하얘지며 아가리를 벌린다! 예전에는(1745년) '튀긴 게 눈을 하고 있다'라고 했는데(Cl. Dunéton, *La puce à l'oreille*, 2001, p. 100-102), 아마도 당시에 게가 흔했기 때문이었을 것이다.

* 얼빠진 시선이라는 점에서 '동태눈'과 비슷하지만, 주로 '썩은'과 함께 쓰이는 '동태눈'하고 사뭇 다른 느낌이다.

Exemples

- « Ne pas boire d'alcool pendant des moments de convivialité n'est pas évident pour certains. Il y a une forme de pression sociale. "Si je prends une menthe à l'eau, **on va me regarder avec des yeux de merlan frit**", plaisante Nicolas. "Bien sûr que je vais faire attention. Je le fais déjà. Mais dire que je ne vais pas du tout boire pendant un mois, ce serait mentir", ajoute-t-il. », Jérôme COLLIN, *France Bleu,* 1er janvier 2020 (https://www.francebleu.fr/, janvier 2020).

- « Mais citez-leur le nom de Dewaere et, en règle générale, **ils vous regardent avec des yeux de merlan frit**. D'où l'importance de la reprise en copie neuve d'*Un mauvais fils* de Claude Sautet, *Beau-père* de Bertrand Blier et *Hôtel des Amériques* d'André Téchiné, trois des douze longs-métrages majeurs avec l'acteur… », Christophe CARRIÈRE, *L'express,* 11 septembre 2019 (https://www.lexpress.fr/, janvier 2020).

- « Qui est-ce qui siffle dans son sifflet ? Le flic, il veut une médaille/ Qui est-ce qui a le même sifflet que le flic ? La cocotte-minute, elle veut une médaille / Et qui est-ce qui nous écoute **avec des yeux de merlans frits** ? C'est vous, à vous la médaille », BILLY ZE KICK, *Un spectacle de plus,* 1993 (https://youtu.be/JwDTsk7F_q0, janvier 2020).

- « Le dos au mur, j'étais bloqué, c'était le corse, patron du SAC / Il m'dit : "Passe tout !" J'lui dis passe-quoi ? / Il m'dit "Le tout !" J'lui dis qu'j'ai rien / Il m'dit "Bougnoul !" J'lui dis fonbou ! et j'lui dis qu'l'Algérien / Il m'dit "Au poste !" J'lui dis pourquoi il m'a frappé comme un maquereau / **J'ai fait des yeux de merlan frit** et j'ai filé / Comme un hareng », RIDAN, *Le quotidien,* 2004 (https://youtu.be/lpuxWbdCmCY, janvier 2020).

- « Nous voyons entrer un monsieur qui a l'air bien sérieux, bien respectable, – ouiche ! dès que le monsieur respectable est à peu près certain qu'on ne le voit pas, **il nous fait des yeux de merlan frit** et nous glisse un billet doux. », Édouard DANGIN, *Le Figaro,* 24 août 1867, p. 2 (https://gallica.bnf.fr/ark:/12148/bpt6k2708466, janvier 2020).

4 Avoir les joues creuses

Valeur(s) sémantique(s)

Être maigre et/ou sous-alimenté au point d'avoir les joues vers l'intérieur et montrant les os de la mâchoire. Par extension, signifie la pauvreté.

Origine(s)

XIXe siècle, par la simple description physique d'une personne sous-alimentée. L'image, ici, n'est pas métaphorique au départ.
NB : les joues de bœufs, de poissons, de porcs sont des parties recherchées par les amateurs… pour leur tendresse !

볼이 움푹 들어가 있다

의미

말랐다, 영양이 부족하다(볼이 움푹 들어가고, 턱뼈가 보이도록 피골이 상접한 상태. 넓게는 가난함을 의미함).

유래

제대로 먹지 못한 사람을 묘사한 데서 21세기에 등장. 처음에는 은유적 이미지가 아니었을 것이다.
주의: 소나 돼지, 생선의 뺨이 부드러운 부위여서… 즐겨 찾는 애호가들이 있다!

Exemples

Note

- « Salut Michel, ça fait une paye / Que j't'ai pas vu traîner dans mes ruelles / Qu'est-ce que tu d'viens, moi, ça va bien / Paraît qu'toi tu marches sur un drôle de chemin / **T'as les joues creuses,** les mains calleuses / Et la démarche un p'tit peu chaloupeuse », RENAUD, *La blanche,* 1981 (https://youtu.be/oeQi6wlr6bM, janvier 2020).

- « J'ai grandi dans l'trou du cul du monde, j'suis une sorte d'hémorroïde / J'fais tout pour être heureux, mais dans ma bouche y a qu'des mots horribles / Djelil, Faf, Khalil, j'rappe c'que mes proches vivent / J'rêve d'une fille câline mais j'les fais fuir avec mes poches vides / J'attire les tainpaves, les cailleras, et les zoukeuses / En plus j'ai l'teint pâle, j'perds des kilos et **j'ai les joues creuses** / Trop d'soucis, j'dors mal, j'ai les yeux boursouflés », Les 10', *Gardons les pieds sur terre,* 2017 (https://youtu.be/g_KfjYO7NUw, janvier 2020).

- « Rien n'était plus plaisant que de voir samedi dernier, à une même table d'écarté, le général C*, qui a le teint animé, les yeux vifs et front radieux comme un soleil ; en face du vicomte de T*, qui **a les joues creuses,** les lèvres pâles et le nez comme un éteignoir. », RÉDACTION, *Le Corsaire,* 22 janvier 1824, p. 4 (https://gallica.bnf.fr/ark:/12148/bpt6k46885709, janvier 2020).

- « Sur Instagram, la jeune iranienne de 22 ans est surnommée la *"version zombie d'Angelina Jolie"*, car ses tentatives pour ressembler à son idole sont plutôt ratées. Sur les photos, la jeune femme **a les joues creuses** et la lèvre exagérément pulpeuse avec les yeux écarquillés. », RÉDACTION, *Linfo Réunion,* 12 octobre 2019 (https://www.linfo.re/, janvier 2020).

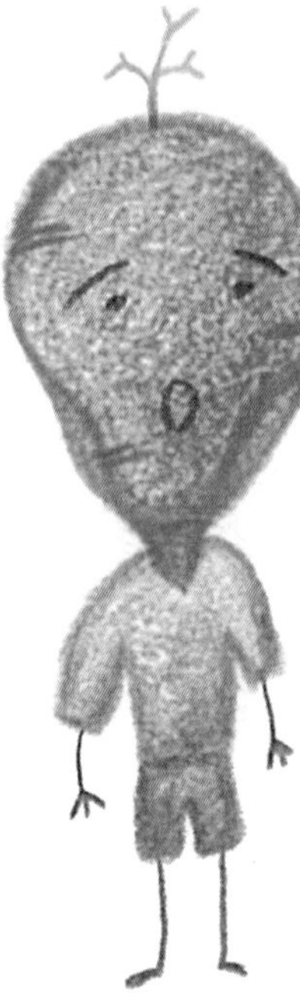

5 Avoir une peau/un teint de pêche

Valeur(s) sémantique(s)

Une personne qui a une peau douce, uniforme, proche de la couleur pêche (du moins celle connue en France avec les pêches blanches). Par extension, une personne dont la peau paraît jeune, surtout pour son visage.

Origine(s)

XIXe siècle, métaphore sur la qualité de la pêche en tant que fruit : doux et sucré, et surtout avec une peau duvetée ou veloutée.

복숭아 피부다

의미

복숭아 같은 피부다(한국인에게도 익숙한 표현으로, 백도처럼 뽀얗고 부드러우며 매끈한 피부. 넓게는 피부, 특히 얼굴 피부가 젊게 느껴지는 사람을 지칭함).

유래

19세기에 등장. 복숭아가 갖고 있는 특성(부드러움, 달콤함, 잔털이 덮여 있는 부드러운 껍질)에서 비롯된 메타포다.

Exemples

- « Chouette, mon bon, la marchande d'oranges ! / Hein ! Je lui donnerais la pomme : **elle a une peau de pêche** ! / Allons ! fais pas ta poire ! », Charles PHILIPON & VIARS, *Le journal amusant,* n° 2212, 21 janvier 1899, p. 4 (https://gallica.bnf.fr/ark:/12148/bpt6k5499615r, janvier 2020).

- « Où sont tous ces petits bonheurs / Qui te suivaient à cloche cœur / Comme toujours tu buvais un peu d'eau fraîche / Leurs Je t'aime et **leur peau de pêche** / Et voilà que tu les réclames / Quand t'as fait des bleus à ton âme », Gilbert BÉCAUD, *Mais où sont-ils les jours heureux,* 1975 (https://youtu.be/8aYQoMbUFFk, janvier 2020).

- « Câlines ménines à nuque brune / **Peau de pêche** et teint de prune / Qui donnent à l'amour un goût d'été / Légères mégères à la vie rude / Bien plus prudentes que prudes / D'un coup de reins vous faites oublier / Que si la vie est assassine / Elle est belle en version latine / Latines... », Michel FUGAIN, *Version latine,* 2015.

- « Ouais, ta bouche est un fruit mûr que j'aimerais bien croquer / Tes lèvres ont le goût du miel et ta peau est sucrée / **Tu as un teint de pêche,** tu es fraîche comme l'eau / Qui roule, qui coule, qui caresse ma peau », Johnny HALLIDAY, *17 ans,* 1974 (https://youtu.be/L394znsSGVM, janvier 2020).

- « Toi, **avec ton teint de pêche** / Ta bouche en cerise / Et ton goût de raisin / Toi, avec ton rire d'eau fraîche / Ta chaleur clémentine / Tu vis dans un jardin / Au 3 rue de l'abricot / Rue de l'abricot », France GALL, *Rue de l'abricot,* 1968 (https://youtu.be/I9Ho8qrjZ9Q, janvier 2020).

- « Le processus d'une cure détox appliquée à la peau est ultra-simple à réaliser. L'idée ? Purifier sa peau durant trois à quatre semaines d'affilée histoire d'éliminer les toxines stockées durant l'hiver, aider au renouvellement cellulaire et retrouver enfin **un teint de pêche** lumineux. », Nina ANN, *Grazzia,* 9 juin 2018 (https://www.grazia.fr/, janvier 2020).

6 Être un boudin/un cageot

Valeur(s) sémantique(s)

Argotique et dévalorisant, voire insultant. Rare à l'écrit. Désigne une femme jugée trop grosse (boudin) et/ou laide (cageot). Aujourd'hui, ces formules peuvent s'appliquer aussi aux hommes !

Origine(s)

XXe siècle quant à la description de l'apparence physique d'une personne pour les deux termes.

Le noyau sémantique de *boudin* est tout ce qui est de forme cylindrique. Depuis le XIXe siècle, *être boudiné* signifie qu'une personne est trop serrée dans un vêtement qui fait ressortir ses formes (comme le bonhomme Michelin). Par ailleurs, un boudin est aussi le rouleau de pièce associé aux prostitués ou aux femmes faciles dès le début XXe siècle !

Pour l'usage de *cageot*, fait de planches de bois de mauvaise qualité et brut, la métaphore est sans doute basée sur ces deux propriétés !

순대다/고리 바구니다

의미

절구통, 호박(꽃), 뚱녀(모욕적 비하발언. 문어로는 드물다. 순대/뚱뚱함+고리 바구니/못생김). 요즘은 남자한테도 적용된다!

유래

외모를 묘사한 표현으로 20세기에 등장. 순대의 원추 모양에 핵심적 의미가 있다. 19세기 이후, '순대 모양이다'는 꽉 낀 옷에서 살이 삐져나올 것 같은 (미슐랭로고 같은) 모습을 지칭한다. 한편 20세기 초부터 쉬운 여자를, 또는 매춘부가 갖고 있던, 종이에 돌돌 말은 동전꾸러미를 순대라고 불렀다!

'고리 바구니'는 품질이 좋지 않은 거친 나무판으로 만들었다. 따라서 순대와 고리 바구니에 함축된 부정적 의미에서 비롯된 은유다.

Exemples

Note

- « Il te faut le charmant minois / D'une petite grosse à lunettes / **D'un boudin,** d'un tas, d'une charrette / Moi, je suis bien trop belle pour toi / Ce qu'il te faut / **C'est un cageot** / Une chèvre ou / Son légionnaire / Un simple trou / Ou bien ta mère. », JULIETTE, *Irrésistible,* 1993 (https://youtu.be/g6wi28oY_CE, janvier 2020).

- « Moi j'aime les moches, y'en a qui aiment les Picasso / J'aime les moches, j'les aime en vrai, pas en tableau / Moi j'aime les moches, j'aime les laiderons, **j'aime les cageots** / J'aime les moches, ohoh ohoh oh oh », Max BOUBLIL, *J'aime les moches,* 2011 (https://youtu.be/nIHOB75TFN8, janvier 2020).

- « Si je lui dédie cette chanson / C'est que je ne comprends pas très bien / Pourquoi ce que vous appelez un canon je le considère **comme un boudin** / J'espère que ma petite Angélique ne s'ennuiera jamais à mon bras », LES OGRES DE BARBACK, *Angélique,* 2004 (https://youtu.be/InO03_FVKNw, janvier 2020).

- « Au départ c'est rien / Qu'une petite gourde / **Un petit boudin** / Il suffit d'un rien / Et ça devient / **Un petit boudin** », Dominique WALTER, *Les petits boudins,* 1967 (https://youtu.be/OfAufJlijC4, janvier 2020).

- « Écartée au dernier moment sans motif apparent, Amandine Billoux avait déclaré qu'elle était persuadée que c'était en raison de son poids. "On m'a fait comprendre que comparé aux autres filles, **je passerai pour un boudin**" avait-elle en effet affirmé ouvrant une polémique sur fond de grossophobie. Pas sûr que son coup de gueule sur Instagram calme ses détracteurs les plus virulents. », Jean-Christian HAY, *Gala,* 8 janvier 2020 (https://www.gala.fr/, janvier 2020).

7 Être chou – Mon bout de chou – Mon chou

Valeur(s) sémantique(s)

a) Quelqu'un de gentil ou aimable, de beau ou séduisant.

b) Enfant ou petit enfant.

c) Diminutif donné à son partenaire dans un couple de façon affectueuse, mais un peu infantilisante.

Origine(s)

a) XXe siècle par simplification et ajout verbal à partir des expressions précédentes. Il existe sans doute aussi un lien avec la petitesse, la douceur, la tendresse liées aux choux à la crème !

b et c) XVIIIe siècle pour qualifier un rapport de tendresse vis-à-vis de la personne concernée. Au départ, plutôt les nourrissons, puis peu à peu s'est étendu aux jeunes enfants, et enfin récemment à son partenaire dans le couple qui semble retrouver un usage de 1765 !

NB : La référence pour ces métaphores ne serait pas la plante mais la pâtisserie. Le chou à la crème daterait du XVIIIe siècle...

양배추다, 내 (꼬마) 양배추

의미

1) 착하거나 친절한 사람, 아름답거나 매혹적인 사람.

2) (어린)아이.

3) 커플 사이의 다소 유아스런 애칭.

유래

1) 20세기 등장. 이전에 있던 표현을 단순화한 것으로, 작고 촉촉하고 부드러운 슈크림과 연관성이 있다!

2) & 3) 18세기 애정 표현 방식. 처음에는 갓난아기를 부르는 말이었는데, 점차적으로 어린아이들로 확장된다. 최근에는 커플 애칭으로 확대되었는데, 1765년에 사용된 듯하다!

주의: 채소 양배추(chou)가 아니라, 18세기에 처음(?) 선보인 슈크림 빵에서 비롯된 은유적 표현이다.

Exemples

- « Sous son cliché, les internautes ont aussi écrit à la youtubeuse : "En boooombe sur la photo, petit frisson non en faisant la photo ?", "T'es magnifique ma belle.", "Ben voilà c'est ça qu'il faut que tu fasses comme calendrier tu peux être sûr que celui-là je l'achète direct. **T'es trop chou** chtite Emma." mais aussi "Tu es magnifique. Que ton année 2020 soit belle Emma ! Tu mérites comme n'importe qui d'avoir une belle année !". », V. T., *Ma Chaîne Étudiante,* 28 décembre 2019 (https://mcetv.fr/, janvier 2020).

- « Pour Ophélie Meunier, le dialogue est primordial. "Que ce soit avec mes parents, mon mari ou **mon bout de chou** d'amour, parler, échanger, chercher à comprendre est essentiel." », Constance AUGER, *Closer,* 25 juillet 2019 (https://www.closermag.fr/, janvier 2020).

- « T'es mon film, t'es mon bijou, t'es mon zouave, t'es mon hibou, t'es ma chance, t'es mon cygne, t'es mon toi, t'es mon tout. T'es ma joie, ma forteresse, mon envie, t'es ma richesse, t'es ma voix, t'es ma ville, **t'es mon chou**, t'es mon île », LA GRANDE SOPHIE, *Quand on parle de toi,* 2012 (https://youtu.be/3o7t4mvrnts, janvier 2020).

- « Veux-tu vraiment une réponse ? / Je ne sais pas sur quel ton / Je dois te dire que **t'es chou** / Mais pas mon style de garçon », Yelle, Tu es beau, 2007 (https://youtu.be/XBSKy3blbGs, janvier 2020).

- « "**T'es chou**", Non, votre partenaire **n'est pas "chou"**. Cet adjectif que l'on utilise le plus souvent pour parler des enfants, peut être dévalorisant lorsqu'il s'adresse à un adulte, surtout quand cet adulte est celui qui partage votre vie. », Anaïs CHABALIER, *Femme Actuelle,* 28 mars 2019 (https://www.femmeactuelle.fr/, janvier 2020).

- « Qu'une nourrice appelle son enfant, ***mon chou*** ; rien d'étonnant à cela. Mais pourquoi, rendu à sa famille, est-il baptisé du nom de chouchou ? En redoublant ce doux son, on prétend appuyer davantage sur le nom de l'objet idolâtré, & peindre d'une manière plus naïve le sentiment du cœur. », Jean-Charles-François TUET, *Matinées sénonoises ou Proverbes françois…,* La Rochelle & Tarbé, 1789 , p. 190 (https://gallica.bnf.fr/ark:/12148/bpt6k5657384q, janvier 2020).

- « Isabelle : Arrêtez, cher cruel ; vous sçavez qu'il vaut mieux faire dix hommes que d'en défaire un. / Léandre : Non **mon chou,** c'est un parti pris zil faut que je tue quelqu'un quand ce ne s'rait que Gilles. », Antoine POINSINET, *Cassandre, aubergiste, parade,* 1765, p. 30 (https://gallica.bnf.fr/ark:/12148/bpt6k5817633t, janvier 2020).

8 Être un tas d'os – Ressembler à un tas d'os

Valeur(s) sémantique(s)

Une personne très maigre laissant apparaître les os formant son squelette (notamment dans certains défilés de mode). Cette expression est parfois utilisée pour décrire indirectement une personne dont la maladie irréversible arrive à son stade terminal avec des effets sur son corps.

Origine(s)

XXe siècle pour les formes données ici. Mais ce sont en fait des variantes de "n'avoir que la peau sur les os" (ou "avoir la peau sur les os") pour décrire une personne très maigre – XIIe siècle : « 1188, *Il n'avoit que la pel et l'os* : "il était maigre" (Florimont, *Trésor du langage,* 1760) » (TLFi en ligne). Expression que l'on retrouve chez La Fontaine (1668) et Racine.
Le passage du verbe *avoir à être* manifeste sans doute le passage d'une description externe à la manifestation d'un état souvent non choisi.

뼈가 많다/무더기 뼈 같다

의미

뼈만 앙상하다(특히 패션쇼에서 볼 수 있음. 간혹 말기에 들어선 불치병 환자의 몸을 간접적으로 묘사하는 표현).

유래

20세기에 나타나지만, 12세기에 매우 마른 사람을 지칭한 '피골이 상접하다(뼈에 살가죽만 있다)'의 한 갈래다. "그는 뼈와 살가죽만 있었다 : 매우 말랐다"라고 말한 흔적이 1188년에 있고(Florimont, *Trésor du langage*, 1760 및 《온라인 프랑스어 보고 사전》 참조), 라퐁텐 우화집(1668)과 라신느 작품에 나온다.
프랑스어로 '피골이 상접하다'는 동사 '가지다avoir'를, '뼈가 많다'에서는 동사 '이다être'를 쓴다. 처음에는 '가지다' 동사로 겉모습 묘사에 치중했다면, '이다' 동사로 스스로 선택하지 않은 상태를 강조한다.

Exemples

- « Cette situation devient d'autant plus insoutenable que Rivo – jeune homme avenant et prostitué occasionnel avec les touristes hommes et femmes pour pallier à sa précarité matérielle – **ressemble** à "un squelette hagard", **à un tas d'os** à cause du sida : Rivo n'est qu'une épave humaine vouée à lui-même étant donné que les malades de sida à Madagascar, comme dans la plupart des pays d'Afrique noire, sont victimes d'un rejet social. », Landry-Wilfrid MIAMPIKA, *Notre librairie. Revue des littératures du Sud,* juillet 2003, p. 130 (https://gallica.bnf.fr/ark:/12148/bpt6k6492804p, janvier 2020).

- « Les gouttes de sueur qui perlent sur mon front / Me rappelles que **je ne suis qu'un tas d'os** / Un tas d'os mort », TANTRUM, *My Fall,* 2006 (https://youtu.be/B_H0Vfg98n0, janvier 2020).

- « C'est vrai j'ai craché vers le ciel, / Je maudissais ce manque de vaine, ce manque de pot / Et moi le jour tout ce que je lui laisserai / **Ce sera la peau sur les os** », Christophe MAÉ, *Ma douleur, ma peine,* 2013 (https://youtu.be/K8ul4sBoLoQ, janvier 2020).

- « Il est arrivé Oncle Ben's avec un drapeau : / Voici du riz, "il ne colle jamais !" / **Il ne nous restait plus que la peau sur les os** / Alors distribution de Dakar à Lomé / C'était du riz long grain américain », TIKEN JAH FAKOLY, *Tonton d'America,* 2004 (https://youtu.be/0ZiSrxx3yD8, janvier 2020).

- « Cinq ans après la sortie de "Mince Alors !", Charlotte de Turckheim [...] "Regardez la mode des années 1930 : les filles sont mincissimes. Audrey Hepburn, **c'est un tas d'os** : elle était anorexique. Aujourd'hui, c'est encore pire : on aime les mannequins maigres et malades, c'est atroce." », Catherine DELVAUX, *7 sur 7*, 22 décembre 2017 (https://www.7sur7.be/, janvier 2020).

- « Dandin : Je veux être malade. / Léandre : Vous ne l'êtes que trop. Donnez-vous du repos ; **Vous n'avez tantôt plus que la peau sur les os.** », Jean RACINE, *Les plaideurs,* Acte I, Scène IV, 1668 (https://www.theatre-classique.fr/pages/pdf/RACINE_PLAIDEURS.pdf, janvier 2020).

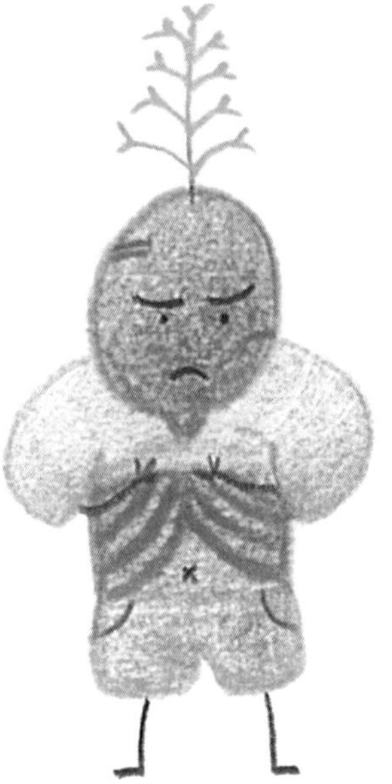

9 Être un thon – Face de thon

Valeur(s) sémantique(s)

a) Qualification péjorative pour une femme (ou un homme) qui est considérée comme laide, très laide et qui fait fuir les regards.

b) Une personne dont le visage est affreux.

Origine(s)

Fin XXe siècle, renouvellement d'expressions vues (voir au-dessus) avec les termes de *cageot* et de *boudin*. L'image vient sans doute qu'un thon est un poisson qui se consomme pour sa chair et non sa beauté, son esthétique ! Plus il est gros, plus sa qualité gustative est importante… Ici, la comparaison humain/animal est peu flatteuse et dégradante.
NB : pour une femme obèse, parfois on peut entendre : *c'est une baleine.* Quant à *la morue,* elle permet de désigner une prostituée depuis le XIXe siècle (notamment chez Émile Zola).

참치다, 참치의 낯짝

의미

1) 얼빵(한국 청소년들의 은어로는 오징어. 여성 또는 남성에 대한 경멸적 언사. 못생겨서 시선을 피하게 하는 사람).

2) 얼굴이 흉한 사람

유래

20세기 말에 등장. 앞서 살펴본 '순대', '고리 바구니'와 유사한 표현이다. 사람들이 참치를 찾는 것은 예뻐서가 아니라 기름진 참치살을 즐기는 것인데, 큼직할수록 맛이 좋다… 동물로 비유해서 인간의 품위를 떨어트리는 듣기 거북한 표현이다.
주의 : 뚱뚱한 여자를 '고래'로 비유하는 경우도 있다. 19세기부터 '대구'는 창녀를 지칭한다(특히 졸라 작품에서).

Exemples

- « J'aimerais bien voir les filles que fréquentent les gens qui disent que Scarlett Johansson **est un thon**... Faut vraiment être dénué de tout sens esthétique pour dire un truc pareil. », commentaire de GLAYCON dans *Allociné,* 4 septembre 2013 (http://www.allocine.fr/, janvier 2020).

- « Qui veut épouser mon fils 3 : Giulia se fait traiter de **"face de thon"** et de "sale clocharde" sur Twitter. », C. N., *Ma Chaîne Étudiante,* 28 avril 2014 (https://mcetv.fr/, janvier 2020).

- « 500 CV dans un cabrio de presque 2 tonnes : **c'est un thon.** », LÉON dans *Sport auto*, 24 mars 2016 (https://news.sportauto.fr/, janvier 2020).

- « Contexte : Cette fille, **c'est un thon fini**. Elle est si laide que depuis que vous avez appris la terrible nouvelle – à savoir qu'ils sont sortis ensemble –, vous vous demandez s'il n'a pas un sérieux problème. Cette ex, elle vous dévalue, vous ! », RÉDACTION, *Glamour,* 29 avril 2011 (https://www.glamourparis.com/, janvier 2020).

- « C'est plus comme avant, j'ai plus de peine / J'vais tout couper, t'auras plus de veine / Tu seras plus qu'un tronc, t'auras plus de sève / **T'es plus un thon,** plus qu'une sirène / Corps fatigué, gueule de murène », DISIZ LA PESTE, *Cercle rouge,* 2018 (https://youtu.be/Wp_xmtbPNdE, janvier 2020).

- « C'est vrai que je ne suis pas très riche, un vrai prolo / Avec ma gueule de clodo, j'trouve pas de boulot / Et parfois quand **je croise un thon** qui m'trouve mignon / À chaque fois je suis tellement con, qu'à tous les coups elle me dit non ! », LES SALES MAJESTÉS, *Tout seul,* 2013 (https://www.youtube.com/watch?v=JG-mtZ1dlFts, janvier 2020).

10 Être une crevette

Valeur(s) sémantique(s)

Femme (personne) très mince, fréquemment petite, et souvent très fragile. *Ma crevette,* certaines femmes nomment ainsi leur bébé. Certains hommes pour appeler leur femme avec "tendresse".

Mais le sens originel reste pour décrire des "filles faciles". Il existe aussi un rapprochement dévalorisant avec le dicton graveleux : « Dans une crevette tout est bon sauf la tête ».

Origine(s)

XIXe siècle, en argot une *crevette* désignait "une jeune femme de mœurs légères" (TLFi en ligne), mais aussi alors une prostituée faible de constitution mais qui rapportait de l'argent à son *maquereau* (mac, proxénète). Par extension, cela permet de décrire une femme maigre et fragile.

새우다

의미

매우 날씬하다, 멸치다(키가 작고 매우 연약한 경우가 많음. '내 새우'는 엄마가 갓난아이를 부르는 애칭. '다정'하게 아내를 부르는 말이기도 함).

'쉬운 여자'를 묘사하는 표현이기도 하다. "새우는 머리 빼고 다 좋다"는 외설적 비하발언이다.

유래

19세기에 '새우'는 속어로 '품행이 가벼운 젊은 여자'(《온라인 프랑스어 보고사전》 참조), 허약하지만 '고등어'(기둥서방)에게 돈을 갖다 주는 창녀를 지칭한다. 넓게는 마르고 약한 여자를 말한다.

Exemples

- « Les femmes, du moins celles qu'il connaît sont des *ponifs*, **des crevettes** *à filets, des morues*, son patron, une nullité, heureux d'être le fils de son papa. », Denis Poulot, *Le sublime ou le travailleur comme il est en 1870 et ce qu'il peut être*, Librairie internationale, 1870, p. 125 (https://gallica.bnf.fr/ark:/12148/bpt6k6205776s, janvier 2020).

- « Et c'est dans les *Anges de la télé-réalité 5* que Capucine a acquis son **surnom de *"crevette"***. En effet, son amitié avec Aurélie Dotremont a marqué le programme cette année-là. Mais justement, est-elle toujours amie avec la jolie belge ? », Aurélie Dotremont, *Melty*, 21 janvier 2017 (https://www.melty.fr/, janvier 2020).

- « Mais il semblerait qu'Antoine se soit rattrapé… Il vient de publier une déclaration à Fidji sur *Instagram*, où il lui exprime son amour, dix mois après le début de leur relation. Sous une photo, il écrit : *"Dix mois à tes côtés, **je t'aime ma crevette !**"*, avec le hashtag *"Fou amoureux !"* Ouf, il s'agissait donc d'une dispute passagère ! Espérons que le soleil brille pour eux encore longtemps ! », Marine D., *Star24*, 15 mai 2017 (https://star24.tv/, janvier 2020).

- « Le passé ça meurt, mais les souvenirs ça reste / Des fois ça fait du bien des fois ça blesse / Ton regard de braise, tes petites fesses en forme de fraises / **Ton petit corps de crevette,** ta silhouette parfaite ou presque / Tes yeux noisettes et tes petites mains de poupée / Ta mèche coupée t'es petites mimiques de princesse », Mister You, *J'regarde en l'air*, 2011 (https://youtu.be/7jc0Ssfpj4w, janvier 2020).

- « Poète néo-rétro modeste, zéro défaut recherche / D'honnêtes et **graciles crevettes** avides / De rodéos de phrases et de rimes sous-marines acides et équestres / Né au beau milieu du Triangle des Bermudes, j'aime / M'acoquiner régulièrement avec de belles murènes », Aquatrip, *Hippocampe fou*, 2013 (https://youtu.be/JQgfyibVfbQ, janvier 2020).

- « Adolescent, il avait un **corps de crevette,** aujourd'hui il est accro de musculation ! Regardez son incroyable métamorphose ! », Nicolas F., *Le tribunal du net*, 13 mars 2017 (http://www.letribunaldunet.fr/, janvier 2020).

11 Être une grande sauterelle

Valeur(s) sémantique(s)

Femme grande et mince, longiligne.

La Grande sauterelle, avec cet article défini, représente uniquement l'actrice Mireille DARC dans le monde du cinéma francophone à partir du titre d'un film de 1967.

Origine(s)

XIXe siècle pour parler de femmes grandes et minces, parfois maigres dont les jambes semblaient sans fin à l'image de celles des sauterelles. Cependant, depuis Émile ZOLA (TLFi en ligne), la désignation *sauterelle* s'applique aussi à la description des prostituées.

큰 메뚜기다

의미

키 크고, 날씬하고 호리호리한 여자다.

* 1967년에 상영된 영화제목이기도 한 '그 큰 메뚜기'는 프랑코포니 영화계에서 주연 여배우였던 미레이 다르크(Mireille Darc)를 일컫는다.

유래

19세기에 등장. 메뚜기처럼 다리가 길고 키가 크며 날씬한, 간혹 마른 여자를 말한다.

그런데 에밀 졸라 이후, 메뚜기는 창녀를 묘사하는 용어로 사용되기도 한다(《온라인 프랑스어 보고사전》 참조).

Exemples

- « Un film lui a donné son surnom. En 1965, Mireille Darc devenait pour toujours **la grande sauterelle.** Une actrice à part au chic fou qui collait parfaitement à son époque. Des hommes, et pas n'importe lesquels, allaient la transformer en un symbole de la femme libérée qui prendrait le pouvoir dans les années 70. », Bertrand GUYARD, *Le Figaro,* 28 août 2018 (https://www.lefigaro.fr/, janvier 2020).

- « Dix minutes plus tard au Parc des festivals, j'assistais au processus inverse. À chaque chanson, LA GRANDE SOPHIE se gagnait des fans. Des gens qui, de toute évidence, ne savaient pas **qui était cette grande sauterelle** française et n'avaient jamais entendu un seul titre de ses trois albums, entonnaient les refrains à mi-course. », Sylvain CORMIER, *Le Devoir,* 5 août 2004 (https://www.ledevoir.com/, janvier 2020).

- « C'est elle, **la sauterelle**, / la sirène en mal d'amour, / le danseur dans la flanelle / ou le carton. », RITA MITSOUKO, *Marcia Baïla,* 1984 (https://youtu.be/1zWlnzFXcKY, janvier 2020).

- « Avec le piano à bretelles / Qui nous balance son tremollo / Avec la soupe aux vermicelles / Qui fait de nous des grands costauds / On fait danser les demoiselles / En jouant les Marlon Brando / Faut les voir **tourner les sauterelles** / Là-bas du côté d'Longjumeaux / C'est le tango de Massy-Palaiseau », RENAUD, *Le tango de Massy-Palaiseau,* 1979 (https://youtu.be/bYg9USKe_so, janvier 2020).

- « Ne prends pas celle qui, dès qu'elle sait une bonne nouvelle / Sort son tire-jus et va chialer dans le vermicelle / Ni quand t'es en pleine béchamel / Celle qui se gondole comme un bretzel / Prends pas non plus celle qui a **des genoux comme une sauterelle** », Pierre PERRET, *Mon père m'a dit,* 1970.

- « C'est bon, répondit le professeur ; maintenant je puis donc vous dire que votre divine cantatrice, votre sirène, votre mystérieuse beauté, c'était Consuelo. / Elle ! ce sale enfant ? **cette noire et maigre sauterelle** ? Impossible, maestro ! », Georges SAND, *Consuelo,* Société belge de librairie, Hauman et Ce, 1843, p. 70 (https://gallica.bnf.fr/ark:/12148/bpt6k6520160k, janvier 2020).

- « Ce veinard d'Émile avait dégauchi **une sauterelle** qui trimballait un pétoulet et des nibards à vous décapsuler le calebar d'un centenaire. », Pierre PERRET, *Le Petit Perret,* Jean-Claude Lattès, 1982, p. 295.

12 Être une grosse truie – C'est un (gros) porc/cochon

Valeur(s) sémantique(s)

Péjoratif (voire une insulte), femme grosse et malpropre ou d'apparence sale. Par extension, toute femme dont l'apparence physique déplaît. Pour l'homme, *cochon* ou *porc* (plus vulgaire et plus récent) désigne quelqu'un de désagréable, mais plus souvent aujourd'hui un obsédé sexuel.

Origine(s)

XVIIe siècle (Antoine OUDIN, 1640 dans Claude DUNETON, *Le Bouquet des expressions imagées,* p. 198), rapprochement humain/animal en fonction des impressions données par cet animal. Le côté sexuel, vient sans doute du développement des élevages industriels... mais aussi d'un vers de Charles MONSELET devenu proverbe : "Tout homme a dans son cœur un cochon qui sommeille" qui dénonce la perversité de l'être humain.

뚱뚱한 암돼지다/(뚱뚱한) 돼지다

의미

뚱뚱하고 지저분하다(경멸적, 모욕적 언사로 외관상 더러운 여자를 지칭함. 넓게는 외모가 마음에 안 드는 여자를 의미함). 남자인 경우, 불쾌한 사람을 뜻하는 '돼지(암돼지보다 비속한 최근 용어)'로 부르는데, 요즘은 주로 성도착 증세가 있는 남자를 지칭한다.

유래

17세기에 등장(뒤네통의 《이미지가 연상되는 표현집》에 의하면 1640년 앙투안 우댕이 쓴 표현이다. 198쪽 참조). 돼지에서 받는 느낌을 사람에 적용한 표현이다. 성적 의미는 아마도 돼지를 공장에서 대량 사육한 데서 비롯되지 않았을까? 또한 인간의 퇴폐성을 지적한, 이제는 속담이 된 샤를 몽슬레의 시 한 구절과도 관련 있을 것이다: "모든 사람의 마음에는 잠자는 돼지가 있다."

Exemples

- « Elle était jolie, chiffonnée, pimpante, belle fille même, avec cette maigreur délicate et comme ébranlée des filles qui se sont corrompues avant l'âge, mais les goujats de la brochure lui préféraient **ces énormes truies** dont les soies craquent sur les chairs massées et qui gouaillent, le bec en l'air, avec des rires qui leur secouent la gargoulette et leur font danser le ventre. », Joris-Karl HUYSMANS, *Les sœurs Vatard,* G. Charpentier, 1879, p. 47 (https://gallica.bnf.fr/ark:/12148/bpt6k6505780d, janvier 2020).

- « Donald Trump multiplie les frasques. Après ses propos sexistes, le candidat du parti Républicain à l'élection présidentielle américaine s'en est pris à Khloe Kardashian, qu'il a insulté de **"grosse truie"**. La sœur de Kim K n'a pas manqué de lui répondre... », Marion POULLE, *Purebreaks,* 19 octobre 2016 (https://www.purebreak.com/, janvier 2020).

- « Dodo : "C'est pas étonnant, tu sais, quand je lui avais ramené des filles, tu te souviens ?" / Kojfer : "Je sais. Il [DSK] avait voulu b... Béa [la propre compagne de Dodo] dans les toilettes, d'ailleurs, en force." / - *Dodo* : "Je sais, **c'est un gros cochon,** il est pire que moi." », Stéphane DURAND-SOUFFLAND, *Le Figaro,* 2 février 2015 (https://www.lefigaro.fr/, janvier 2020).

- « Guillaume Gallienne : Depuis la Préhistoire, on a eu le temps de le constater : **un gros porc, c'est un gros porc.** J'ai été confronté à ça dans Lucrèce, à un type plus fort que moi qui me tenait, m'embrassait partout, comment faire pour qu'il arrête ? Le seul moyen, c'était de me coller à lui comme un boxeur, mais à moment vous vous dites : *"Merde, il va penser que j'aime ça"*. Je n'avais pas anticipé l'affaire Weinstein, on est attentif à ce genre de choses donc on le voit dans ce film. », Gwenola GABELLEC, *La Provence,* 14 novembre 2017 (https://www.laprovence.com/, janvier 2020).

- « **Balance ton porc** d'Amsterdam : Y'a pas de raison qu'il chante / Pendant qu'il te hante / Toi la saleté de bonne femme », Frédéric FROMET, *Balance ton porc d'Amsterdam,* 2017 (https://youtu.be/mRu4VwZ7uRc, janvier 2020).

Bonus
Quelques abréviations à travers l'internet

Les abréviations suivantes sont nées avec les premiers échanges sur les messageries privées et collectives via l'internet, puis avec les premiers téléphones portables. Dans les deux cas, chaque caractère était facturé, donc il était nécessaire de réduire au maximum les formes graphiques des messages. Aujourd'hui, cela devient un amusement entre personne appartenant souvent à un même groupe, une même "tribu" ! Avec les dernières évolutions numériques, certaines de ces abréviations se transforment en "smiley" ou émoticône.

보너스로
인터넷 약어도 살펴보죠

인터넷 메신저에 등장하여 휴대폰 문자로 퍼진 약어입니다. 처음에는 최대한 철자를 줄여서 요금 절약용으로 사용했다면, 지금은 같은 그룹, 동일 집단의 기분 전환용으로 쓰이죠! 최근에는 기술의 발전에 따라 다양한 스마일 표정이나 기타 이모티콘으로 전환되는 약어도 있습니다.

LOL (anglicisme 영어식 표현) : (je suis) mort de rire 웃긴다 ㅎㅎ

JPP : j'en peux plus 더는 못 참아

MDR : (je suis) mort de rire 웃겨 죽겠다(경우에 따라서는 기가 차다)

OSEF : on s'en fou 상관 없어

ASV : âge, sexe, ville ? 나이, 성별, 사는 곳?

AMHA : à mon humble avis 내 소견으로는

JDCJD : je dis ça, je dis rien 사실 모르겠어

MAJ : mise à jour 발행, 갱신, 업데이트

PG : pas grave 괜찮아

RAB : (j'en ai) rien à battre 내 알 바 아냐

STP : s'il te plaît 제발

TALC : (c'est un) topic (truc) à la con 어이가 없다

TFK : tu fais quoi ? 뭐해?

TG : ta gueule 입 닥쳐

VDM : (j'ai/c'est une) vie de merde 개 같은 내 인생

XDR : (je suis) explosé de rire 웃겨서 배꼽 빠지겠다

PTDR : (je suis) pété de rire 헐, 완전 웃긴다

JTM : je t'aime 사랑해

JTDR : je t'adore 네가 참 좋아

Toutafé : tout-à-fait 물론, 완전(히)

MMA : (c'est) ma ou mon meilleur(e) ami(e) 절친

Bibliographie indicative

(참고 문헌)

Auzanneau Michelle, Juillard Caroline, « Aperçu théorique et méthodologique sur la variation langagière de jeunes en banlieue parisienne », dans *Langages de jeunes, plurilinguisme et urbanisation,* L'Harmattan, 2012, p. 27-41, consulté le 10 janvier 2019 : https://hal.archives-ouvertes.fr/hal-00926504/document

Bertucci Marie-Madeleine, Delas Daniel (textes réunis par), *Français des banlieues, français populaire ?*, Centre de Recherche Texte/Histoire, Université de Cergy-Ponthoise, 2004.

Bulot Thierry, « Les parlers jeunes et la mémoire sociolinguistique. Questionnement sur l'urbanité langagière », *Cahiers de sociolinguistique n° 9*, Presses universitaire de Rennes, 2004, p. 133-147, consulté le 11 décembre 2018 : https://www.cairn.info/revue-cahiers-de-sociolinguistique-2004-1-page-133.htm

Caillies Stéphanie, « Descriptions de 300 expressions idiomatiques : familiarité, connaissance de leur signification, plausibilité littérale, "décomposabilité" et "prédictibilité" », *L'Année psychologique,* Vol. 109, mars 2009, p. 463-508, consulté le 22 janvier 2020 : https://www.cairn.info/revue-l-annee-psychologique1-2009-3-page-463.htm

Calvet Louis-Jean, *Les voix de la ville. Introduction à la sociolinguistique urbaine,* Éditions Payot et Rivages, 1994.

Caradec François, *Dictionnaire du français argotique* & *populaire, Larousse,* nouvelle édition 2005 (1977).

Collectif Permis de vivre la ville, *Lexik des cités,* Éditions du Fleuve noir, 2007.

Collectif, « Argots, "français populaires" et langues populaires », *Marges Linguistiques n°* 6, novembre 2003, consulté le 1er novembre 2004 et le 10 janvier 2019 : http://www.revue-texto.net/Parutions/Marges/00_ml062003.pdf

Chiflet Jean-Loup, *Le français malmené, et alors ?*, Robert Laffont, 2018.

Da Silva Gabriela Jardim, Ponge Robert, « Les expressions idiomatiques et les difficultés de compréhension et de traduction du FLE », *Synergies Brésil n° 10,* 2012, p. 113-122, consulté le 22 janvier 2020 : https://gerflint.fr/Base/Bresil10/da_silva.pdf

DEPECKER Loïc, *Les mots de la francophonie,* Éditions Belin, 1990.

DEPECKER Loïc, *Petit dictionnaire insolite des mots de la francophonie,* Larousse, 2013.

DIAZ Olga. « Les expressions idiomatiques », *Communication et langages,* n° 58, 4e trimestre 1983, p. 38-48, consulté le 22 janvier 2020 : http://www.persee.fr/doc/colan_0336-1500_1983_num_58_1_3566

DICTIONNAIRES LE ROBERT, *Le Grand Robert de la langue française version numérique (4.1),* Le Robert-Sejer, novembre 2017.

DUNETON Claude, *La puce à l'oreille. Anthologie des expressions populaires avec leur origine,* Le livre de poche, Éditions Stock, 1978 (1985/2001, Balland/France Loisirs).

DUNETON Claude, CLAVAL Sylvie, *Le Bouquet des expressions imagées. Encyclopédie thématique des locutions figurées de la langue française,* Éditions du Seuil, 1990.

DUNETON Claude, *Le guide du français familier,* Éditions du Seuil, 1998.

FAGYAL Zsuzsanna, « La prosodie du français populaire des jeunes : traits héréditaires et novateurs », *Le Français d'aujourd'hui Vol. 143,* n° 4, 2003, p. 47-55, consulté le 16 septembre 2014 : https://www.cairn.info/revue-le-francais-aujourd-hui-2003-4-page-45.htm

FÉRAL Carole de, « "Parlers jeunes" : une invention utile ? », *Langage et société n° 141,* Éditions de la Maison des sciences de l'homme, 2012, p. 21-46, consulté le 11 décembre 2018 : https://www.cairn.info/revue-langage-et-societe-2012-3-page-21.htm

GUEMRICHE Salah, *Petit dico à l'usage des darons et des daronnes qui désespèrent de comprendre leurs enfants,* Éditions du Seuil, 2017.

MERLE Pierre, *Le dico de l'argot fin de siècle,* Éditions du Seuil, 1996.

GUIRAUD Pierre, *Le français populaire,* Collection Que sais-je ? n° 1172, PUF, 1965.

KASBARIAN Jean-Michel, « Langues de la cité, langues des cités », *Tréma n° 15-16,* IUFM de l'Académie de Montpellier, 1999, p. 87-102, consulté le 30 septembre 2016 : http://trema.revues.org/1734

LAMBERT-PERREAULT Marie-Christine, SICOTTE Geneviève, « Quand l'aliment nourrit l'imaginaire. Présentation du dossier », *Captures,* vol. 1, n° 2 (novembre), 2016, p. 1-7, consulté le 26 février 2019 : https://id.erudit.org/iderudit/1059808ar

Maillet Jean, *Langue française : arrêtez le massacre !,* Les éditions de l'Opportun, 2015.

Mongaillard Vincent, *Le petit livre de la tchache. Décodeur de l'argot des cités,* First Éditions, 2013.

Mory Catherine, *Les expressions les plus extravagantes de la langue française,* Larousse, 2014.

Mory Catherine, *Au bonheur des expressions françaises,* Larousse, 2018.

Planelles Georges, *Les 1001 expressions préférées des Français,* Les éditions de l'Opportun, 2011.

Perret Pierre, *Le petit Perret illustré par l'exemple,* Jean-Claude Lattès, 1982.

Peyrières Carine, « Aux origines du wesh », *Sciences & Vie Junior n° 352,* janvier 2019, p. 66-69.

Rey Alain, Chantreau Sophie, *Le Robert. Dictionnaire des expressions et locutions,* Les usuels du Robert Poche, 1989.

Rey Alain, 200 *drôles d'expressions que l'on utilise tous les jours sans vraiment les connaître,* Le Robert, 2015.

Sioride Marine, « Les particularités des expressions idiomatiques à motivation culturelle », *Intercontinental Dialogue On Phraseology n° 4, Reproducible Language Units From An Interdisciplinary Perspective,* janvier 2018, consulté le 22 janvier 2020 : https://www.researchgate.net/publication/322899117_Les_particularites_des_expressions_idiomatiques_a_motivation_culturelle

Sourdot Marc, « La dynamique du français des jeunes : sept ans de mouvement à travers deux enquêtes (1987-1994) » dans *Langue française n° 114 : Les mots des jeunes. Observations et hypothèses,* 1997, p. 56-81, consulté le 16 janvier 2019 : https://www.persee.fr/doc/lfr_0023-8368_1997_num_114_1_5385

Sitographie sélective et hiérarchisée (2019)

Quelques expressions imagées avec Archibald sur TV5 Monde :
https://langue-francaise.tv5monde.com/decouvrir/voyager-en-francais/les-expressions-imagees-darchibald

Dictionnaire électronique d'expressions idiomatique français (2459) / portugais (1459) sur le site du CNTRL :
http://www.cnrtl.fr/dictionnaires/expressions_idiomatiques/

Les chroniques Grévisse sur les usages de la langue française :
https://www.grevisse.fr/le-blog-chroniques-grevisse ou https://www.facebook.com/chroniques.grevisse/

Des expressions françaises classées alphabétiquement :
http://www.expressions-francaises.fr/

ABC de la langue française avec un mini-dictionnaire (Bob) et une revue (Argotica) en ligne : http://www.languefrancaise.net/

Vocabulaire et expressions imagées par thème (Les signets de Diane) :
http://www.lessignets.com/signetsdiane/index.php?page=titulaires&categorie=22

Dico2rue : http://www.dico2rue.com/

Urbandico, le dictionnaire alternatif : http://www.urbandico.com/

Le Dico des Mots. Le dictionnaire pas académique :
https://dico-des-mots.com/

Dictionnaire de la zone (l'argot des banlieues) :
https://www.dictionnairedelazone.fr/dictionary/locution

L'internaute, groupe Le Figaro :
http://www.linternaute.fr/expression/

Site d'expressions populaires et d'abréviations pour l'internet :
https://www.blazz.fr/

« La puce à l'oreille », émission de RFI Savoirs, Les clés pour comprendre le monde en français (documents audio):

https://savoirs.rfi.fr/fr/apprendre-enseigner/langue-francaise/la-puce-a-loreille

Quiproquos (linguistiques) en vidéo sur TV5 Monde :
https://langue-francaise.tv5monde.com/decouvrir/voyager-en-francais/quiproquos

Avec Georges Planelles et Reverso (dictionnaire et correcteur en ligne) :
http://www.expressio.fr/toutes_les_expressions.php

Expressions imagées et exercices en ligne:
http://tnvocabulaire.tableau-noir.net/expression01.html

Culture FLE, expressions imagées en vidéo (n° 1 à 9):
https://www.youtube.com/watch?v=MnY4KfZt2wM&list=PLIEnZawi7-5Is2MGT5K_dDxYrp42r4lDV

Avec Bernard Cerquiglini pour un point de vue plus linguistique:
https://www.youtube.com/watch?v=azYfvJWY4vo

L'Académie française et ses points de vue sur la langue :
http://www.academie-francaise.fr/dire-ne-pas-dire

TLFi : Trésor de la langue Française informatisé, *ATILF - CNRS* & *Université de Lorraine :* http://atilf.atilf.fr/tlf.htm

Gallica, ressources numériques en ligne de la Bibliothèque Nationale de France :
https://gallica.bnf.fr/accueil/fr/

Wikidictionnaire :
https://fr.wiktionary.org/wiki/Wiktionnaire:Page_d%E2%80%99accueil

Genius, *site de paroles de chansons (rap/hip hop principalement) :*
https://genius.com/

Lyrics Translate, *site de paroles de chansons, parfois avec des traductions :*
https://lyricstranslate.com/

Pour quelques images et illustrations libres de droit :
https://publicdomainvectors.org/fr/

Index
(색인)

F

G

I

L

M

N

T

U

V

시각적인 프랑스어 표현 연구

요리의 세계

초판 1쇄 발행일 2021년 2월 22일

지은이 프랑크 말랭(M. Franck Malin) · 권현정
일러스트레이션 강다예 · 이승환
펴낸이 박영희
편 집 박은지
디자인 최소영
인쇄·제본 AP 프린팅
펴낸곳 도서출판 어문학사
서울특별시 도봉구 쌍문동 523-21 나너울 카운티 1층
대표전화: 02-998-0094/편집부1: 02-998-2267, 편집부2: 02-998-2269
홈페이지: www.amhbook.com
트위터: @with_amhbook
블로그: 네이버 http://blog.naver.com/amhbook
다음 http://blog.daum.net/amhbook
e-mail: am@amhbook.com
등록: 2004년 4월 6일 제7-276호

ISBN 978-89-6184-993-7 (93760)
정가 20,000원